Stefan Schomann

Das Glück auf Erden

AF201933

Zu diesem Buch

Stefan Schomann erkundet auf dem Rücken der Pferde die Welt: Im Sattel pirscht er auf Nashörner in der südafrikanischen Savanne, zieht hoch zu Ross an den Mooren der Vogesen vorbei, besucht in Portugal Kneipen, in denen Reiter samt Pferd am Tresen stehen und durchstreift das trockene Rajasthan, wo es heißt: »Das Kamel für die Liebe, den Elefanten für das Glück, das Pferd für den Sieg.« Jahrtausende gemeinsame Geschichte von Mensch und Pferd erwachen zum Leben, von den prähistorischen Felsmalereien bis zu den »Pferdeflüsterern« unserer Tage. Eine Liebeserklärung an das Pferd und das Glücksgefühl, sich im Rhythmus der Landschaft zu bewegen, jenseits von Zeit und Alltag.

»Eine Reise um die Welt im Sattel – in jeder Geschichte steckt aber noch mehr, weil Schomann nicht nur von der jahrtausendealten Bindung zwischen Mensch und Tier erzählt, sondern einen Ritt durch die Landschaften und gleichzeitig durch die Kulturgeschichte des Reitens unternimmt.« *Stern*

»Stefan Schomann durchstreift spektakuläre Landschaften. Seine Reisegeschichten gefallen sicher jedem, der Lust auf frische Luft, Weite, Ruhe, Besinnung und entschleunigende Erlebnisse im Schoße von Mutter Natur hat.« *Mortimer Reisemagazin*

Der Autor

Stefan Schomann, geboren 1962 in München, studierte Germanistik und ist seit 1988 freier Autor und Journalist. Er schreibt Reportagen, Essays, Porträts und Feuilletons, u. a. für *Geo, Die Zeit,* die *Frankfurter Rundschau* und den *Stern.* Schomann lebt in Berlin und Peking.

Mehr über den Autor und sein Werk auf *www.unionsverlag.com*

Stefan Schomann

Das Glück auf Erden

Reisen zu Pferd

Unionsverlag

Die Originalausgabe erschien 2018 im Picus Verlag, Wien.

Im Internet
Aktuelle Informationen, Dokumente und Materialien
zu Stefan Schomann und diesem Buch
www.unionsverlag.com

Unionsverlag Taschenbuch 895
© by Picus Verlag Ges.m.b.H., Wien 2018
© by Unionsverlag 2020
Neptunstrasse 20, CH-8032 Zürich
Telefon +41 44 283 20 00
mail@unionsverlag.ch
Alle Rechte vorbehalten
Reihengestaltung: Heinz Unternährer
Umschlagfoto: GwensLens (iStockphoto)
Umschlaggestaltung: Peter Löffelholz
Druck und Bindung: CPI – Clausen & Bosse, Leck
ISBN 978-3-293-20895-7

Der Unionsverlag wird vom Bundesamt für Kultur mit einem
Verlagsförderungs-Strukturbeitrag für die Jahre 2016–2020 unterstützt.

INHALT

*Das Pferd / ist unter den vierfüssigen Thieren
das alleredelste /
und allernützlichste. / Weswegen denn auch von ihm /
hiesigen Ortes / ein mehrers als sonst / soll gemeldet
werden.*

CONRAD GESSNER,
Allgemeines Thierbuch

DER BERITTENE BOTE

Aufgalopp im Schwäbischen

Im Sommer 2016 tauchte am Südrand der Schwäbischen Alb ein Zeitreisender auf. Der Ausbau der Ortsumfahrung von Unlingen hatte fünf Keltengräber ans Licht gebracht. Das kostbarste Fundstück, eine Bronzestatuette, war nicht größer als eine Zigarettenschachtel und sorgte doch für eine Sensation: die mutmaßlich älteste Reiterdarstellung nördlich der Alpen. »So etwas findet man nur einmal im Leben«, bekennt Leif Hansen, einer der beteiligten Archäologen. Vor gut zweitausendsiebenhundert Jahren war die Figur einem hochrangigen Mitglied der damaligen Gesellschaft als Eskorte für die letzte Reise beigegeben worden. Und so ritt sie stoisch durch die Zeiten, bis sie schließlich unsanft von einem Bagger wachgerüttelt wurde. Ihr Jenseits war das einundzwanzigste Jahrhundert.

Die hohe Stellung des Verstorbenen bescheinigte allein schon das Pferd, das seit alters her für Prestige und Macht steht wie kein anderes Tier. In diesem Fall sogar ein Doppelpferd, dessen beide Köpfe in entgegengesetzte Richtungen schauen. Auf dem walzenförmigen Rumpf sitzt rittlings ein Mann, der als »Unlinger Reiter« in die Kulturgeschichte eingegangen ist. Anfangs wollten seine Finder ihn, angesichts seiner zierlichen Proportionen, als »Unlinger Reiterle« ansprechen. Doch dann gerieten sie in Sorge, die Volkstümlichkeit des Ausdrucks könnte die Seriosität der Entdeckung beeinträchtigen, und so entfiel der schwäbische Diminutiv, beim Reiterle ebenso wie bei seinen zwei Rössle.

Physiognomisch fallen seine großen Knopfaugen und die mächtige, pyramidenartige Nase auf. Mit seinen überlangen Armen scheint er sich hinter den Ohren des Pferdes festzuhalten. Auch wenn er kerzengerade draufsitzt, dieser Mensch reitet tatsächlich, aus seiner Haltung spricht sowohl Spannung als auch Elastizität. Ein gehöriger Unterschied zu den statuarischen Reiterstandbildern des Mittelalters, bei denen das Pferd oft lediglich als vierbeiniges Podest dient. Auch die beiden Rosse sind sichtlich in Bewegung. Nur dass ihre Unterschenkel abgebrochen sind; die Figur war offenbar auf einem Gefäß oder einer Truhe angebracht gewesen, womöglich gar auf der Urne.

Betrachtet man den Reiter in der Vitrine des Heuneburgmuseums, so trägt er einen gelassenen, gesammelten Gesichtsausdruck zur Schau. Als sänne er darüber nach, wohin die Reise führen könnte. Doch ähnlich einer Kippfigur offenbart er bei näherem

Hinsehen zwei Gesichter. Das zweite kam im Computertomografen zum Vorschein. Auf dem Bildschirm lässt sich das Konterfei beliebig drehen und wenden. Und so suchten die Konservatoren seine Schokoladenseite aus, rückten sie ins rechte Licht, glichen die Korrosionsverluste aus und erstellten schließlich im 3-D-Drucker ein optimiertes Abbild des Originals. Und in dieser Version lacht der Kerl übers ganze Gesicht. Es ist das quietschvergnügte Gesicht eines Mannes, der drauf und dran ist, einen Juchzer auszustoßen. Ein Augenblick des Glücks, eingefangen für die Ewigkeit.

Unlingen liegt am Fuß des Bussen, der als Oberschwabens »heiliger Berg« gilt. Die nahe Heuneburg bildete die wichtigste Metropole der Kelten. Als Reiter waren sie bis dahin ebenso wenig in Erscheinung getreten wie die benachbarten Germanen. Anders die griechische Welt sowie der etruskisch-italische Kulturraum, mit denen die Heuneburger in Verbindung standen. Dort kannte man solche Darstellungen, doch auch sie waren nur wenig älter und dünn gesät. Pferde stellten Luxusgeschöpfe dar, kostbare Attribute für Feldherren und Fürsten, die Prestigetiere schlechthin. Ihre Haltung erforderte beträchtliche Mittel, vor allem aber gehörige Kompetenz, die damals nicht allzu weit verbreitet war. Alexander ritt auf Bucephalus, doch seine Armee marschierte zu Fuß. Seine Kavallerie bestand zunächst aus wenigen

Hundert Reitern, erst durch orientalische Hilfsvölker wie die Baktrier vermochte er sie aufzustocken. Lange erwarben die Griechen ihre Pferde im Tausch von Fachleuten, denen nicht nur die entsprechende Erfahrung zu Gebote stand, sondern auch der passende Lebensraum – jenen Reitervölkern aus der Steppe, für die sich die Bezeichnung »Skythen« eingebürgert hat.

Der Unlinger Fund darf als das bislang älteste Zeugnis reiterlicher Kultur im deutschsprachigen Raum gelten, als Vorreiter einer beispiellosen Entwicklung der Partnerschaft von Mensch und Pferd. Wenn das vorliegende Buch auch vor allem vom Reisen hoch zu Ross handelt – das wechselseitige Abenteuer der Domestikation lässt sich selbst als eine lange, immer noch andauernde Reise beschreiben. Dass ein wildes Tier, noch dazu ein derart großes und starkes, sich für unsere Bedürfnisse dienstbar machen lässt, erstaunt uns bis heute. Noch bei jedem Aufsitzen scheint etwas vom Wunder der Zähmung auf. Die alten Völker feierten diese revolutionäre Verbindung in ihren Kulten und Mythen. Einmal gefügig gemacht, ließ es sich vielfältig einspannen: als Milch- und Fleischlieferant, als Zug-, Last- und Reittier. Die Fohlen dienten als Spielkameraden für die Kinder; möglich, dass Kinder so das Reiten überhaupt erfunden haben. Bei Bauernvölkern kam *Equus caballus* als eine Art von Bio-Maschine zum

Einsatz, die unermüdlich pflügte, schleppte und zog. Hirten gestattete es die Kontrolle ihrer Herden. Es ermöglichte Handelskarawanen, Forschungsreisen, Hilfsexpeditionen und Kurierdienste. Auch für Kriege und Raubzüge eignete es sich hervorragend und beeinflusste so den Lauf der Geschichte, von der Völkerwanderung bis zu den unaufhaltbaren Vorstößen der Mongolen, von der Ausbreitung des Islam bis zur Eroberung der Neuen Welt. »Nächst Gott verdanken wir den Sieg den Pferden«, bekannte Hernán Cortés.

Bis zur Erfindung von Dampfmaschine und Eisenbahn war das Pferd der wichtigste Dynamo der Zivilisation. Spätestens mit dem Aufkommen des Automobils freilich schien es endgültig obsolet – das Arbeitstier par excellence wurde arbeitslos. Es verschwand aus der Stadt wie aus der Landschaft, kam allenfalls noch in unwegsamem Gelände und in unterentwickelten Regionen zum Einsatz. Die Mangelwirtschaft des Zweiten Weltkriegs bescherte ihm dann noch einmal eine tragische Renaissance. Erinnert sei an die endlosen Nachschubkolonnen, die die deutsche Invasion Osteuropas sichern sollten, und an die bald folgenden Flüchtlingstrecks gen Westen. Oder auch an den epischen Ritt der Gräfin Dönhoff von Masuren bis Westfalen. Doch spätestens Mitte der fünfziger Jahre waren Pferde, wie es schien, ein für alle Mal passé.

Eine Generation später aber trat eine überraschende Wendung ein. Ausgerechnet in den hochindustrialisierten Ländern feierten sie ein machtvolles Comeback: als Seelentiere, Sportgeräte und Freizeitgeschöpfe, als Kind- oder Partnerersatz, als Renommierobjekte und Reisegefährten. Diese Entwicklung ist auch deshalb bemerkenswert, weil darin frühgeschichtliche Impulse fröhliche Urständ feiern. Ob bei der Wiederentdeckung rustikaler Pferderassen, beim Siegeszug der Pferdeflüsterer als neuzeitlicher Schamanen, bei der Popularität der Westernreiterei oder bei der Karriere der Pferde in Folklore, Werbung und Tourismus – die Sehnsucht reitet immer mit. Wir fahren im Auto zur Arbeit, doch geheiratet wird in der Kutsche. Das Pferd repräsentiert ein Stück heiler Welt, verheißt Versöhnung von Natur und Moderne. Eines der stärksten Symbole für Freiheit überhaupt, verkörpert es das Animalische in gebändigter Form. Und gemahnt uns damit an unsere eigene, immer stärker domestizierte Natur. Erschöpft von der Last der Zivilisation, möchten wir wenigstens die Pferde wieder bodenständig und ungezügelt sehen. Wir sind auf dem besten Weg, erneut in ihren Bann zu geraten, gar nicht so viel anders als jene Steppenwanderer, die einst den wilden Herden nachblickten und wünschten, sie könnten ihnen folgen.

Und so erlebt denn auch das Wanderreiten eine Renaissance: Vom Bodensee bis zum Stettiner Haff bieten immer mehr Höfe nicht nur kurze Ausritte, sondern ausgewachsene Touren an. In aller Welt erfüllen sich Menschen den Traum vom großen Treck; von einigen der schönsten erzählt dieses Buch. Gut die Hälfte der Geschichten handeln von solchen Reisen zu Pferd. Andere berichten von Reisen zum Pferd, insofern ich dort allenfalls stundenweise selbst geritten bin, die Recherche jedoch ganz der jeweiligen Pferdewelt galt. Auch zwei Trekkingtouren habe ich mit aufgenommen, teilweise mit Maultieren. Denn die Nutzung als Zug- und Tragtier ist kulturhistorisch älter, Schlitten und Packtaschen gingen dem Sattel voraus. Dass dabei bodenständige Rassen im Mittelpunkt stehen, kommt nicht von ungefähr. In traditionellen Pferdekulturen kennen die Tiere keine Reithalle und kein Zuchtbuch, auch kaum Zäune oder Tierarzt, oft noch nicht mal einen Stall. Ihre robuste und pragmatische Haltung bildet ein Gegengewicht zur Verhätschelung und Vermenschlichung der Tiere in der Freizeitgesellschaft. Prompt stehen diese Rassen heute wieder hoch im Kurs, als ein Fleisch gewordenes »Zurück zur Natur«, weg von den hochgezüchteten und hochkapitalisierten Renn- und Springpferden, weg von der inzestuösen Aristokratie der Vollblüter.

Was wohl der Reiter von Unlingen zu alldem sagen würde? Er wäre sicher erfreut zu sehen, dass rund um den Bussen überall Koppeln und Stallungen liegen, dass das Turnierwesen blüht, dass Pferde dort noch zum Holzrücken im Wald eingesetzt werden und Gespannfahrer an der Heuneburg ihre Runden drehen. Nicht zu reden von der Landeshauptstadt, der ein Stutengarten den Namen gab. Das könnte freilich noch bloße Koinzidenz sein. Aber dass darüber hinaus hier auch die größte Reiterprozession Europas stattfindet, der Blutritt um die Abtei Weingarten, das erscheint doch als ein etwas seltsamer Zufall. Zumal die zweitgrößte Prozession durchs benachbarte Bad Wurzach zieht. Wenn da kein keltisches Erbe wirksam ist ...

Hingegen dürfte es ihn überraschen, dass das einst hochherrschaftliche Pferd heute Gemeingut geworden ist. Dass eine staunenswerte Fülle an Rassen, Reitstilen und Nutzungsformen besteht und dass die Qualität der Tiere sowohl in der Breite wie in der Spitze so hoch ist wie noch nie. Sie werden auch umhegt wie nie zuvor, sodass man beinah glauben könnte, die Pferde hätten umgekehrt uns als Domestiken in ihre Dienste gestellt. Vermutlich kämen also wiederum beide Gesichter des Unlinger Reiters zum Vorschein: zunächst das ernste, versonnene. Und dann das andere, das vor Freude strahlt.

DER RITT ANS
ENDE DER WELT

Auf Islandpferden
über Gletscher und Fjorde

Ein Gewitter galoppiert auf den Kaldalón-Fjord zu. Achtzig Hufe donnern über den Fahrweg, setzen über den klirrenden, rasselnden, prasselnden Kieselstrand, pflatschen durch die bei Ebbe entblößten Tangwiesen, und schon geht es mitten hinein in die eisigen Fluten, mit Ross und Reiter, mit Sack und Pack. Vorwärts durch die nur für wenige Stunden bestehende Furt, vorwärts, auch wenn es rauscht und spritzt wie bei einer Wasserschlacht, vorwärts, aufs ferne, schmale Ufer zu.

Von alters her nehmen die Reiter entlang der zerfurchten Küste solche Abkürzungen und sparen so oft viele Stunden. Der Fjord wird von umbrabraunen Basaltwänden eingefasst, an denen selbst jetzt im Juli noch Schneekissen glänzen. Hoch droben lastet der Drangajökull als bleiche Schabracke über dem Bergrücken, ein Gletscher von der Größe Hannovers, der nach allen Seiten hin herunterläuft wie Zuckerguss. Sieben Tage lang wollen wir ihn umreiten, bevor wir ihn am achten überqueren, um zurück nach Laugaland (sprich: Läugaland) zu gelangen, dem Hof unseres Führers Þórður (sprich: Thordur) Halldórsson. Für uns ein Abenteuer, der vermutlich einzige Gletscherritt weltweit. Für Þórður hingegen der gewohnte Weg von Laugaland nach Strandir, die seit Jahrhunderten genutzte Verbindung an die Ostküste, auf der Pferde früher kostbares Treibholz über den Berg zogen, manchmal auch Särge oder ganze Ruderboote, weil das immer noch einfacher war als die gefahrvolle Umrundung der Halbinsel. Noch zu Zeiten von Þórðurs Großmutter war Laugaland Teil eines Siedlungsnetzwerks rund um den Drangajökull. In fast jeder Bucht hauste eine Familie oder auch ein ganzer Clan. Sie lebten vom Fischfang, zogen etwas Gemüse und hielten ein paar Rinder, Pferde und Schafe. In den fünfziger Jahren aber entvölkerte sich die Region, und heute bildet Laugaland den vorletzten Außenposten vor dem Polarkreis.

Die Schafzucht war lange das wichtigste Standbein der Familie. »Die Gegend eignet sich bestens dafür«, erklärt Þórður. »Wir hatten einmal einen Botaniker hier. Der meinte, wenn er ein Schaf wäre, würde er am liebsten bei uns leben.« Doch davon allein kann die Familie schon länger nicht mehr existieren, sodass Þórður sich, ganz isländischer Tausendsassa, auch als Schulbusfahrer und Postbote betätigt. Zweimal im Jahr aber zieht er mit Freunden und ein paar zahlenden Gästen durch die Wildnis. Es ist Islands letzter Treck im alten Stil, ohne Trossfahrzeug also. Wir bilden ein munteres Häuflein: zwölf Pferdenarren und -närrinen aus Island, Kanada, Holland und Deutschland. Neben unseren eigenen Kraftpaketen gilt es auch noch drei Pack- und fünf Ersatzpferde im Zaum zu halten. Denn was den Isländern vermeintlich fehlt, besitzen ihre Reittiere im Übermaß: Feuer. Sie gelten als die spritzigsten und zugleich ausdauerndsten Pferde Europas.

Und für ihre Liebhaber selbstverständlich als die schönsten. Farblich gibt es sie in allen Schattierungen, dennoch bilden sie eine der reinsten Rassen der Welt. Seit tausend Jahren schon gilt hier ein Importverbot für Pferde. Die Stammpopulation rekrutierte sich aus skandinavischen Fjordpferden, zu denen sich auch noch Ponys von den britischen Inseln gesellten, die damals weitgehend dem Exmoor-Typ entsprachen. Als echte Wikinger bilden ihre Nachfahren lebende Zeugen des Mittelalters, vergleichbar der isländischen Sprache, die sich ebenfalls unvermischt erhalten hat. Sie kennt übrigens gut vierzig Ausdrücke für »Pferd«, die Hälfte davon abwertend. Dessen ungeachtet entwickelten die Inselpferde sich in den letzten Jahrzehnten zum Exportschlager. Dazu hat auch ihr umgängliches Wesen beigetragen, das Kumpelhafte und Unverwüstliche, das ihnen eigen ist. Sie haben nicht nur Island erobert, sondern auch die Herzen der Menschen. Gerade im deutschsprachigen Raum fand dieser Mythos auf vier Beinen eine begeisterte Gefolgschaft, spätestens seit den Immenhof-Filmen.

Ohne Reit- und Tragtiere wäre die Besiedelung der unwirtlichen Insel unmöglich gewesen. Die Höfe liegen zu weit auseinander, als dass man von einem zum anderen gehen könnte. Auch die Steinwüsten des Landesinneren sind zu weitläufig, als dass sie sich zu Fuß durchqueren ließen. Vom Hochland rauschen zahllose Gletscherflüsse herab, und doch gab es bis vor hundert Jahren keine Brücken auf Island. Wer solche Pferde hat, der braucht auch keine. Unerschrocken durchqueren sie Fjorde und Flüsse, umrunden Klippen in der Brandung und nutzen in sumpfigen Tälern die Bäche als Wege. Zäune und Tierärzte kennen sie allenfalls flüchtig, dafür verschmähen sie weder Seetang noch Salzheringe und laufen mit Spikes sogar auf Eis. Sie haben, wie Nationaldichter Halldór Laxness befand, »Wind in den Nerven«, dazu eine unwiderstehliche Physiognomie. Laxness: »In den schräg stehenden Augen verbirgt sich ein Wissen, das den Menschen nicht gegeben ist, etwas vom Spott der Abgötter, und um Nüstern und Maul ein Lächeln, das kein Filmvamp nachahmen kann.«

Gerade die geografische Isolation, in vieler Hinsicht ein Standortnachteil, ließ hier eine einzigartige Pferderasse entstehen und unvermischt erhalten bleiben. Was Island heute sehr zugute kommt. Zucht und Ausfuhr der begehrten Pferde sind für viele Bauern zum lukrativen Nebengeschäft geworden. Und der Tourismus, der neben der Fischerei wichtigste Wirtschaftszweig der Insel, wäre ohne diese Zugpferde weit weniger ausgeprägt. Weltweit leben heute etwa zweihunderttausend davon, fast so viele, wie Island Einwohner hat. Mit siebzigtausend stellt Deutschland, nach Island, das zweitwichtigste Zuchtland dar. Jedes einzelne dieser Pferde fungiert als Sonderbotschafter seiner Kultur, verkörpert alle Wildheit und Romantik dieser Insel. Bis in die fünfziger Jahre waren sie außerhalb von Reykjavík oft die einzigen Verkehrsmittel, und noch heute führt jede Tankstelle auf dem Land selbstverständlich auch Hufeisen.

Kaum eine Region bietet eine derartige landschaftliche Vielfalt wie die Westfjorde, dieser korallenförmig in Richtung Grönland vorstoßende Auswuchs. Kaum eine Region aber ist zugleich derart abgeschieden. Hier liegt Islands Island – das Ende vom Ende der Welt. Dennoch siedelten Menschen auch hier seit Jahrhunderten. Sie hatten es schwerer als anderswo, aber sie hielten stand. Anfang der sechziger Jahre jedoch zogen auch die Letzten fort. Weil niemand ihre Höfe kaufen wollte, blieben sie in Familienbesitz, sodass die Kinder und Enkel sie heute als Sommerdomizile nutzen. Þórður hat noch einen Nachbarn auf der anderen Seite des Trogtals, der nächste aber lebt dann schon sechzig Kilometer entfernt. Nach Ísafjörður, der einzigen Kleinstadt in den Westfjorden, sind es drei Stunden Fahrt.

Wir erreichen schließlich unseren Rastplatz am Hauptfjord, einem glitzernden Meeresarm, fast so weit und mächtig wie der Genfer See. Auf einer vorgelagerten Bilderbuchinsel kauert ein Gehöft – das i-Tüpfelchen der Einsamkeit. Ob die Menschen dort draußen glücklich sind? Auf einer sumpfigen Wiese stecken wir den Zaun für die Pferde ab. Während sie hier übernachten, kehren wir nach diesem Prolog per Auto nach Laugaland zurück. Letzte Gelegenheit, die Ausrüstung zu vervollständigen – und Lammkeule mit Rhabarber zu vertilgen.

Am nächsten Morgen wirkt der Himmel wie abgehängt: bleigraue Wolken, stahlblaue See. Wie ein träges, launisches Fabeltier liegt der Drangajökull über dem Bergrücken, eisgrau und ungeheuerlich. Ein kalter Hauch streicht die Hänge hinunter zum Meer. Bleibt mir vom Leib, scheint der Gletscher zu sagen, hier endet eure Welt. Doch sobald wir wieder bei den Pferden anlangen, sie aufzäumen und beladen, verfliegt alle Düsternis. Schon der Name meiner Goldfüchsin klingt programmatisch: Sunna, die Sonnige. Ihr Ego ist entsprechend ausgeprägt. Ebenso jene zusätzliche Gangart, für die Islands Pferde berühmt sind: der Tölt. Ein kraftvolles, rhythmisches Trippeln, der Viertakt des Nordens. Vom Boden aus wirkt er etwas grotesk, für den Reiter jedoch stellt er die bequemste Gangart dar. Ein volles Bierglas, heißt es, könne man dabei halten, ohne einen Tropfen zu verschütten. Vorerst bin ich schon froh, dass ich mich selber halten kann, wenn Sunna in stürmischem Stakkato über Mooskissen und Lavafelder töltet. Es gibt auch noch einen fünften Gang, den Rennpass, bei dem die Pferde abgehen wie die geölten Blitze. Doch dafür waren die Strände nicht lang oder mein Mut nicht groß genug.

Einige der jungen mitlaufenden Pferde haben noch nie einen Sattel, geschweige denn einen Menschen getragen. Dieser Ritt ist Teil ihrer Ausbildung. Sie sollen lernen, sich in die Gemeinschaft einzufügen und auch in schwierigem Gelände mit den erfahrenen Tieren mitzuhalten. Auf Island führen Reiter häufig ein Handpferd am Führstrick mit sich, so können sie gleichzeitig zwei Pferde in allen Gangarten trainieren. Dem Herdenverband folgen die Novizen auch ohne Führstrick. Schon der bloße Anblick dieses stattlichen Trecks lässt unsere Herzen höher schlagen. Die Tiere wirken nicht als Fremdkörper, sondern als Bestandteil, ja als Schmuck der Landschaft. Mit Hahnenfuß und Wollgras gesprenkelte Wiesen säumen den Fjord, stechend grüne Moose die vielen Rinnsale. Gegen Mittag beginnt auch der Himmel zu triefen, wir reiten durch ein kolossales

Aquarell. Aber wollten wir nicht eben das: es gut gerüstet mit den Elementen aufnehmen?

Warum wird uns dennoch heimelig zumute, als wir in der Ferne ein Haus ausmachen? Doch es erweist sich als eine Bruchbude voller Schutt und Plunder. Zerschlissene Tischtücher und leere Bettgestelle künden von längst vergangener Behaglichkeit, in der Anrichte klebt ein Vogelnest. Einige Teilnehmer wollen die Nacht in diesem Geisterhaus verbringen, für die übrigen richtet Þórður nebenan das große Tipi auf. Ein Zelt, wie es die Samen, die Ureinwohner Lapplands, seit Tausenden von Jahren im hohen Norden benutzen. Rund um den Kanonenofen, der mit feuchtem Treibholz vor sich hin qualmt, rollen wir sternförmig unsere Schlafsäcke aus. Bald baumeln Socken, Stiefel und Reithosen zum Trocknen im Gestänge. Das schmauchende Zelt, die vermummten Berge, die grasende Herde – ein Bild des Friedens. Das Geflüster des Regens lullt uns schließlich in den Schlaf.

Ein paar zeternde Raben übernehmen den Weckdienst. Erst jetzt sehen wir bis ans gegenüberliegende Ufer, wo eine ganze Schar scharfkantiger Tafelberge im Sonnenschein erstrahlt. Bald wallt der Haferbrei im Kessel, die Espressokanne faucht. Gemächlich packen wir unsere Siebensachen, Þórður und seine Helfer justieren die Kisten auf den Rücken der Lasttiere. Zunächst trotten wir am Strand entlang, steigen

dann im Gänsemarsch hinauf auf ein kahles, windge-
peitschtes Plateau, das allein von den Steinmännchen
entlang des Weges bevölkert wird. Einige der Pfade
hier oben finden schon in der »Edda« Erwähnung.
Würden Þórðurs Treck und ein paar wackere Wanderer sie nicht benützen, sie fielen der Vergessenheit
anheim. Stoisch ziehen wir dahin, wo es gar zu steil
wird, sitzen wir ab. In den Pausen weiß Þórður allerhand Geschichten zu erzählen, die sämtlich eins gemeinsam haben: Sie gehen schlecht aus. Wie die vom
Briefträger, der hier mitsamt seinem Pferd durch eine
Schneewechte ins Meer stürzte. Oder die von den
gestrandeten spanischen Walfängern, die einst von
den Eingeborenen erschlagen wurden. Oder die vom
einarmigen kommunistischen Bergführer, der nach
einem Sturz lieber sein Leben aufs Spiel setzte, als
sich von amerikanischen Soldaten retten zu lassen.

Schließlich öffnet sich der Blick auf eine geschützte
Bucht, in der wie hingewürfelt ein paar Häuschen
stehen. Kaffeeduft und Schmalzgebäck erwarten uns,
und mit frohen, glühenden Gesichtern lauschen wir
dann der Saga der Jóhannessons. Vor achthundert
Jahren, erzählt Friðrik, sei das Land um die Bucht
urbar gemacht worden, und noch 1940 hätten hundert Menschen hier gelebt. Hart und einsam sei ihr
Leben gewesen. Fischfang und Schafzucht hätten
sie zwar ernährt, doch ihr einziger Reichtum seien
die Kinder geblieben. »Solange alle zusammenhiel-

ten, vermochten sie sich zu behaupten. Doch als die Ersten gingen, löste das Netz sich auf.« Auch seine Eltern wanderten ab nach Ísafjörður, wo aus den Kindern Seeleute, Pflegerinnen und Beamte wurden. Seither nutzen sie den Hof als Sommerhaus. »Die Kindheit wirkt wie eine Droge«, bekennt Friðrik träumerisch, »davon kommt man nicht los.«

Damals kam häufig noch Pferdefleisch auf den Tisch, »es war praktisch Grundnahrungsmittel«. Diese Art der Nutzung ist so alt wie die Besiedelung der Insel, und bis heute gilt Fohlenfleisch vielen Isländern als das beste Fleisch überhaupt. Ein reines Naturprodukt. Es wird entweder frisch gebraten oder eingepökelt, dazu gibt es meist Kartoffeln.

Doch an so etwas denken wir natürlich nicht. Uns dienen die Pferde als Medien, um eine Freiheit zu erfahren, die so in Mitteleuropa längst nicht mehr zu finden ist. Dabei galt es einst als Strafe, hier leben zu müssen. Davon kündet das einsame Grab eines Geächteten, das wir am nächsten Fjord passieren, ein weißes Kreuz für einen Vogelfreien, mit einem kleinen Felsbrocken als Grabstein. Einen letzten Bergrücken haben wir noch zu überwinden, bevor wir schließlich vor einem weiteren Puppenhäuschen absitzen. Þórður zaubert einen Schlüssel hervor – es ist unser.

Über Nacht zieht dann echt isländisches Rheumawetter auf: Sprühregen wie aus tausend Sprinklerdüsen, böiger Wind, schwarze Wolkenbäusche über den Bergen. Am Morgen ziehen wir alles an, was wir bei uns führen, stülpen sogar Plastiktüten über die Socken. Denn beim Durchqueren der Flüsse und dem Umreiten der Klippen reicht uns das Wasser oft bis an die Waden.

Mal am Spülsaum entlang, mal über Pässe und Grate, kämpfen wir uns durch eine Landschaft von brachialer Wildheit. Die Ankunft der Wikinger scheint hier erst noch bevorzustehen. Entsprechend heroisch wird uns zumute. Die nordische Mythologie ist bekanntlich voll von Heldengestalten. Nicht alle haben eine Frau, doch jeder von ihnen hat ein Pferd. Was wäre Sigurd ohne Grani, Odin ohne Sleipnir? Selbst die Sonne käme nicht vom Fleck, zögen nicht »Frühwach« und »Allgeschwind« ihren Wagen. Versteht sich, dass hier auch der Tod und die Geister beritten sind. Weshalb die alten Recken darauf bestanden, mit ihren Pferden bestattet zu werden, um nicht zu Fuß ins Jenseits eingehen zu müssen. Die Luftrösser der Walküren beflügelten Richard Wagner zum berühmtesten Ritt der Musikgeschichte (»Roßweiße, Schwester, leih mir deinen Renner!«). Selbst die Elfen halten sich Pferde: Elfenpferde. Weniger zum Reiten, eher als Gefährten.

Als eine der letzten Weltgegenden überhaupt wurde Island vor gut elfhundert Jahren vom Menschen in Besitz genommen. Und zwar, als einziges Land Europas, nicht zu Fuß, sondern von Anfang an zu

Pferd. Die Sagas nennen sogar den Namen des ersten Tieres: »Zu jener Zeit kam ein Schiff in den Skagafjord, beladen mit Haustieren. Eine Jungstute sprang über Bord und schwamm ans Ufer. Sie wurde Fluga genannt.« Fluga heißt Fliege. Von Beginn der Landnahme an waren die Nordmänner derart eng mit ihren Tieren verbunden wie sonst nur die Reitervölker Zentralasiens. Pferde hielten die Nation zusammen. Þingvellir (sprich: Thingvetlir), das erste Parlament Europas, hätte ohne sie nie funktioniert. Sternförmig ritten die Männer von allen Ecken der Insel zum Alþing (sprich: Althing), um Recht zu sprechen und über ihre Geschicke abzustimmen. Eine der ersten Verfügungen betraf die Reinerhaltung der Pferde. Selbst nach Grönland nahmen die Isländer sie mit; womöglich sogar bis nach Nordamerika. Auch in der Volkspoesie und in den Gesängen der Barden nehmen sie eine prominente Stellung ein.

»Für uns Bauern sind sie bis heute unverzichtbar«, erklärt Þórður. »Besonders beim Schafabtrieb im Herbst.« Spätestens im Juni lassen die Viehzüchter ihre Schafe ins Hochland laufen, wo diese den ganzen Sommer lang sich selbst überlassen bleiben. Die Lämmer haben nach der Geburt gerade mal für eine Woche Kontakt zu Menschen, dann ziehen sie mit der Herde in die Berge. Der Abtrieb im September gestaltet sich dann als eine generalstabsmäßige Unternehmung. Obwohl Hütehunde sie unterstützen, haben die Treiber ihre liebe Not mit den versierten Schafen, die ihnen immer wieder entwischen. Diese Arbeit wäre ohne Pferde undurchführbar. Bei Dúna und Þórður packen dabei Nachbarn, Verwandte und sogar Freunde aus der fernen Hauptstadt als Aushilfshirten mit an.

Alles, was kein Schneesturm ist, gilt auf Island noch als gutes Wetter. Dickfellig trotten unsere Pferde durch Wind und Regen. Die ja aus ihrer Sicht auch Vorteile bieten: Der Boden ist weich, und sie müssen weder Staub noch Fliegen oder Mücken abschütteln. Uns jedoch setzen die Elemente heftig zu. Früher oder später schlägt jeder irgendwo leck. Und die Aussicht, am Ende im pitschnassen Gras das Zelt aufzurichten, die triefenden Klamotten in den Rauchfang zu hängen, nur um am Morgen erneut hinaus in den Regen zu müssen, diese Aussicht lässt uns fast verzagen.

Erschöpft langen wir nach sechs Stunden in Furufjörður an. Und dort geschieht ein Wunder: Der Sommersitz ist bewohnt, und die Großfamilie gewährt uns schlammbespritzten, schlotternden Gestalten ohne viel Aufhebens Obdach. Verständlich, dass wir uns am nächsten Morgen noch mehr Zeit lassen als sonst. Denn davon haben wir reichlich. Die Mittsommertage hier oben, sie beginnen und sie enden nicht, sie gehen nahtlos ineinander über. Die Nacht bildet nur eine vorübergehende Eintrübung, während der eine schlaflose Sonne den Horizont touchiert. Weiter südlich bringen die Bauern um Mitternacht noch das Heu ein.

Eine dreihundert Meter hohe Wand versperrt uns den Weg, doch irgendwie erklimmen wir auch sie. »Wir werden steile und weniger steile Berge hinaufreiten, aber dann auch wieder hinunter«, hatte Þórður vorab lakonisch erklärt. »Zwischendurch müssen wir die Pferde über längere Passagen führen. Das Ganze ist sehr gesund, sowohl für die Tiere als auch für die Menschen.« Oben auf der Hochfläche weiden wir uns dann am Rundblick über die tiefblauen Fjorde und den gleißenden Schild des Gletschers. Wie ein Glasauge glänzt ein Bergsee in einer Senke. Dem gleichen Wind zu trotzen, den gleichen Matsch zu durchwaten, das stärkt die Bindung zwischen Mensch und Tier. So wie sie unser Leben teilen, so werden wir in ihre merkwürdig missgünstige Pferdewelt einbezogen. Wie alle anderen besitzt auch Sunna feste Vorstellungen, wer vor und wer hinter ihr zu gehen hat. Noch auf den schmalsten Pfaden herrscht ein ständiges Gerangel. Während Þórður an der Spitze seine ganze Autorität einsetzen muss, damit die Lasttiere nicht über alle Berge rennen, reiten zwei seiner Freunde als Lumpensammler hinterdrein, um die Ersatzpferde auf Trab zu halten.

In Reykjafjörður gönnen wir uns dann einen Ruhetag. Gönnen uns vor allem ein Bad in dem riesigen, von heißen Quellen gespeisten Freibecken, bevor wir in ein seliges Koma verfallen. Die Faulheit der Pferde scheint ebenso ansteckend wie ihre Gefräßigkeit: Wir futtern Ragnar Jakobsson und seiner Sippe die halbe Speisekammer leer. Gut, dass das Versorgungsboot bald wieder anlegt. Es wird auch Reykjafjörðurs einzige Erzeugnisse mitnehmen: Bretter. Die Fjorde hier wirken wie ein riesiger Rechen, der Treibholz aus dem Nordatlantik fischt. Was Sibiriens Ströme ins Meer schwemmen, dient hier seit alters her zum Haus- und Bootsbau. Bald sechzig Jahre schon betreibt der alte Ragnar ein Sägewerk, das er uns fachmännisch vorführt. Stolz spreizt er dabei die Finger: »Sind alle noch dran!« Er zählt zu den lebenden Legenden der Westfjorde. Als junger Kerl erkletterte er, Jahrzehnte vor »Erfindung« des Freeclimbing, einen vierhundert Meter hohen Vogelfelsen, der als uneinnehmbar galt. Und wenn drüben an der Westküste etwas gefeiert wurde, preschte er in acht Stunden über den Gletscher, tanzte bis in den Morgen hinein und ritt dann irgendwie wieder zurück. Auch seine Schafe musste Ragnar Jakobsson seinerzeit drei Tage lang zum Schlachthof treiben.

Längst verbringt auch seine Familie nur mehr die Sommer hier draußen. Den Eiderenten aber steigt Ragnar immer noch nach. Für ein Kilo Daunen muss er sechzig Nester erleichtern. Auch Spatel-, Pfeif- und Löffelenten, Raubmöwen und Eistaucher bevölkern die Bucht. Scharen brütender Seeschwalben betrachten das Tal als ihr alleiniges Revier und stoßen mit ihren spitzen Schnäbeln auf alles herab, was sich bewegt. Vom Gäste- zum Haupthaus sind es vielleicht hundert Meter, doch die geraten für uns zum Spießrutenlauf. Mit Helmen bewehrt hasten wir zum Frühstück und halten auch noch Zaunlatten wie Blitzableiter über unsere Köpfe.

Als wir schließlich weiterziehen, flattert die Wäsche waagrecht an der Leine. Das Gras wogt, die Mähnen fliegen. Wir saugen die Bilder gierig in uns ein, der vorletzte Tag bricht an. Klirrende Lavafelder wechseln mit hypnotisch grünem Sumpfland. Ab und zu passieren wir schläfrige Robben, die sich wie Meerjungfrauen auf ihren Felsen rekeln. Am Abend kommt noch einmal das Zelt zum Einsatz, in dem wir dann selbst wie die Kegelrobben dicht an dicht liegen.

In der Früh brechen wir zeitig auf, denn anders als Ragnar dürften wir für die Überquerung des gut neunhundert Meter hohen Drangajökull mindestens zehn Stunden brauchen. Durch eine totenstille Geröllwüste steigen wir auf, höher und immer höher. Ein gespenstisch kalter Wind versucht uns zu verscheuchen. Ein letztes Mal noch halten wir Rast, Schokotafeln und eine Rumbuddel gehen von Hand zu Hand. Dann endlich erreichen wir den Rand des Firns. Munter trotten die Pferde hinein und setzen dabei kraftsparend Huf um Huf in die Stapfen ihrer Vorgänger. Brav, Sunna, brav.

Bald setzt Schneeregen ein. Himmel und Gletscher verschmelzen zu einer arktischen Turbulenz, zu einem ungeheuren weißen Nichts. Ein Ritt über einen anderen Planeten: Bis zu den Nasenspitzen vermummt, ziehen wir als archaische Karawane über den spröden Firn. Schritt um Schritt. Þórður hatte uns am Morgen zu beruhigen versucht: Spalten bildeten sich bei diesem Gletschertyp nur wenige, und wenn, dann weiter oben. Aber an einer Stelle schwenken wir dann doch in weitem Bogen nach unten ab.

Doch oben, unten, vorne, hinten – bedeutet das noch etwas? Der gleichförmige Trott und das allumfassende Weiß lassen uns fast in Trance fallen. Eine erhabene Gleichgültigkeit für alles, was nicht akut lebenswichtig ist, breitet sich innerlich aus. Im Sattel bleiben, Kräfte sparen, nicht erfrieren, nur darum geht es jetzt. Manchmal bricht eines der Pferde bis zum Bauch ein, doch sofort fasst es wieder Tritt, und die meiste Zeit über stapfen sie munter dahin. Sogar eher noch bereitwilliger als auf festem Boden, denn sie wissen, dass es heimwärts geht. Schritt um Schritt.

Nach zwei Stunden ragen die ersten Felsen aus dem Eis hervor. Wenig später bricht die Sonne durch und zaubert tief drunten eine silbrige Blässe auf den Kaldalón-Fjord. »Jetzt kann uns Dúna schon als schwarze Punkte auf dem Eisschild sehen«, freut sich Þórður. »Nun kocht sie entweder Lammkeule oder Fischsuppe oder auch beides.« Und dann gibt es kein Halten mehr: In wilder Hatz fegen die Pferde die moosgepolsterten Hänge hinunter, hechten über Gräben, stürmen durch reißende Schmelzflüsse, jagen im Zickzack über Moränenhügel, auch die Packpferde mit ihren schaukelnden Lasten, alles drängt vorwärts, nur vorwärts, und so sausen wir denn als eine jubelnde Lawine zu Tal, schnurstracks auf Laugaland zu.

DURCHS WILDE RAJASTHAN

Pferde, Fürsten, Jodhpurhosen

> *Es lief durch die Wüste; es lief durch
> die Berge; es lief durch die Schilf-
> betten; es lief, bis die Vorderbeine
> schmerzten. Es musste! Es lief durch
> das Langgras; lief durch das Kurz-
> gras; lief durch die Wendekreise von
> Krebs und Steinbock; es lief, bis die
> Hinterbeine schmerzten. Es musste!*
> RUDYARD KIPLING,
> Just So Stories

Ein altes Sprichwort aus Rajasthan empfiehlt »das
Kamel für die Liebe, den Elefanten für das Glück,
das Pferd für den Sieg«. Worin die erotische Funkti-
on der Kamele besteht, lässt sich nicht ohne Weiteres
bestimmen, vermutlich darin, dass die Liebenden mit
ihrer Hilfe überhaupt zueinanderfinden. Dass Elefanten Glück bringen, braucht man keinem Hindu
zu erklären: Der Elefantengott Ganesha wird immer
dann angerufen, wenn eine Entscheidung ansteht
oder etwas Neues beginnt. Doch das am meisten
verehrte und verhätschelte Tier unter den dreien ist
das Pferd, bevorzugt in seiner örtlichen Spielart, dem
Marwaripferd. Benannt nach dem Fürstentum von

Marwar, das der Maharadscha von Jodhpur einst regierte. Man braucht kein Pferdefachmann zu sein, um sie unter allen übrigen Rassen herauszukennen: an den krummen, sichelförmigen Ohren, deren Spitzen sich gelegentlich sogar berühren.

Das Schicksal der Marwari ist eng mit dem der Rajputen verbunden, der einstigen Kriegerkaste; wohl auch deshalb steht es programmatisch für den Sieg. Die Nachfahren des Lehnsadels genießen heute noch hohes Ansehen, wenngleich sie politisch weitgehend ausgebootet worden sind. Einige wenige erfreuen sich sagenhaften Reichtums, die meisten anderen aber müssen ihr Geld irgendwie verdienen, seit ihre Fürstentümer 1947 in der Indischen Union aufgingen. Diesem ländlichen Kleinadel gehört auch Ajit Singh an. Er lebt in Narlai, einem bezaubernden, von uralten Felsen umgebenen Pilgerort zu Füßen der Arawalli-Kette. Das Dorf schart sich um eine gut hundert Meter hohe Granitkuppe, die sich wie ein Schädel aufwölbt und als heiliger Ort gilt. Einen Tagesritt weiter südlich – als Edelmann gibt Ajit Wegstrecken gern nach der Dauer des Rittes an – liegt der Tempel von Ranakpur am Fuße eines noch weihevolleren Berges, der, wie es heißt, mit dem Felskopf von Narlai in spiritueller Verbindung steht. Ranakpur bildet eine der wichtigsten Kultstätten des Jainismus (Dschainismus), einer alten Religion, die statt Göttern philosophische Prinzipien heilighält.

Mit seiner Familie bewohnt Singh, Mitte dreißig, ein abgeschiedenes Haveli, ein villenartiges Palais, das zu erhalten ihn viel Mühe kostet. Vögel schwirren bunt blitzend durch den Garten, Affen turnen auf dem Dach herum. Stolz trägt er die Insignien seines Standes zur Schau, zu denen neben dem mehrfarbigen Turban ein juwelengeschmückter Dolch und natürlich Jodhpurhosen gehören. Der dortige Maharadscha trug sie einst zum Reiten. Mit der Zeit übernahmen dann alle Rajputen diese Hosen, und heute kleiden sie die halbe Reitwelt. Wer, wie Singh, auf sich hält, trägt sie selbst beim Autofahren oder bei Besuchen in der Stadt. Denn ein Rajput ohne Haveli wäre notfalls vorstellbar. Ein Rajput ohne Pferde jedoch ist keiner mehr. Die alte Führungsschicht frönt einer schier närrischen Liebe zu Pferden, die um so bemerkenswerter ist, als sich in ganz Indien überhaupt nur hier eine nennenswerte Reitkultur entwickelt hat. Nur im Nordwesten gab es genügend geeignetes Weideland, zudem liegt er den ursprünglichen Herkunftsgebieten der Tiere am nächsten. Pferde kamen angeblich schon zu Zeiten der mythischen Arier nach Indien, mit Sicherheit dann durch andere Reitervölker aus Innerasien, später auch aus Persien und Arabien. Schon in den alten Veden und Epen firmieren sie als heilige Tiere und charismatische Statussymbole; auch Pferde- und Wagenrennen finden Erwähnung. Ab Beginn des sechzehnten Jahrhunderts formierten sich dann Reitertruppen im größeren Stil. Mit ihrer Hilfe vermochten die Rajputen als einzige indische Macht den islamischen Invasionen und den persisch-türkischen Mogulen zeitweise Paroli zu bieten. Ihre Reiterverbände kämpften mal untereinander, mal mit den Mogulen und mal gegen sie – stets aber, versteht sich, ruhmreich und heldenmütig. Zu den wirkungsvollsten Propagandisten der Pferde zählten die Barden, die landauf, landab das Hohelied dieser edlen Geschöpfe sangen.

Rajasthan verdankt seinen einst legendären Reichtum der Gunst seiner Lage: Zwischen der Wüste Thar und dem Arawalli-Gebirge war nur dieser schmale Korridor problemlos passierbar, sodass seit uralten Zeiten Karawanenrouten hier durchführten, vom Arabischen Meer bis hinauf in den Himalaja und von Persien bis hinein nach Zentralindien. Auf die großen Viehmärkte wie in Pushkar und Balotra kamen Pferdehändler von weit her, bis aus Afghanistan und Turkmenistan, der Heimat der Achal-Tekkiner. Auch das Polospiel breitete sich entlang dieser Achsen aus. Anfangs züchteten die Rajputen ihre Pferde nicht selbst, sondern bezogen sie von Nomaden aus der Wüste. Noch immer finden die wichtigsten Viehmärkte am Ostrand der Thar statt, wo auch die meisten Pferdehändler leben. Sie bilden eine eigene Kaste, die Mirasi. Die Rajputen sind Hindus, die Mirasi Moslems. Elemente des jeweiligen Glaubens

und Aberglaubens sind ins Geschäftsgebaren einge-
flossen. Weshalb beim Kauf eines Pferdes derart viele
Eventualitäten beachtet werden müssen wie sonst nur
bei einer Eheschließung.

Die Kuh ist heilig in Indien, doch das Pferd gött-
lich. Wenn Ajit Singh ein neues Tier erwirbt, folgt
er geflissentlich den alten Riten. »Erst konsultiere ich
einen Brahmanen, der einen astrologisch günstigen
Zeitpunkt für den Kauf bestimmt. Verhandelt wird
dann mit formalisierten Handzeichen, bis das Geschäft besiegelt ist.« Wenn er das Pferd schließlich
heimführt, geht es nicht sofort nach Hause. Er bindet es zunächst im Freien an, organisiert einen Auf-
passer, betet dann im Tempel für sein Wohlergehen
und erbittet einen Blütenkranz vom Priester. Damit
geschmückt, zieht das Tier schließlich in den Stall
ein, wo die Familie es mit einer Begrüßungsspeise
willkommen heißt. Während die Mutter als Hüterin
des Hauses ihm eine Silbermünze unter den rechten
Vorderhuf klebt, auf dass es sein neues Heim »mit
silbernen Schritten« betrete, behängt seine Frau es
mit allerhand Zierrat und bemalt es mit Henna.

Bei so viel schwärmerischer Verehrung ist es kein
Wunder, dass so manches Märchen von der Eifer-
sucht der Ehefrauen auf die vierbeinigen Gefährten
erzählt. »Pferde sind Menschen«, lautet ein geflügel-
tes Wort. Die Geburt eines Fohlens wird von den
gleichen Zeremonien begleitet wie die Geburt eines

Kindes. Ein Trommler spielt Musik dazu, um anzuzeigen, dass ein neuer Gast in die Familie aufgenommen worden ist. Umgekehrt wird der Tod eines Pferdes betrauert wie der eines Verwandten. Als Laili starb, die Lieblingsstute von Ranjit Singh, dem »Löwen von Punjab«, erhielt sie 1837 ein Staatsbegräbnis mit einundzwanzig Salutschüssen. Wobei dem Maharadscha immer noch zehntausend Pferde blieben. Das Vordringen der Briten und die damit einhergehende Modernisierung bewirkten dann aber einen Niedergang der feudalen Pferdekultur. Kolonialismus und Sozialismus hätten den Marwari vermutlich den Garaus gemacht, hätte nicht ein quer durch alle Schichten verbreiteter Brauch ihren Fortbestand sichergestellt. Denn fast jeder Mann benötigt zumindest einmal im Leben ein Pferd: für seine Hochzeit. Der Bräutigam hat auf einer weißen Stute vor dem Haus der Braut zu erscheinen, sonst kommt er besser gar nicht. Da die wenigsten reiten können, führt fast immer ein Stallknecht das Tier. Selbst mitten in Jaipur oder Udaipur finden sich noch Stallungen, die allein von der Pferdevermietung leben. Für Albinos werden dabei Höchstpreise bezahlt. Da die Trauungen bevorzugt zu bestimmten glücksbringenden Daten stattfinden, werden die Städte an solchen Tagen durch die Umzüge regelrecht lahmgelegt.

Auch Ajit Singh stellt seine Pferde ab und zu für Feierlichkeiten zur Verfügung. Als Impresario für

Hochzeiten und Tempelfeste trommelt er bisweilen eine halbe Arche Noah zusammen. Denn je mehr Staffage eine Prozession versammeln kann, desto bedeutender ist der Anlass. Die Vorliebe für prunkvolle Festumzüge ist aus den Tagen der Maharadschas bruchlos ins einundzwanzigste Jahrhundert übergegangen. Sie finden etwa an religiösen Feiertagen statt, zu Stadtjubiläen oder bei Massenhochzeiten, für die sich Dutzende von Paaren aus ärmeren Kasten zusammentun. Jüngst hat Singh in Falna, beim Fest des goldenen Jain-Tempels, sein Meisterstück als »Event-Manager« vollbracht. Der Tempelrat betraute ihn damit, eine große Prozession zu organisieren. »Ich habe fünfzig Elefanten besorgt, hundertfünfzig Pferde, zweihundert Kamele, fünfzig Pferde- und Kamelwagen, dazu zwanzig Musik- und dreißig Tanzgruppen aus ganz Rajasthan.« Die zweihunderttausend Besucher kamen dann wie von selbst.

Gelegentlich gehe er auch in einen Pferde-Ashram, fügt Singh noch an, und zwirbelt dabei an seinem Es-ist-erreicht-Bart. »Dort werden die Tiere als Verkörperung des Göttlichen verehrt.« Die Liebe zum Pferd eint die verschiedensten Stände, vom einfachen Bauern bis zum Maharana von Udaipur, der im Marstall seines prunkvollen Palastes am See kostbare Marwari hält. Wobei den niederen Kasten der Besitz eines Pferdes untersagt war. Denn sie sind Luxusgeschöpfe und sollen es bleiben. In Indien werden sie weder zum Viehhüten noch in der Landwirtschaft eingesetzt. Dafür sieht man allerorten Kamele als Zugtiere, mit Karren und Stellwagen, was sonst auf der Welt kaum gebräuchlich ist.

Interessanterweise wird auch die vierbeinige Gesellschaft bis heute in Kasten unterteilt. Es gibt Brahmanenpferde, verwöhnt und von besonders tugendhaftem Wesen, Rajputenpferde, stolz, selbstlos und wagemutig, und Kreaturen niederen Rangs, die Parias unter den Reittieren, höchst dürftig und gewöhnlich. Tiefer als sie stehen nur die Esel. Den Fragen der Rasse dagegen wurde lange nur wenig Bedeutung beigemessen; das Markenzeichen »Marwari« ist womöglich keine hundert Jahre alt. Ihr Erscheinungsbild ergab sich aus den vorherrschenden Beständen, nicht aus systematischer Zucht. Farblich kommen sie in allen Varianten vor. Wie so viele Wüstenpferde sind sie hochbeinig, aber nicht übermäßig groß. Den Hals halten sie hoch, »stolz wie ein Pfau«, wie es hier heißt. Sie verfügen auch über einen Passgang, Revaal genannt. Ihr wahres Alleinstellungsmerkmal aber sind die Sichelohren, die sie dank besonders weicher Knorpel um fast zweihundert Grad drehen können. Einzig ihre nächsten Verwandten, die Kathiawaris im benachbarten Gujarat, verfügen noch über solche Ohren. Was Mister Spock für die Föderation der Planeten darstellt, sind die Marwari für die Pferdewelt.

Das Reiten ist in Indien bis heute eine Männerdomäne geblieben. Sitzt eine Frau auf einem Pferd, handelt es sich fast immer um eine Ausländerin. So auch im Fall von Ute Peterskovsky. Die studierte Soziologin lebt seit vielen Jahren in Udaipur und hat sich gemeinsam mit ihrem Mann Virendra Singh auf Reitsafaris spezialisiert. Hoch zu Ross ziehen sie mit ihren Gästen durch Rajasthan. Ein Herold reitet dabei in schmucker Uniform mit Singhs Familienbanner vorneweg. Übernachtet wird in hüttenartigen Zelten aus weißer Leinwand, im Stil der Jagdlager der Maharadschas. Nebenbei bringen die beiden ihren Gästen auch die traditionelle indische Pferdelehre nahe, die in einem mittelalterlichen Buch niedergelegt ist, dem »Shalihotra«. Jede Rajputenfamilie, die auf sich hielt, besaß ein Exemplar dieses enzyklopädischen, von Hand kopierten Werkes, das auf Sanskrit verfasst ist, teilweise auch auf Altindisch.

Das »Shalihotra« hat ein umfassendes Klassifikationssystem entwickelt, das in seiner Detailbesessenheit ans Kamasutra erinnert. »Vieles davon«, erklärt Peterskovsky, »beruht auf Aberglauben. Ein rein einfarbiges Pferd etwa, heißt es, bringe seinem Besitzer Unglück. Ausgesprochen glücksverheißend ist dagegen ein Pferd mit einer weißen Blässe und vier weißen Füßen. Das nennt man Paj Kalian.« Zwei blaue Augen bringen ebenfalls Glück, ein blaues Auge dagegen Unglück. »Inder mögen es also gerne ausgefallen, aber gleichzeitig symmetrisch.« Das Lehrwerk stammt aus einer Zeit, in der jeder Pferdehalter noch sein eigener Tierarzt war, und so enthält es denn auch ayurvedische Rezepte. Wenn Pferde beispielsweise lahm gehen, soll man Lehm mit bestimmten Kräutern mischen und damit warme Umschläge machen.

Ein Bild von der Leistungsfähigkeit der Marwari kann man sich bei einem der beliebten Distanzrennen machen. Etwa in dem kleinen Ort Dundlod in der Region Shekhawati. Marwarifreunde aus drei Bundesstaaten, ja sogar aus Schottland und Sri Lanka sind der Einladung des Hausherrn gefolgt. Raghuvendra Singh, genannt Bani, residiert im alten Fort, einer trutzigen Wohnburg im Herzen von Dundlod. Die Kanonen im Hof und die mit Teppichen und Damast ausgekleidete Audienzhalle künden vom Glanz vergangener Tage. »Der Name Shekhawati geht auf Rao Shekha zurück, der einer Seitenlinie der Maharadschas von Jaipur entstammte.« Fast sechshundert Jahre lang beherrschte seine Familie das Gebiet und nannte ein Dutzend Kastelle und Herrensitze ihr Eigen. Der Großvater hielt allein in Dundlod noch zweihundert Pferde, seinen Pflichtanteil an der Kavallerie von Jaipur. Die ihrerseits britischem Oberbefehl unterstand und etwa während des Boxeraufstands in China zum Einsatz kam. In Jodhpurhosen, versteht sich. Ihr letztes großes Gefecht war dann im September 1918 die Schlacht von Haifa an der Palästinafront.

Dort kämpften sie gegen türkische Regimenter, die durch Offiziere aus Deutschland und Österreich-Ungarn verstärkt worden waren. Noch immer hält man das Gedenken an diesen Sieg in Rajasthan hoch, unterschwellig wohl auch deshalb, weil die Rajputen den Spieß dort umkehren und den einstigen islamischen Invasoren eine Schlappe beibringen konnten. Bis heute setzt die indische Armee berittene Truppen an der Grenze zu Pakistan ein und unterhält das wohl letzte echte Kavallerieregiment der Welt.

Nach wie vor zählt der Stall von Dundlod zu den angesehensten ganz Indiens, und das nicht allein, weil er einen Paj Kalian sein eigen nennt. Gemeinsam mit seiner britischen Lebensgefährtin Francesca Kelly setzt Bani sich unermüdlich für die Marwari ein. Sie haben die »Indigenous Horse Society of India« ins Leben gerufen, sie organisieren Rennen, Züchtertreffen, Pferdemessen und spektakuläre Shows, und manchmal zieht Bani auf luxuriösen Reitsafaris durch die Ländereien seiner Vorfahren. Von den erstaunten Bauern der Umgebung erhielt Francesca den Ehrennamen »Ghorawalli« – die auf den Pferden reitet.

Die Sonne steigt über den Horizont, verschleiert durch subtropischen Dunst und den Sandstaub des Turnierplatzes. Selbst die Wolken reihen sich unter dem pastellblauen Himmel wie Dünen aneinander. Neben der Start- und Ziellinie prangt an einem Totempfahl eine riesige, goldgerahmte Uhr, die Salvador Dalí entworfen haben könnte. Und los! Über zwei Tage hinweg treten die Reiter in der Einzel- und in der Teamwertung an, preschen über fünfzig, sechzig oder neunzig Kilometer durch die umgebenden Felder und Weidegründe. Über Stock und Stein, auf Pisten und Sandwegen. Der Turnierplatz wird von einzelnen Bäumen und zahlreichen Zelten gesäumt, für die Pflegerteams wie auch für jene Gäste, die im Fort nicht mehr unterzubringen waren. Kampfrichter, Helfer und Betreuer walten ihrer Ämter, während die zahlreichen Schaulustigen durch das fröhliche Heerlager streifen. Die Gastgeber, die selbstverständlich eifrig mitreiten, finden trotz des Trubels noch Zeit, Interviews für die örtlichen Medien zu geben, die Startnummern noch wie Lätzchen vor der Brust. Er sei 1984 auf die Marwari gekommen, erzählt Bani, als Berater für den »Palast der Winde«, einen Kostümfilm mit Ben Cross, Christopher Lee und Omar Sharif. Letzterem sieht er ein wenig ähnlich, nur dass sein Schnurrbart barocker ausfällt und das Haar schon auf halbem Weg zur Mähne ist. Damals, rekapituliert er, konnte er das Filmteam davon überzeugen, statt der vorgesehenen Vollblüter authentische Marwari einzusetzen. »Als die Dreharbeiten beendet waren, musste sich jemand um die Herde kümmern. Und seither bin ich ihnen verfallen.«

Beim abendlichen Fest in Dundlod treten dann Gaukler, Trommler und ein Marionettenspieler auf.

Verdeckt von einem Baldachin, lässt er die Puppen hurtig tanzen. Drei Musikanten begleiten ihn, beleuchtet vom Flackern der Feuer im Schlosshof. Die Figur des Schlangenbeschwörers macht den Anfang. Dann tauchen Prinzessinnen und Zauberinnen auf, gefolgt von edlen Rittern, schlitzohrigen Kaufleuten und bösen Räubern, und schließlich erscheint auch noch Rao Shekha persönlich, hoch zu Ross, versteht sich. Die Quintessenz des Märchenlands Rajasthan, dem Orient des Orients. Fast überflüssig zu sagen, dass auch die Puppenspieler eine eigene Kaste bilden. Sie gehören zum fahrenden Volk, das seine Künste auf Jahrmärkten und Dorffesten zum Besten gibt. Suresh Kumar Bath, der Spieler, den Bani engagiert hat, tingelte schon als Kind mit seinem Vater durch Shekhawati. Seine Figuren und Dekorationen stammen noch aus dieser Zeit. Heute ist er mit dem Minibus gekommen, doch damals trug die Kisten mit dem Zubehör noch ein Marwaripferd.

Den krönenden Abschluss bildet eine Galavorstellung für die vielen Pferdefreunde, die auf Korbsesseln und Sitzkissen im Hof lagern. Denn manche Marwari können auch tanzen! Halb Zaubertrick, halb Volksbelustigung, bildet der Pferdetanz das ritterliche Äquivalent zur Schlangenbeschwörung. Die Ballerina, wiederum eine weiße Stute, ist von Kopf bis Huf mit Glitzerwerk und Seide, mit Quasten und Goldbordüren geschmückt. Auch ihr Dompteur trägt Weiß, dazu einen Turban in Gelb, Orange und Rot, auf das Abendkleid des Pferdes abgestimmt. Mit wippendem Federbusch auf der Stirn und Schellen an den Hufen gibt es die indische Spielart der Hohen Schule zum Besten. Sie tänzelt auf der Stelle, dreht sich auf der Hinterhand oder bäumt sich mächtig auf – ein fernes Echo der Kriegskunst, als solche Manöver trainiert wurden, um im Schlachtgetümmel zu bestehen. Applaus brandet durch den Schlosshof. Als Prinz Charles und die Herzogin von Cornwall vor einigen Jahren Jodhpur besuchten, verguckten sie sich bei einer solchen Vorführung in die Rajputenpferde und kauften gleich ein ganzes Rudel. Eines der lustigsten Fotos Seiner Königlichen Hoheit zeigt ihn, wie er mit den Händen die krummen Ohren der Marwari nachmacht.

Am nächsten Morgen schlendern die Hausgäste durch Dundlod. Das noch zahlreiche Havelis besitzt, Residenzen einst wohlhabender Adels- und Kaufmannsfamilien, die längst in Delhi oder Mumbai ansässig sind. Mit Treppen, Türmchen und steinernen Baldachinen verziert, wirken sie im Schutz des wuchtigen Forts erstaunlich verspielt, manche gar wie ein Tadsch Mahal im Kleinformat. Die farbenfrohen Fresken zeigen wohlvertraute Motive, die animalische Dreifaltigkeit: das Kamel für die Liebe, den Elefanten für das Glück, und das Pferd für den Sieg.

EIN PFERD FÜR ALLE FÄLLE

Auf Haflingern
durch Südtirol

Pferde zwischen Latschenkiefern – das können nur
Haflinger sein! In lockerer Formation trotten wir
über das Saltener Hochplateau, fünf Pferde, fünf
Reiter und ein Labrador. Ein letztes Blau erfüllt den
Himmel, bevor die Nacht hereinbricht. Venus prangt
als dicker Klunker über dem Meraner Becken. Für
die Pferde ist so ein Ritt in die Dunkelheit Routine,
sie sind mit serienmäßigem Nachtsichtvermögen ausgestattet. Für uns aber bedeutet er ein kleines Abenteuer. Die Sinne werden schärfer, Instinkte wieder
wach.

Wir queren die Pisten des Skigebiets »Meran 2000«,
ein kurioser und auch ein wenig trister Anblick. Was
soll ein Pferd mit einer Seilbahn? Was will ein Ses-
sellift an einem Sommerabend? Glühwürmchen blitzen auf; ein Reh wechselt gemächlich über den Weg.
Zurück geht es dann die Direttissima hinab durch
finsteren Tann. Nur der Glimmstängel unserer Rittführerin und die hellen Schweife der Haflinger leuchten noch aus dem Dämmerdunkel hervor. Kruzifixe

säumen den Weg, so zahlreich wie anderswo Verkehrsschilder.

Nach drei Stunden lenken wir die Pferde zurück auf den Sulfnerhof in Hafling, wobei wir das letzte Stück mit Fackeln absolvieren. Der Hausherr erwartet uns schon. Mit achtzig Jahren gilt Luis Reiterer, im Dorf selbst als der Sulfner-Luis geläufig, als Doyen der Pferdezucht in Südtirol. Dreißig Haflinger stehen in seinem Stall – »Original-Haflinger«! Auf den ersten Blick wirken sie wie geklont, weisen alle die typischen Rassemerkmale auf: flachsblonde, »weizene« Mähne und Schweif, das Fell dann in der obligaten Goldfuchsfarbe. Die Stalltüren sind mit ausgeklügelten Hebelschlössern versehen und gehen nur nach innen auf. »Alles andere können die aufknacken«, erklärt Reiterer mit einem Anflug von Stolz. »Die öffnen sogar Karabiner!«

Es sind halt Gebirgspferde. Die Gebirgspferde schlechthin, die Zierde der Alpen, die Haflinger. Bei einem Glas Lagrein rekapituliert er, wie sie zu ihrem Namen kamen. »Erst seit den achtziger Jahren führt eine Straße zu uns herauf. Bis dahin haben die Bauern ihre Waren auf Packsätteln nach Meran geschafft, und ab und zu trugen die Tiere dann ein paar Sommerfrischler hier herauf, mit einem aufgeschnallten Schaffell als Sattel.« Und weil sie aus Hafling kamen, wurden sie eben als »Haflinger Pferde« oder, pardon, »Haflinger Klepper« bezeichnet.

Von Meran aus verbreitete sich dieser Name bald allgemein. Überhaupt sprang man damals weniger zimperlich mit ihnen um. Nach der Abtretung Südtirols an Italien wurden sie vermehrt auch zur Fleischproduktion gezüchtet.

Die Wiege der Zucht, das Bethlehem der Haflinger, steht etwas weiter westlich. In einem Stall in Schluderns wurde 1875 jener Araberhengst geboren, der mit einer nicht näher definierten »Gebirgsstute« die Rasse begründete. Reiten war lange die unwesentlichste Nutzung. Die Haflinger wurden vor allem als Saumpferde gebraucht, für Traglasten also, dazu als Zugmaschinen vor dem Pflug, beim Holzrücken und im Weinberg. Sie waren die Vorgänger der Unimogs. So formte sich der klassische Typus: stämmig, kurzer Hals, breiter Rücken. Geländegängig sollten sie sein, genügsam und umgänglich, damit auch Frauen und Kinder mit ihnen arbeiten konnten, dazu widerstandsfähig und nervenstark. Ohne mit der Wimper zu zucken gehen sie selbst durch Tunnel, wovor die meisten anderen Pferde zurückscheuen. Lange vor den Menschen spüren sie, wenn sich ein Gewitter zusammenbraut. Sie leiden eher unter Hitze als unter Kälte und zeigen sich unbeeindruckt, wenn im Winter das Wasser im Stall gefriert.

All diese Eigenschaften kommen ihnen heute zugute. »Die unsichtbaren Merkmale, der Charakter, sind nicht minder wichtig als das Exterieur«, meint

Reiterer. Dieser Qualitäten wegen eignen sich Haflinger gut als Einstiegspferde und zum Wanderreiten im Gebirge. Ursprünglich freilich waren ihnen andere Aufgaben zugedacht, und nicht umsonst wurde ihre Zucht vom k.u.k. Kriegsministerium unterstützt. Österreichs unruhige Südgrenze sollte gehalten, der Nachschub im Ernstfall gesichert werden. Der trat auch bald ein, und sowohl im Ersten wie im Zweiten Weltkrieg wurden viele Hunderte von Haflingern eingezogen. Bis vor Murmansk karrte man sie, weil man ihnen am ehesten zutraute, im hohen Norden zu bestehen. Die indische Armee orderte einen ganzen Schwung zum Einsatz im Himalaja. Seit die bayerischen Gebirgsjäger in den zwanziger Jahren ebenfalls auf Haflinger umstiegen, erfreuten diese sich auch in Deutschland wachsender Popularität. Heute sind sie regelrecht in Mode, auch und gerade bei Flachländern. Doch ob sie noch gebraucht werden oder nicht, ob sich ein Geschäft damit machen lässt oder nicht, das sei für die örtlichen Bauern belanglos, meint der Sulfner-Luis. »Die halten noch fast alle ein Pferd. Einfach damit eins da ist.«

Es war ein weiter Weg vom Arbeitstier zum Freizeitpferd und vom Kriegsgerät zum Kulturgut. Noch im romantischsten Geländeritt hallt ein fernes Echo der Kavallerie nach. So auch am nächsten Morgen, als wir die Pferde für eine Tagestour satteln, als zögen wir ins Manöver. Mit von der Partie sind Markus, ein leutseliger Apfelbauer aus dem Etschtal, Barbro und ihre Tochter Linnéa, Urlauber aus Göteborg, dazu einige »rossnarrische« Kinder, die im Dorf Ferien machen. Barbro hält zu Hause selbst Haflinger, und natürlich ist sie des Lobes voll. Wer welche hat, wird sie als die schönsten, treuesten und unerschrockensten Pferde überhaupt rühmen, stets umgänglich und unverdrossen. Wer dagegen andere Rassen vorzieht, wird sie als zickig und antriebsschwach abqualifizieren. Die einen stufen sie als »mittelgroß« ein, die anderen belächeln sie als Ponys. Der Sulfner-Luis sieht das gelassen. Er deutet eine evolutionäre Anpassung von Gebirgsbewohnern an, die dank des kompakten Formats einen Heimvorteil haben: »Mir seint kloa, de Ross seint kloa.« Selbst eingefleischte Nörgler räumen ein, dass es kaum ein besseres Gebirgspferd gibt. Haflinger sind die Gämsen der Pferdewelt.

Meine Stute heißt Hexi. Von der ersten Wegbiegung an hat sie nur eines im Kopf: fressen. Ansonsten leistet sie Dienst nach Vorschrift. Wie ein karamellbrauner Bummelzug schlängeln wir uns über Blumenwiesen und durch Bergwälder. Genießen stolz die Fernsicht, jeder ein König, eine Königin. Das stete Wiegen und Zuckeln entfaltet eine fast hypnotische Wirkung, zugleich fordern die Pferde jedoch beständige Präsenz. Und so versuche ich, weder an die Sorgen von gestern noch an die Freuden von morgen zu denken, sondern an die Sorgen und Freuden des

Augenblicks, die beide den gleichen Namen tragen: Hexi. Vielleicht könnte ich sie – doch weiter komme ich nicht mit meinen Gedanken. Schon will sie wieder fressen.

Am Nachmittag erreichen wir eine kahle, windumspielte Hochfläche, ein Stück Lappland in Italien. Dazu passen auch die kantigen Trolle, die in dieser Tundra lauern: Eine Armee von Steinmännchen bevölkert die zweitausend Meter hohe Kuppe – die »Stoanarnen Mandln«. Ursprünglich dienten solche Wegmarken wohl zur Orientierung auf dem wolkenverhangenen Plateau. Dann aber verselbständigte sich das Auftürmen von Steinen zum Touristensport, und seither sind die aberwitzigsten Figuren entstanden. Sodass man den Weg vor lauter Wegweisern nicht sieht.

Nach einem Blick hinein ins Sarntal machen wir schließlich kehrt. Steigen erst über sumpfige Hänge ab, dann über Geröllfelder, dann über wurzeldurchwirkten Waldboden, am Ende über eine Schotterpiste. Die Pferde kommen mühelos mit jedem Untergrund zurecht. Nur an besonders kniffligen Stellen führen wir sie kurz. Wer im Gelände ein paar Mal ab- und wieder aufsitzt, lernt das kleine Stockmaß zu schätzen. Es wäre doch recht mühsam, sich jedes Mal auf einen Hannoveraner schwingen zu müssen. Ganz abgesehen davon, dass der sich hier sämtliche Beine brechen würde.

Südtirol ohne Haflinger, das wäre wie Australien ohne Kängurus. Wir merken es an der beglückten Reaktion der Wanderer: Haflinger, wie schön! Wir sind keine Eindringlinge, sondern Teil der Landschaft. Wir gehören ins Bild. So auch bei unserem zweiten Ritt drüben auf der Seiser Alm, den wir mit Reinhold Gasslitter vom Reiterhof Oberlanzin unternehmen. Auch er hält hauptsächlich Haflinger. »Ohne die läuft hier nichts. Du kannst Urlaub auf dem Bauernhof meinetwegen ohne Kühe anbieten, aber nicht ohne Haflinger. Die Gäste erwarten das einfach.« Als Markenzeichen, Sympathieträger und Exportschlager stellen »Südtirols edelste Blondinen« auch einen wichtigen Wirtschaftsfaktor dar.

Wie eine Zwingburg überragt der mächtige Gebirgsstock des Schlern den Hof. Dahinter beginnt, zehn Minuten Fahrt mit dem Pferdetransporter entfernt, die Seiser Alm. Der Salon der Dolomiten. Unter einer Alm stellt man sich für gewöhnlich ein grünes Fleckchen vor, umsäumt von Wald. Diese Mega-Alm jedoch bildet eine Welt für sich. Ein Stück Mittelgebirge im Hochgebirge, eine riesige Manege mit Rängen aus Fels. Längst ist aus der kostbaren Sommerweide ein weitläufiger Fun-Park geworden, in dem sich Scharen von Wanderern und Mountainbikern, Gleitschirmfliegern und Freizeitreitern tummeln. Doch bis heute dient sie nach einem komplizierten Schlüssel auch als Senne für die Talgemeinden. Kühe und Pferde grasen einträchtig auf den strotzend grünen Wiesen. Hundert bis hundertfünfzig Tage im Jahr, erklärt Reinhold, verbringen die Haflinger auf den rund zweitausend Meter hoch gelegenen Almen. Sie dienen als »Spielwiese mit Kräuterdiät«, zum Höhentraining und zur Leistungssteigerung.

Ein Reif aus Wolken hängt um die Hüften des Schlern. An seiner Flanke ragt ein sagenumwobener Zacken auf wie der Fangzahn eines Sauriers, während das blockartige Massiv selbst wie ein riesiger Backenzahn aussieht. Es bildet den westlichsten Ausläufer der Dolomiten, dieses steingewordenen Urmeeres. Bis ins neunzehnte Jahrhundert hatten viele Gipfel hier überhaupt keine Namen. Auch der Begriff »Dolomiten« bürgerte sich erst vor gut hundert Jahren ein. Davor trugen sie im Volksmund einen ganz anderen, bezeichnenden Namen: die Unholden. Darin spiegeln sich Aberglaube und Unbehagen wider wie auch die Tatsache, dass die bizarren Felsbastionen für die Bauern nutzlos waren, und gefährlich obendrein. Erst die alpinistischen Pioniere und die ihnen nachfolgenden Touristen ließen die Dolomiten zu einem Ort der Verheißung werden. Auch der Schlern gilt allgemein als Hexenberg; auf seinem Plateau sollen vor gar nicht so langer Zeit noch Brandopfer dargebracht worden sein.

Fünf von Reinholds Stammkunden sind mit von

der Partie – allesamt Kinder. Sie reiten, als wären sie im Sattel groß geworden. Zwei von ihnen waren tags zuvor am Schlern mit einer freiberuflichen Hexe unterwegs, die den ebenso zauberischen wie realen Namen Martha Silbernagl trägt. Sie geht mit Kindern in die Natur, erzählt vom Zwergenkönig Laurin, von Wetterhexen auf dem Schlern und von den Saligen Frauen, die in Grotten hinter den Wasserfällen hausen. Das Übernatürliche erscheint hier als das Natürlichste der Welt. Hexis Name kommt also nicht von ungefähr. Doch heute trägt mich Emilie. Eine Seele von Pferd. Sie hält unverdrossen mit, obwohl zu Hause ein Fohlen auf sie wartet. Aber beide sollen sich allmählich an die Selbständigkeit gewöhnen.

Vom Sockel des Schlern ziehen wir bis zur Felsformation der »Rosszähne« und halten dann auf die gewaltigen, dreitausend Meter hohen Türme von Lang- und Plattkofel zu. Im Osten gleißen die Reste des Marmolata-Gletschers. Die ganze Dolomitenpracht erinnert ein wenig ans Monument Valley, nur dass hier Grün und Grau den Ton angeben. Von der weitläufigen Hochfläche ergeben sich immer neue Blickwinkel auf die umliegenden Felsbastionen. Die Lungen würden sich am liebsten mit der Bergluft vollpumpen, Kopf und Herz geraten in Hochstimmung. Meist reiten wir in flottem Schritt dahin, mit gelegentlichen Trab- und Galoppeinlagen. Dann wallen die Mähnen, und die Schweife wehen wie

Banner im Wind. Am Osthang der Alm queren wir erneut eine Skipiste, die Grödner Weltcupabfahrt. In schattigen Winkeln schimmern noch Schneereste. Im Winter arbeitet Reinhold hier als Skilehrer, da ist auf dem Hof nicht viel los. Obwohl sie dann ihre ungewöhnlichsten Ritte anbieten: bei Vollmond durch die verschneiten Täler. »Ganz früher«, berichtet er, »vor der Mechanisierung der Skigebiete, dienten Haflingerschlitten noch als Lifte.«

Durch einen dichten Waldgürtel aus Fichten schlendern wir schließlich hinab nach Wolkenstein. Einige frei laufende Kälber schließen sich uns an. Die Hänge sind mit Alpenrosen gepolstert, ein Kuckuck lässt seinen Lockruf erschallen, diese Kennmelodie des Sommers. Auf dem Hof der Familie Senoner kehren wir ein. Doch was heißt Hof – ein kleines Landhotel ist's, Pozzamanigoni mit Namen, dessen Küche zu den besten des Grödnertals gehört.

Entsprechend saumselig gerät die Heimreise, gottlob kennen die Pferde den Weg. Reinhold schwärmt uns vom Wolkensteinritt vor. Dreißigtausend Zuschauer! Das deftige Mittelalter-Spektakel ist nach Oswald von Wolkenstein benannt, einem örtlichen Ritter und Minnesänger. An diesem Turnier rund um den Schlern nehmen die Gasslitter-Brüder seit drei Jahrzehnten mit Begeisterung teil. Mehrfach haben sie den Sieg errungen, haben beim Ringestechen, Stangenslalom und Hindernisgalopp alle anderen Mannschaften geschlagen. Zwei ihrer Turnierpferde sind heute mit von der Partie. Doch der Knüller kommt erst noch. Während wir erneut Lang- und Plattkofel passieren, ungläubig darüber staunend, dass derart gewaltige Bergstöcke hier so einfach in der Landschaft stehen, eröffnet uns Reinhold, dass Emilie, meine brave, bedächtige, schier philosophisch veranlagte Emilie, einmal das Rennen aller Rennen gewonnen hat: den Bauerngalopp auf der Meraner Rennbahn! Damals ging sie, wie er etwas verlegen erklärt, noch unter ihrem alten Namen »Vögele« an den Start. Eine magere Stute, ziemlich ängstlich dazu – niemand wettete auf sie. Doch dann brach das orientalische Erbe durch. Ihr Triumph inspirierte die Dolomitenzeitung zu der denkwürdigen Schlagzeile: »Vögele fliegt allen auf und davon«.

Auf Haflingern kommt man eben hoch hinaus.

ALLE MACHT DER FANTASIA

Das stolze Erbe der Berber

Zehn Reiter proben den Aufstand. Die Zügel in der Linken und die Flinte in der Rechten, nehmen sie in einer Reihe Aufstellung, auf einem staubigen Acker hoch über dem Tal von Khénifra. Der Himmel leuchtet kornblumenblau, die Erde rotbraun wie ein Tennisplatz. Im gleichen warmen Ton schimmert auch der wollene Kapuzenmantel von Lachsen Slimani, dem Anführer, um nicht zu sagen Dirigenten der Truppe. Noch einmal reitet er die kleine Phalanx ab. »Jeder hält sein Tier im Zaum, jeder konzentriert sich auf seine Aufgabe!« Die Pferde treten erwartungsvoll von einem Huf auf den anderen, eines steigt wiehernd hoch, rückt dann schnaubend wieder in Reih und Glied. »Los geht's!« Neben ihm stößt Mohammed, sein ältester Sohn, einen Juchzer aus. Und schon preschen sie über den Acker, verfolgt von einer wirbelnden Schleppe aus Staub. Sie richten sich im Sattel auf, schwenken wie wild ihre Schießprügel und spornen die Pferde mit einem Klaps auf die Hinterhand noch an. Am anderen Ende des Ackers, auf einer unsichtbaren Ziellinie, feuern sie ihre Gewehre dann ab und parieren im selben Moment durch. »Sssst!«

Die Truppe trainiert für eine Fantasia, ein kriegerisches Reiterspektakel, das in den Atlasländern bei Hochzeiten und Dorffesten veranstaltet wird, aber auch als sportlicher Wettstreit. Auf Arabisch firmiert sie meist als »tburida«. Obwohl er demnächst achtzehn wird, gehört Mohammed, ein stiller, nachdenklicher Junge, noch nicht voll zur Equipe. Denn er hat noch kein Pferd. Kein richtiges jedenfalls, bisher hat er sich mit dem dürren, struppigen Ackergaul beholfen, den er sonst vor den Pflug und vor den Karren spannt. Vater Lachsen und die anderen Bauern reiten dagegen edle Araber-Berber, die klassischen Fantasia-Pferde. Eine Kreuzung zwischen den leichtfüßigen Arabern und den unverwüstlichen Berberpferden. Sie sind die idealen Reittiere für dieses weite, karge Gebirge: schnell, ausdauernd, robust.

Wenn sie nur nicht so viel kosten würden. Schon der Blick über das Tal macht klar, dass Wasser und Anbauflächen knapp sind. In tausend Metern Höhe pflanzen die Slimanis Getreide, Kartoffeln und Futtermittel an, halten Schafe und Ziegen. »Ein gutes Pferd kostet in der Anschaffung so viel wie ein Gebrauchtwagen und im Unterhalt so viel wie eine Familie«, erklärt der Senior. Dennoch will er nun für Mohammed ein zweites Fantasia-Pferd erstehen. Er hat auch schon eines im Auge.

Das Tal von Khénifra gilt als ein Zentrum der Pferdezucht in Marokko. Doch wer über die Dörfer fährt, die sich zu Füßen des Mittleren Atlas hinziehen, oft wehrhaft auf Hügeln gelegen, die Lehmziegelhäuser eng aneinandergeschmiegt, wird kaum je ein Pferd erblicken. Und wenn, dann vielleicht einen müden Kutsch- oder Ackergaul, aber nie eine Herde. Auch sieht man weder Weiden noch Zäune. Wo sind sie, die edlen Reittiere der Berber?

Sie sind zu Hause. Stehen in einem kühlen Verschlag im Hof oder in einer umgebauten Garage und stecken den Kopf zum Fenster heraus. Ihre Besitzer müssen stets ein Auge auf die teuren Tiere haben. Außerdem entziehen sie sie so dem bösem Blick; schon den Fohlen werden Halsketten mit Amuletten umgelegt. Die Berber betrachten Pferde beinah als Familienmitglieder. Und fragt man einen Kenner wie Mimoun ben Bouazza, warum das so sei, so wird er unfehlbar antworten: »Weil wir sie lieben.« Weil man Pferde und Frauen tunlichst versteckt hält, sie könnten sonst unerwünschte Verehrer finden und gestohlen werden.

Fünfzehn Jahre lang war Mimoun Jockey auf der Rennbahn von Khénifra. Heute betreut er auf seinem kleinen Hof anderer Leute Pferde. Manche füttert er nur durch, manche schult er intensiv. In der Regel spricht er im örtlichen Berberdialekt zu ihnen, »sie verstehen aber auch Arabisch«. Bei erfahrenen

Tieren genügt ein einfaches »muschúd«, fertig, und sie fallen in den Galopp oder beginnen gar zu tanzen. Neben dem prägnanten Schnurrbart bilden die eleganten Jacketts Mimouns Markenzeichen. Damit reitet er auch mal ein Pferd zu oder verlädt Heu. Als wollte er signalisieren, dass er kein Bauer, sondern eher ein Künstler sei. Doch sich in Marokko einen Namen als Pferdekenner zu machen, ist nicht leicht. Denn jeder Mann hält sich für einen solchen. Dennoch suchen immer mehr Pferdebesitzer seinen Rat, darunter eben auch Lachsen Slimani. Ihm hat er für Mohammed einen gut ausgebildeten vierjährigen Rappen empfohlen, der ihm kürzlich bei einem Züchter aufgefallen ist. Für gut dreißigtausend Dirham, rund dreitausend Euro, könnte Lachsen ihn erstehen.

Hadda, seine Frau, hat sich erst gegen die Anschaffung eines weiteren Kostgängers gesträubt, schließlich aber zugestimmt. »Mohammed ist jetzt achtzehn Jahre alt. Er hat ein Recht auf ein eigenes Pferd«, erklärt sie. »Ich trage diese Entscheidung mit, auch wenn wir uns deshalb einschränken müssen. Doch Allah wird uns helfen.« Wie alle Berberfrauen besitzt sie eine starke Stellung innerhalb der Großfamilie, eine Übereinkunft, die noch aus vorislamischer Zeit herrührt. Anders als viele arabische Frauen haben Berberinnen von alters her ein Mitspracherecht bei allen wichtigen Entscheidungen. Sie brauchen keinen

Schleier zu tragen, werden in der Erbfolge berücksichtigt, sie können sich scheiden lassen und auch wieder heiraten.

Als Erstes verkauft Lachsen zehn Schafe auf dem Viehmarkt, der jedes Wochenende in Khénifra stattfindet, auf einem staubigen Freigelände am Ufer des trägen, lehmigen Oum er-Rbia. Auf ihren Schultern tragen er und Mohammed die umbrabraunen Schafe eines nach dem anderen vom Transporter auf den Markt. Dort wimmelt es von Nutztieren aller Art, vom Küken bis zum Droschkengaul. Für die hier durchaus noch Nachfrage besteht: Die rund zweihundert Kutschfahrer von Khénifra bilden eine Säule des Nahverkehrs, für Personen wie für Lasten. Vielfach werden sie nur mehr als Shuttle vom Markt bis zum Busbahnhof herbeigewunken, doch zwischendurch fallen auch größere Fuhren in die Vorstädte und die umliegenden Dörfer an. Auch Hufschmiede, Sattler und Radmacher haben ihre Werkstätten im Umkreis des Marktes.

Hinterher treffen die beiden sich in einem nahen Kutschercafé mit Mimoun. »Die Schafe haben nur dreitausend Dirham gebracht«, berichtet Lachsen. »Damit kann ich gerade mal die Anzahlung bestreiten. Ich muss mir wohl Geld von der Verwandtschaft leihen.« Außerdem will er als Filmkomparse im fernen Ouarzazate anheuern, dem Hollywood Marokkos. »Im Kino werden immer Reiter gebraucht«, meint Lachsen fachmännisch. »Ich habe einen Freund dort, der bringt mich da rein.«

Für drei Wochen vertraut er den Hof daraufhin der Obhut Mohammeds an. »Benehmt euch wie Männer!«, ermahnt er seine Söhne. »Und holt immer frisches Grünfutter für die Pferde vom Feld.« Es ist das erste Mal, dass er so weit und so lange fort sein wird. Hadda aber gibt sich abgeklärt: »Nein, ich habe keine Angst, dass er nicht wiederkommt. Sein Pferd lässt er ja hier. Er geht nur fort, um Geld zu verdienen. Der kommt mir bestimmt nicht abhanden.«

Nach zweitägiger Busfahrt durchs Gebirge trifft Lachsen mit seinem kleinen Köfferchen in Ouarzazate ein. Wie versprochen führt ihn sein Kumpel beim Komparseriebüro der berühmten Atlas-Studios ein, und bald schon verstärkt er deren Reiterei. Einst als Außenposten der französischen Fremdenlegion am Rande der Sahara gegründet, suchen in- und ausländische Filmproduktionen hier Ursprünglichkeit, Exotik und Archaik. In Ouarzazate wurde schon »Lawrence of Arabia« gedreht, allerhand Jesusfilme, Szenen aus »Star Wars« oder auch »Ali Baba und die vierzig Räuber«. Zuletzt entstanden Kassenschlager wie »Gladiator« und »Babel«.

Seinen ersten Einsatz hat Lachsen in einem französischen Historienfilm. Die Reiter verfolgen eine Gruppe von Dieben und stellen sie schließlich. Die

Szene ist dem Newcomer nicht ganz geheuer. Wilde Galoppaden sind ihm zwar vertraut, doch im Sattel mit dem Schwert zu kämpfen, dazu muss er sich erst überwinden. Auf den Fantasias kommt es nie zum Kampf Mann gegen Mann. Die Woche darauf spielt er dann einen vermummten Bösewicht in einer Fernsehproduktion. »Doch ob gut oder böse, das macht keinen Unterschied. Das hier ist ja alles gar nicht wahr.«

Während er sich in den Wüstenstudios wacker schlägt, erhält Mimoun Besuch aus Deutschland. Susanne Geipert gilt unter Pferdeleuten als vorzügliche Kennerin der Araber-Berber. Die promovierte Agraringenieurin kam ursprünglich als Entwicklungshelferin in die Länder des Maghreb. Und entdeckte in der tausend Jahre alten Kreuzung »eine Rasse, die allem entsprach, wie ich mir als Kind schon ein Pferd vorgestellt hatte: handlich, gute Nerven, bequeme Gänge, hübsch anzusehen«. Lange Zeit war sie die Einzige, die Araber-Berber in größerer Zahl nach Deutschland importierte, wobei Mimoun zu ihren wichtigsten Ansprechpartnern zählte. »Sie sind ein Erfolgsmodell geworden, weil sie die Ideale beider Rassen verbinden«, erklärt sie. »Die Nervenstärke, Bodenständigkeit und Ausdauer des Berbers, vereint mit der Schnelligkeit und Leistungsbereitschaft des Arabers.« Eben deshalb ist der sogenannte reine Berber heutzutage vom Aussterben bedroht, da sich die

Mischform als vielseitiger erwiesen hat. Umgekehrt wird man reinblütige Araber nur selten auf Fantasias sehen; ihr Nervenkostüm ist dafür nicht geschaffen. Die Araber-Berber dagegen haben sich als klassische Allrounder vom Senegal bis nach Libyen bewährt. Wobei die notwendige Futtergrundlage ihre Haltung auf klimatisch begünstigte Regionen beschränkt. »Viele glauben ja, die Berberpferde kämen aus der Wüste«, meint Geipert belustigt. »Doch dort werden gar keine Pferde gehalten, dort eignen sich Kamele weit besser als Transport- und Arbeitstiere. An die wirklich steilen Gebirgsregionen sind Pferde wiederum auch weniger angepasst; dort findet man meistens Maultiere und Esel.«

Gemeinsam mit Mimoun fährt sie weit über Land, um sich bei Bauern, Züchtern und auf Märkten die vielversprechendsten Pferde anzusehen. Unweit von Boujat machen die beiden bei Mohammed Haffoud Station, einem arabischen Großbauern. Dessen Töchter Aisha und Fatíha haben mit einer Handvoll Freundinnen eine Fantasia-Truppe auf die Beine gestellt. Erst seit Kurzem nehmen gelegentlich auch Frauenteams an den Wettkämpfen teil. Die Mädchen hier sind um die zwanzig; einige gehen noch zur Schule, andere werden demnächst heiraten und die wilde Reiterei dann vermutlich aufgeben. Mohammed fragt Mimoun um Rat für die Equipe. Zwei Kulturen und auch zwei Temperamente stoßen dabei aufeinander: der Araber, ein schlitzohriger Patriarch, unruhig und munter gestikulierend, und der Berber, verhalten, abwartend, kritisch. Die Töchter beteiligen sich nur kurz am Palaver in der gelb getünchten Stube, ziehen sich dann in die Küche zurück. So ganz ernst kann Mimoun die Amazonentruppe nicht nehmen. Er hakt nach, ob sie bei ihren Auftritten denn überhaupt Konkurrenz gehabt habe, oder ob dies womöglich nur eine billige Methode sei, das Preisgeld abzuschöpfen. Schließlich verspricht er, Pferden und Reiterinnen bei seinem nächsten Besuch Hilfestellung zu geben. Wieder im Wagen macht er dann aber kein Hehl aus seiner Skepsis. »Die haben nur den ersten Platz geholt, weil sie allein antraten.«

Der Mittlere Atlas bildet eine vergleichsweise sanfte Gebirgslandschaft. Mit fast nordisch anmutenden Zedernwäldern auf den Plateaus, wo Schafe weiden und Makaken herumturnen, und mit steinigen Höhenzügen, die sich bis zu dreitausend Meter aufschwingen. In guten Jahren fällt am Westrand genug Regen, um die Täler ergrünen zu lassen. In schlechten jedoch reichen die Erträge kaum zum Überleben aus. Wenn es regnet, lassen die Frauen ihr schrilles Kriegs- und Freudengeheul ertönen. Bleiben Niederschläge dagegen aus, ziehen sie in einer Prozession von Hof zu Hof, um sie herbeizubeschwören. Die Bauern bespritzen sie mit Wasser und lassen Getreidekörner über sie rieseln.

Nach drei Wochen kehrt Lachsen tatsächlich mit einem dicken Bündel Geldscheinen zurück. Und nachdem ihre Mitstreiter aus der Equipe, von denen die meisten ohnehin zur Sippe gehören, auch noch etwas vorstrecken, können die Slimanis den Rappen schließlich erstehen. »Schau ihn dir genau an«, mahnt der Senior rein rhetorisch. »Gefällt er dir wirklich?« »Ja, sehr«, erwidert Mohammed, ganz versunken in den Anblick des Tieres. »Ob du aber auch dem Pferd gefällst?« »Bestimmt.« Bei einem Gläschen Tee wird der Kauf besiegelt. Danach reiten Vater und Sohn das Pferd feierlich heim, wo die Frauen sie zur Feier des Tages mit hennageschmückten Händen empfangen. Auch wenn er vor Stolz innerlich glüht, gibt Mohammed sich besonnen und pragmatisch. »Hoffentlich regnet es bald, damit er auch genug zu fressen hat.«

Das eigene Pferd bedeutet auch, dass er nun weiter herumkommen wird. Fast jeden Monat nimmt die Equipe an einem Schaureiten teil; selbst in Frankreich ist sie schon aufgetreten. Täglich übt Mohammed fortan auf dem Acker das Aufrichten in den Steigbügeln, das kontrollierte Aufbäumen des Pferdes und das kriegerische Schwenken des Gewehrs. Und immer wieder das Terre à terre, einen federnden Galopp fast auf der Stelle, der eine Spezialität der Fantasia-Reiter bildet. Im Kampfgetümmel waren solche Manöver einst überlebenswichtig. Einige Mitglieder der Equipe schauen vorbei, um das prächtige Tier zu bewundern. Es besitzt Baraka, eine schützende und stärkende Aura. Und außerdem töltet es, was nur einem kleinen Teil der Araber-Berber gegeben ist. Als wollte es seine Eignung zu Höherem noch einmal unter Beweis stellen, zeigt auch das ausrangierte Zugpferd nebenan in seiner Koppel von sich aus das Terre à terre.

Seit einigen Jahren fördert der Staat die Fantasias mit beträchtlichen Preisgeldern. Dabei missbilligte er das »Spiel des Pulvers« lange, untersagte es sogar wiederholt, zuletzt nach einem Attentat. Doch Fantasias ohne Gewehre, eine solche Demütigung, um nicht zu sagen Kastration, ließ die Nation nicht auf sich sitzen, und so wurde das Verbot bald wieder aufgehoben. Auch wenn die antiken Vorderlader wohl kaum für eine Volkserhebung taugten, erscheinen die Reiterspiele den jeweils Herrschenden doch als eine Art paramilitärischer Aktivität suspekt. Zwar sind offiziell alle Nationalitäten gleichberechtigte Bürger und freudige Untertanen des Königs, doch besteht eine Kluft zwischen der arabischstämmigen Bevölkerung, die vor allem die Küste und die fruchtbaren Ebenen bewohnt, und den Berbern, die durch die islamischen Invasoren ins Gebirge abgedrängt worden sind.

Was sie eint, ist die Leidenschaft für Pferde. Sie umfasst alle Schichten, vom einfachen Bauern bis zur Tante des Königs, die bis zu ihrem Tod 2012 eines der Nationalgestüte führte. Mit der Subventionierung der Fantasias fördert der Staat die ländliche Kultur und stärkt das Pferd als Wirtschaftsgut, bindet zugleich aber auch aufrührerische Energien. Denn, so die Überlegung, solange der Ehrgeiz der Männer dahin geht, bei derartigen Turnieren Anerkennung zu erringen, werden sie vor den Versuchungen des Fundamentalismus oder des Separatismus gefeit sein. Brot und Spiele. Ungefähr tausend Trupps wetteifern landesweit um Prestige und Preisgelder. Es gibt die verschiedensten Ausprägungen, von der ländlichen Gaudi bis zur professionellen Reiterrevue, wie sie etwa in Marrakesch täglich den Touristen dargeboten wird.

Schon die Urahnen der heutigen Atlasbewohner zogen mit den Karthagern beritten über die Alpen, wo sie als Hannibals Kosaken die reiterlich wenig versierten Römer in die Flucht schlugen. Nicht die Elefanten, die numidischen Reiter waren die Force de frappe der Punischen Kriege; allein in Cannae schickten die Karthager viertausend von ihnen in die Schlacht, zu einer Fantasia auf Leben und Tod. Sie ritten im Gefecht ohne Zügel und setzten Speer und Schild virtuos ein. Noch Caesar war von ihrer Schlagkraft derart beeindruckt, dass er sie als Söldner anheuerte, um Gallien mit ihnen aufzurollen. Die Nachfahren dieser Berberkrieger stürmten den islamischen Invasoren entgegen und beherrschten dann gemeinsam mit ihnen über siebenhundert Jahre hinweg weite Teile der iberischen Halbinsel. Bis ins zwanzigste Jahrhundert hinein machten Berberaufstände den französischen Kolonialtruppen schwer zu schaffen. Das wichtigste Kampfmittel waren dabei stets die Pferde.

Früh schon dürfte sich das Exerzieren zum Spektakel verselbständigt haben. Vermutlich veranstalteten schon die Numider Schauturniere, als Parade und Volksbelustigung zugleich. Die Manöver waren immer auch Spektakel, und die Spektakel immer auch Manöver. Aufständische Algerier und Marokkaner, die von der Kolonialmacht nach Neukaledonien verbannt worden waren, führten die Fantasia selbst im fernen Südpazifik ein. Auch wenn die Kavallerie, bis auf die Königsgarde, mittlerweile ausgemustert wurde, als martialische Folklore hat sie bis heute überdauert. Sogar in so abgeschiedenen Weltgegenden wie auf Hawaii schrieben die Araber-Berber Geschichte. Um 1800, lange bevor die Inseln unter amerikanische Herrschaft gerieten, orderte der hawaiianische König einige Hundert Pferde im damals spanischen Kalifornien. Als Nachfahren der Konquistadorenpferde besaßen sie reichlich maghrebinisches Blut; über sie führt eine unvermutete Linie von Hannibal bis zu Kamehamea I.

Zwei Wochen später steht Mohammeds Feuertaufe an: eine große Fantasia in Meknès, anderthalb Fahrstunden nördlich von Khénifra, oder eben zwei

Reittage. Sie haben das Pferd neu beschlagen lassen, um den ganzen Weg dorthin im Sattel zurückzulegen. »So kann Mohammed sich weiter an das Tier gewöhnen, und das Tier sich an ihn«, erklärt Lachsen. Die kahlen Hänge sind mit einzelnen Büschen und Bäumchen gesprenkelt; grüne Masern auf rotem Grund. Störche gleiten in der Thermik. Unterwegs begegnen die beiden nur wenigen Menschen, suchen auch gar nicht deren Nähe, sondern genießen die Auszeit im stillen Hinterland. Am Morgen des dritten Tages langen sie schließlich in der alten Königsstadt an, die im achtzehnten Jahrhundert unter Sultan Moulai Ismail ihre Blütezeit erreichte. Er soll zehntausend Pferde gehalten haben; einige seiner Araber-Berber schickte er als Staatsgeschenk an Ludwig XIV. Die Ruinen seines Marstalls bilden heute eine Sehenswürdigkeit.

Als Erstes begeben sich Vater und Sohn in den Souk. Mohammed braucht noch eine passende Dschellaba. Denn bei Fantasias wird auch das äußere Erscheinungsbild der Trupps bewertet: die Sättel, Decken und der Schmuck der Pferde ebenso wie die Kleidung der Männer. Und natürlich das Baraka der Tiere.

Mehrere Tausend Schaulustige säumen den Turnierplatz vor der wuchtigen Stadtmauer, die der Sultan einst gegen die Überfälle der Berber errichten ließ. Die Szenerie erscheint kaum anders als vor fast zweihundert Jahren, als Eugène Delacroix die Fantasia von Meknès in einem Bilderzyklus verewigte. Fünfzig Teams und fünfhundert Pferde verwandeln den Platz in ein orientalisches Feldlager. Musikanten trommeln und singen. Händler wuchten ihre Schubkarren durchs Gewühl und bieten Luftballons und Süßigkeiten feil. Zwanzig große Mannschaftszelte flankieren den Platz, schmucke Hallen aus elfenbeinfarbener Leinwand oder nach Beduinenart aus schwarzem Filz. Eines davon beherbergt Lachsens Equipe; die übrigen Mitglieder haben die Pferde und das Zelt per Lkw in die Stadt gebracht. Nun ruhen sie sich aus, trinken Tee mit ihren Familien, schütten das Schwarzpulver in die Gewehrläufe und planen den nächsten Sturmangriff. Ringsum stehen die Pferde angebunden.

Schon, dass er die Waffe frei benutzen darf, zeigt, dass Mohammed zum Mann gereift ist. Hadda coacht ihren Sohn noch etwas; natürlich ist er nervös. Wehe, wenn er patzt, wenn der Rappe im Getümmel ausschert oder stehen bleibt. Denn die Reiter sollen möglichst in einer geschlossenen Reihe angreifen. Und auch wenn sie noch so viele sind, soll am Ende nur eine große Salve zu hören sein. Was in all dem Trubel natürlich nur selten gelingt. Wenn einer einen Fehlschuss zündet, gibt es hinterher Knatsch.

Der erste von neun Durchgängen beginnt. Sie sammeln sich am Startplatz und nehmen die Gefechtsformation ein. Je zwei Abteilungen treten nebeneinander an, im Abstand von einer halben Minute. »Muschúd« – und die Pferde beginnen tänzelnd mit dem Terre à terre. Die kleinen Schellen am Kopfputz und an den Fransen der Decken klimpern wie bei einer Schlittenfahrt. Auf Lachsens zweites Kommando preschen die Reiter dann los, gleichsam im fliegenden Start. Sie lassen ihr Kampfgeheul erschallen, spornen sich und die Tiere an und drücken schließlich fast im gleichen Moment ab. Wie Knoblauchzöpfe hängen die Schwaden des Schießpulvers einen Augenblick lang in der Luft, bevor sie von der nachfolgenden Staubwolke geschluckt werden. »Sssst!«, bringen sie ihre Tiere knapp vor dem Juryzelt zum Stehen. Die Preisrichter zucken mit keiner Wimper, doch kann man sich lebhaft ausmalen, wie viel Furcht und Schrecken eine solche Kavallerieattacke im Ernstfall auslöst. Eine Tsunami aus Pferden, die alles überrollt, was sich ihr entgegenstellt.

Alles ist gut gegangen. Der eigentliche Angriff hat keine zwanzig Sekunden gedauert. Die Bewertung geschieht nach einem für Außenstehende kaum durchschaubaren System. Manchmal liegt das Juryzelt verwaist, dennoch stürmen die Mannschaften drauflos. »Wie steht es denn?«, erkundigt sich Mohammed in der Mittagspause. Doch niemand vermag den Zwischenstand mit Bestimmtheit anzugeben, und er scheint auch niemanden groß zu interessieren. Nicht der Sieg zählt, sondern das Spektakel. Nicht der Erfolg, sondern die Teilnahme. Nie würden Lachsen und seine Mannen allein des Preisgeldes wegen reiten. Er versteht die Fantasia eher als einen euphorischen Ausnahmezustand: »Sie ist mit einem Gebet vergleichbar. Beim Reiten vergisst du all deine Probleme; sogar dein Haus und deine Familie. Die Equipe ist deine Familie.«

Ruh dich ein wenig aus, meint er zu Mohammed, als sie ins Zelt zurückkehren. Doch wie könnte er innehalten, wenn alles so aufregend ist? Die vielen Mannschaften aus halb Marokko, der andauernde Wettkampf, das Gewimmel der Zuschauer. Auch Mimoun ist gekommen, um seinen Freunden beizustehen. Er weiß um die Verantwortung, die auf Lachsen als Anführer der Truppe ruht, und spricht ihn mit »Präsident« an. Nach einer Dreiviertelstunde tritt ein Bote ins Zelt und meldet, dass sie wieder an die Reihe kommen. Also heißt es aufzäumen, aufsitzen, das Gewehr ergreifen und im Schritt hinüber zum Startplatz reiten. »Muschúd!«

Am Ende eines langen Tages belegt das Team schließlich den zweiten Platz. Die Turnierprämie deckt die Unkosten gut ab, vom Rest werden sie Grünfutter kaufen. Mohammed hat seine Feuertaufe bestanden und der Familie Ehre gemacht. Augenzwinkernd meint der Vater: »Die Leute werden sagen, das ist der Sohn von Lachsen, und er reitet richtig gut. Er kommt ganz nach seinem Vater.«

Klatschend tanzen sie im Zelt, die Frauen lassen ihr Freudengeheul erschallen. Glücklich, wenn auch etwas erschöpft und durcheinander, feiert Mohammed mit ihnen. Er und sein Rappe werden von nun an dazugehören. In wenigen Wochen schon werden sie einige der anderen Reiter wiedersehen. Beim Dattelfest in Beni-Mellal, bei der Pilgerfahrt nach Moulay Idris oder beim Hochzeitsmarkt in Imilchil. Gemeinsam werden sie einmal mehr die glorreiche Vergangenheit der Berber beschwören und ihre zumindest für die Tage der Fantasia stolze und aufregende Gegenwart.

REITEN WIE
GOTT IN FRANKREICH

Zu Pferd durchs Limousin

Galopp, Galopp, Galopp! Hinein in sonnendurch-
schienenen Eichenwald, trommelnde Hufe auf san-
digem Pfad ... links eine Mühle, ein glitzernder
Bach, jetzt ducken – ein Ast! – gut gemacht ... rechts
herum ... und weiter, weiter, den anderen hinterher, braaav, Filou ... dieses rasende Schweben ...
und es riecht nach Sommer, nach Minze und nach
Hagebutte, aufgepasst, Linkskurve – Haaalt! Eine
ganze Seenplatte von Pfützen bedeckt den Weg, da
machen wir lieber mal langsam. Wir wollen ja keine
Rallye reiten. Sind alle durch? Na dann – Galopp!

Acht Menschen, acht Pferde, acht Tage. Ein fröh-
licher Treck durchs zutiefst ländliche Limousin, eine
der unbekanntesten Regionen Frankreichs. Etwa in
der Mitte zwischen Bordeaux und Lyon gelegen, halb
noch Zentrum, halb schon Süden. Ein altes Kultur-
land, durchsetzt mit stillen Dörfern, in denen das
Mittelalter präsenter zu sein scheint als das einundzwanzigste Jahrhundert. Das Plateau de Millevaches
steigt zum Zentralmassiv hin auf tausend Meter an.

Es birgt viele Quellen und Schluchten, vor allem aber ausgedehnte Wälder, mit denen Frankreich sonst nicht eben reich gesegnet ist. Wo einst Kreuzritter, Wallfahrer und Troubadoure durchzogen, trotten nun wir Sonntagsnomaden dahin.

Im Département Corrèze, so abgeschieden, dass der Name eines Nachbarorts, Saint-Privat, als Motto dienen könnte, liegt einer der renommiertesten Reiterhöfe der Region: die Ferme Mialaret. Umsichtig, jovial und auch mit Mitte sechzig noch immer etwas spitzbübisch, führt Guy Segol den Betrieb gemeinsam mit Sohn Olivier. Siebzig Pferde tummeln sich auf ihren Weiden, zumeist Berber und Araber-Berber (siehe auch S. 62ff.). »Die sind ausdauernd und von nur mittlerer Größe. So passen sie mitsamt ihren Reitern noch unter den Ästen durch, und sie gehen auch gut in steilerem Terrain.« Wobei Wanderreiter alles andere als Rassefetischisten sind. Getreu dem Motto »ein gutes Pferd hat keine Farbe« beurteilen sie sie vielmehr nach Geländegängigkeit, Zuverlässigkeit, Gehfreudigkeit und Reitkomfort.

»Ein Tier, das sechs Stunden am Stück geritten wird«, berichtet Guy, »ist ausgeglichener als eines, das dreimal täglich eine Stunde raus darf. Und nach einer Woche zeigt es sich natürlich entspannter als nach einem Tag.« Von allen Nutzungsformen kommt das Wanderreiten der Natur der Pferde am nächsten: wachsames Fernwanderwild, das im Herdenverband durch die Lande zieht, nach saftigen Weiden Ausschau hält und sich vor allem um sich selber kümmert. »Pferde wohnen nicht«, stellt Guy klar. Dass sie ständig wechselnde Menschen tragen und ertragen müssen, um dieser Lebensweise frönen zu können, scheinen sie in Kauf zu nehmen. Hier bin ich Pferd, hier darf ich's sein. Auch bei uns wecken sie ein archaisches Erbe, die Sehnsucht, frei umherzuschweifen, heute hier zu sein und morgen da.

So ziehen wir als friedfertige Konquistadoren dahin. Einen kleineren Streifzug nennt man auf Französisch balade, ein ausgewachsener wie der unsere firmiert dann schon als randonnée, und ginge er noch ein paar Tage länger, würde er irgendwann als grande randonnée tituliert. Ein erschwingliches Abenteuer, in sicherem Abstand zu den Niederungen des gemeinen Lebens. Die meisten Teilnehmer sind begeisterte Freizeitreiter, chevaliers de loisir, die gern mit vierbeinigen Kompagnons durch die Welt ziehen. Für Yvonick, mit Ende fünfzig der älteste, wäre ein Jahr ohne großen Ritt »ein verlorenes Jahr«. Er zog schon mehrfach durch die heimische Bretagne und durch die Provence, einmal auch durch die ungarische Puszta. »Das reicht mir für den Rest des Lebens. Die Pferde dort haben noch nie auch nur einen Hügel gesehen; nach zwei Tagen wird selbst der schönste Galopp langweilig.« Seither reitet er nur mehr in Landschaften mit Relief. Seine Spezialität ist der Sekunden- oder auch Minutenschlaf im Sattel, den er uns freudig empfiehlt: »Den Rücken gerade richten, das Kinn auf die Brust senken, und dann einfach in den Schlaf wiegen lassen.«

Das Limousin erkundet er gemeinsam mit seiner Lebensgefährtin Brigitte. Beide sind im Polizeidienst tätig, und beide kamen sie erst spät aufs Pferd. »Ich hatte Angst vor diesen großen Tieren«, bekennt Brigitte, »doch zugleich reizten sie mich.« Der Reiz gewann die Oberhand, und nun genießt sie das Reiten als eine paradoxe Verbindung von Disziplin und Freiheit, Dressur und Ausschweifung. »Nie hätte ich das geglaubt, wie weit man zu Pferd kommt. Und was man dabei alles erleben kann. Schon das intensive Wahrnehmen der Tages- und Jahreszeiten bereichert ungemein.« Das ihr zugeteilte Tier hört, oder hört auch nicht, auf den Namen Loustic – was so viel wie Frechdachs oder Scherzkeks bedeutet und eine Verballhornung des deutschen Wortes lustig darstellt.

Die erste Etappe ab Hof führt uns durch Argentat. Verschachtelte Häuser aus hellgrauem Kalkstein mit tief herabgezogenen Schieferdächern spiegeln sich in der Dordogne. Weiß blühender Tang wallt wie geschmücktes Haar in der Strömung. Und als hätte das Fremdenverkehrsamt uns angeheuert, die Idylle zu krönen, erklingt nun auch noch Hufschlag auf dem Kopfsteinpflaster. Bestaunt von Kleinstadtbürgern und Feriengästen, trotten wir die Uferpromenade entlang, Flaneure hoch zu Ross. Während Olivier mit der Besitzerin der Crêperie flirtet, füllen wir dort unsere Wasserflaschen nach. Neben den Regenmänteln das einzige Gepäck, das wir bei uns führen. Alles Übrige bringt Guy mit dem Trossfahrzeug ins nächste Nachtquartier.

Die Pferde saufen noch aus der Dordogne, dann geht es hinein in dichten Laubwald. Auch wenn anfangs alles aufregend neu wirkt, stellt sich schon bald der ruhige, meditative Karawanenrhythmus ein. Du bist Glied einer Kette und dennoch autonom. Das Wiegen und der stete Trott verbinden sich mit der Freude über die Waldwelt zu einer leisen Euphorie. »Endlich richtige Natur«, strahlt Sylvie, eine zierliche Verwaltungsbeamtin aus Versailles. In den Wäldern um Paris ließe es sich nur schlecht reiten, »zu viele Hunde und schreckhafte Großmütter«. Sie kennt das Limousin vom Schwammerlsuchen. Für eine Woche hat sie sich jetzt von Mann und Kindern absentiert und genießt die Freiheit. »Ich wandere auch gern und fahre Rad. Doch schon einen Huf auszukratzen ist etwas ganz anderes als Luft in einen Reifen zu pumpen. Beim Reiten teilst du dein Leben mit etwas Lebendigem.«

Die Route richtet sich nicht nach etwaigen Sehnsüchten der Menschen, sondern nach den Bedürfnissen der Pferde. Es müssen Weiden vorhanden sein, weiche Wege und eine Wasserstelle. Unsere erste

Herberge, eine rustikale Pension in einem Fachwerkhaus, liegt noch in einem Dorf. Dort tränken wir die Pferde in einem plätschernden Brunnentrog auf dem Marktplatz, und am liebsten würden sie auch gleich die Geranien schnabulieren. Bei fast allen folgenden Quartieren handelt es sich dann um abgeschiedene Bauernhäuser, viele davon selbst Reiterhöfe. Manche ziert die Jakobsmuschel, das uralte Logo des Pilgerwegs nach Santiago de Compostela. Einst zogen wahre Wallfahrtskarawanen hier durch, und inzwischen wird die Route vermehrt auch wieder zu Pferd absolviert. Die Ausstattung der Höfe wirkt, sagen wir, folkloristisch – ländlich, bieder, schlicht. Übertriebenen Perfektionismus kann man den Wirtsleuten nicht nachsagen. Außer beim Kochen natürlich, da sind wir stets in besten Händen. »Greift zu! Das alles muss verschwinden!« Lediglich das immergleiche französische Frühstück mit nicht viel mehr als Baguette und Konfitüre lässt angesichts der anstehenden Strapazen einiges zu wünschen übrig.

Am Morgen spüre ich ungewohnte Sensationen. Hier zwackt's im Knie, dort drückt das Sitzfleisch, doch insgesamt fühle ich mich prächtig. Entsprechend zügig laufen die Vorbereitungen auf der Weide ab. Führt man sein Pferd vorher in den Straßengraben, kann man leichter aufsitzen. Und los! Zwei Eichelhäher, die Papageien der nordischen Wälder, petzen unseren Durchzug dann dem ganzen Tal.

Wir folgen der Trasse einer stillgelegten Lokalbahn. Vor einem Bahnhofshäuschen wie aus dem Märklin-Katalog halten wir unser Picknick. Guy erwartet uns mit saftigen Nudel- und Reissalaten, Pasteten, Käse und einem Schluck Wein. Nach einem kurzen Nickerchen im Gras ziehen wir weiter, Olivier als Lokomotive vorneweg, wir als Bummler hinterdrein. Eine Furt beschert den Tieren schließlich willkommene Erfrischung. Aufgekratzt scharren sie im Wasser, dass es nur so spritzt.

Anschließend geht es durch ein Kastanienwäldchen, wie sie einst weit verbreitet waren, heute aber auf Restbestände geschrumpft sind, nachdem sie vielerorts dem Obstbau weichen mussten. Doch noch immer dient der vielseitig nutzbare Baum als Symbol des Limousin. Wir besuchen eine urige Hütte, in der altgediente *feuillardiers* Bandholz für Fässer, Reifen, Koffer und Kisten in Fasson bringen. Ein anderes aussterbendes Metier sind die Ziegelbrenner, die *tuiliers*. Anfang des zwanzigsten Jahrhunderts florierten in den Départements Haute-Vienne und Creuse noch jeweils über hundert Tuilerien. Pferde stampften dort den rohen Ton. Die bravsten, heißt es, gingen von selbst, ohne dass jemand sie antreiben musste. Als Arbeiter, als vierbeiniges Proletariat sind Pferde fast ganz aus Westeuropa verschwunden. In Frankreich trifft man sie noch vereinzelt in steilen Wäldern oder Weinbergen an, vor denen noch der ausgetüfteltste Traktor kapitulieren muss. Womöglich hätten sie als Gattung kaum überlebt, wären sie hier nicht immer auch gegessen worden. Nun aber erleben sie eine Renaissance als Reisegefährten und als Nutztiere für die Seele.

Zwei Stunden später öffnet sich unvermutet eine Szenerie wie aus dem Bilderbuch. Von Rasen gesäumt und von Alleen flankiert, erhebt sich zwischen zwei schillernden Teichen das Renaissance-Schloss von Sédières. Eine reanimierte Ruine, die nun als Kunstgalerie und Ausflugsziel Besucher von weither anzieht. Unsere Equipe wird begeistert fotografiert, und ein paar Kinder dürfen auch mal aufsitzen. Ob wir in unserer Lederkluft, nach Heu und Pferden duftend, die Ausstellung über die Marine-Maler besuchen können? Aber gerne! Danach trotten und traben wir wieder dahin, bis die Sonne sinkt. Tief im Wald erwartet uns schließlich die Ferme de Leix. Ein kompaktes Gehöft mit schrundigem Gebälk, dessen Baujahr 1806 im Türstock verewigt ist. Wir satteln ab, hängen den Pferden die Leinenbeutel mit dem Kraftfutter um und führen sie danach auf eine strotzend grüne Wiese. Wo sie sich genüsslich wälzen, dann mit unbändiger Energie wieder hochschnellen, um sich an einem Baumstamm zu scheuern. Wem das nicht reicht, der kratzt sich noch mit dem Hinterhuf am Hals. Zu guter Letzt geht Fabrice mit einer Dose Würfelzucker herum: ein Stück für Filou, eines für Apache. Und, Olivier, auch noch eines für Liane? Ja, ruhig auch noch eines für Liane.

Frisch geduscht und umgezogen, erhalten wir dann eine Hofführung von André Soudant, einem großen Mannsbild mit Löwenmähne und fleischiger Nase, der sich als »höchst aktiver Faulpelz« einführt. Er und seine Frau Sylvie hätten eigentlich nur ein gemütliches Bauernhaus gesucht. Doch dann bekamen sie fast hundert Hektar dazu. Wegen der kargen Böden und der kurzen Wachstumssaison waren die Ländereien früher entsprechend groß dimensioniert. Wir bestaunen die riesigen Kamine und Gewölbe des Bauernhauses; selbst der frühere Schweinestall bietet heute als »la petite maison« noch reichlich Platz für eine dreiköpfige Familie. Üppig bestückte Blumenvasen à la van Gogh bringen Natur bis in die Zimmer. Schließlich lassen wir uns an der *table d'hôte* nieder, stolz wie die Ritter der Tafelrunde. »Vielleicht erst einmal einen kleinen Apéritif?« Eine rein rhetorische Frage, niemand lässt sich lange bitten, und klein fällt der Trunk auch nicht eben aus.

Dann tischt der Hausherr Kartoffelauflauf, Lammschlegel, Ziegenkäse und Kirschsorbet auf. Und abschließend einen besonders lang gereiften Saint-Nectaire aus der benachbarten Auvergne, ein Käse, steinhart und doch saftig, wie im Märchen vom tapferen Schneiderlein. Bei jedem Gang merkt André an: »C'est d'ici«, das kommt von hier. Wie üblich haben die Reitersleute bei Tisch nur drei Themen: Pferde, Pferde, Pferde. Die Ferme de Leix bietet vor allem Ponyreiten und Kutschfahrten an. Kutschen waren lange eine Spezialität des Limousin, wegen des Holzreichtums wurden sie hier in großer Zahl gefertigt. Für einen stattlichen, geräumigen Typus bürgerte sich die Bezeichnung Limousine ein, die bis ins Automobilzeitalter erhalten blieb.

Mangels Alternativen nehmen auch wir am nächsten Vormittag zunächst eine Landstraße. Etwas unschön für die Ohren, sonst jedoch unproblematisch. Autofahrer verhalten sich gegenüber Reitern weit zuvorkommender als untereinander. Und die Pferde zeigen sich von geradezu provozierender Gelassenheit. Filou etwa, der sonst stutzig jeden Wegweiser und jede Plastikplane beäugt, lässt ungerührt die schwersten Holzlaster an sich vorbeidonnern. Da müsste schon eine Säbelzahnkatze durchs Unterholz schleichen, um ihn aus der Ruhe zu bringen. Nur vereinzelt kurven auch Urlauber herum. Sie beschränken sich meist auf die größeren Straßen. Den Haupttälern folgend, klappern sie die Kleinstädte und Marktflecken ab, besichtigen Abteien und Kastelle, steuern Badeseen und Schlossgärten an. Wir dagegen, die wir mit nur einer Pferdestärke unterwegs sind, ziehen ein feinmaschigeres Netz über die Landschaft, folgen eher den Bächen als den Flüssen, erkunden den Mikrokosmos. Im Schnitt sitzen wir täglich sechs Stunden im Sattel, legen aber selten mehr als dreißig Kilometer zurück. Doch es geht nicht um die Strecke. Im Gegenteil, der Luxus liegt gerade in der Langsamkeit. Ist heute Dienstag oder Mittwoch? Haben wir vorgestern in St. Hilaire übernachtet oder in St. Julien? Aufs Angenehmste entrückt, geben wir uns dieser Odyssee im Sattel hin. Wobei auch wir vom Straßennetz abhängen, denn ohne Trossfahrzeug keine Verpflegung, kein frisches Hemd, kein Zahnputzzeug. Und am Ende müssen die Pferde dann auch im Hänger zurück.

Fabrice, ein bärtiger, schweigsamer Geselle um die vierzig, macht immer freiwillig den Schluss. Von allen hat er die beste Haltung. Und auch die ungewöhnlichste Geschichte. Seit seiner Jugend lebt er in einem Heim, betreut von Sozialtherapeuten und einem Vormund. Von seinem Lohn als Landschaftspfleger gönnt er sich jeden Sommer eine Reittour, und das seit fünfzehn Jahren. Ein fürsorgliches Sorgenkind, pflegt und hätschelt er die Pferde, wo er nur kann. Er hat sich sogar den Namen seines Lieblingspferdes eintätowieren lassen. Olivier Segol ist über die Jahre hin vom Helfer auf Zeit zum Freund für ihn geworden.

Auch für uns bedeutet der Ritt eine Art Therapie. »Ein Pferd verlangt einerseits Zuwendung«, erklärt Sylvie, »du musst es füttern und umsorgen wie ein Kind.« Andererseits aber fordert es uns Mut, Körperbeherrschung und Autorität ab. »Jeden Tag wächst du ein bisschen über dich hinaus.« Immer wieder staune ich, wie genau Filou mein Befinden aufnimmt, wie er auf Konzentration mit Konzentration antwortet und auf Schlaffheit mit Schlaffheit. Ein Psychologe könnte einem nicht besser den Spiegel vorhalten.

Wir ziehen nach Norden, durch den weitläufigen Naturpark des Plateau de Millevaches. Auf Wegen, die über Jahrhunderte begangen wurden, nun jedoch zuwachsen, weil sie kaum mehr jemand nutzt. Das Terrain steigt stetig an. Alte Steinbrücken überspannen die vielen Wasserläufe; die atlantischen Luftmassen regnen sich hier reichlich ab. War die Vegetation anfangs von mediterraner Fülle, herrschen am Ende Hochmoore und Heideflächen vor. In einem farnbestandenen Märchenwald verschwinden die Pferde fast, nur ihre Köpfe ragen noch aus dem dunklen Flor heraus. »Ich weiß ja nicht, was ihr so meint«, lässt Fabrice sich von hinten vernehmen, »aber ich finde das Leben gerade sehr schön.«

Über Stunden hinweg hören wir kaum andere Geräusche als die Rufe der Vögel, das Knirschen der Sättel, das Schlagen der Hufe und das wohlige Schnauben unserer Reittiere. Nur Liane räuspert sich regelrecht; auch Pferde haben ihre Schrullen. Menschen treffen wir nur noch sporadisch. »Bonne promenade«, wünscht die alte Imkerin. Der Bauer, in dessen Scheune wir Schutz vor einem Gewitter suchen, will Olivier seinen Gaul andrehen. Einer wandernden Schulklasse bleibt glatt die Spucke weg: acht Reiter in voller Montur! Scheu äußern sie ihren Wunsch, die großen Tiere zu streicheln. Ein Stück weiter spendiert uns die Dorfapothekerin eine Runde Pflaumenschnaps, sie reitet selbst. Überhaupt verinnerlichen wir Wald und Flur auch kulinarisch: Hier tischt die Wirtin Wildschweinterrine auf, dort der Bauer Limousin-Rind, ein dritter brät Forelle. Mal gibt es Maronenmousse, mal Löwenzahnlikör.

Vereinzelt bereichern kulturelle Einsprengsel die Waldwelt. Etwa die Ruinen einer römischen Villa mitsamt Wellnesstrakt in einem stillen Talgrund. Oder jenes hypermoderne Gebilde bei Vassivière, das mit seinem kantigen Rumpf und dem raketenförmigem Turm wie ein notgelandetes Ufo wirkt. Es entpuppt sich als Kulturzentrum mitten im Wald, spezialisiert auf zeitgenössische Kunst und erbaut von keinem Geringeren als Aldo Rossi. Schon früh zog es vor allem Maler ins Limousin; die weiten Wälder und das kleinteilige Hügelland bringen ein ganz eigenes, irisierendes Licht hervor. Renoir wurde hier geboren, Monet und Rodin haben viel in dieser Region gearbeitet.

Neues hält Einzug, Altes verschwindet. Wir passieren mehrere Geisterdörfer, die nach dem Zweiten Weltkrieg verlassen wurden. Zu weit die Wege, zu arm die Böden. Wir kommen aber auch durch Kolonien reetgedeckter Ferienhäuser wie aus dem Reich der Schlümpfe. Sie ziehen vor allem französische Gäste an, während die alten Landhäuser bei Engländern besonders begehrt sind. Auf der Insel gibt es eine regelrechte Limousin-Fraktion. Diese Affinität reicht weit zurück: Der Südwesten Frankreichs war im Mittelalter der englischen Krone zugeordnet. Richard Löwenherz wurde einst bei Limoges tödlich verwundet – auch er war hier, versteht sich, zu Pferd unterwegs.

Es gehört zu den vielen französischen Paradoxien, dass die Peripherie im Landesinneren liegt, dass gerade das Zentrum eine Terra incognita bildet, mitten am Rande. Doch nachdem das Limousin mehrfach als heimelige Filmkulisse diente und Jacques Chirac hier seinen Landsitz wählte, hat es sich nun auch touristisch entwickelt. Vor allem Familien schätzen es, geht es doch hier ruhiger und sicherer zu als an den Küsten, und die Preise sind ziviler. Außerdem zählt das Limousin zu den Regionen mit den meisten Bio-Bauernhöfen.

Unsere letzte Etappe führt an den Lac de Vassivière, den größten See weit und breit. Ein Stück Schweden in Südfrankreich. Das Wasser tiefblau, die Ufer dunkelgrün, der Parkplatz voller Wohnmobile. Mittendrin thront ein kleines Schloss, glücklicherweise auf einem Hügel, sonst wäre es längst in den Fluten des Stausees verschwunden. »Hier habe ich schon mal Hecken gestutzt«, erinnert sich Fabrice. Über einen Damm paradieren wir hinüber, und einmal mehr bestaunen die Ausflügler uns als wandelnde Sehenswürdigkeit. Denn Pferde brechen nicht, wie etwa Autos, den Zauber einer Landschaft, sie verstärken ihn.

Eine Siesta am Strand, ein kurzes Bad für Mensch und Tier, ein staunender Blick auf die Hirschkäfer, die auf den alten Eichen herumkreuchen. Dann Abritt in die letzte Herberge. Während Sylvie dort von ihrem Mann abgeholt wird und Fabrice von einem Betreuer, kehren wir mit den Segols am nächsten Tag zurück nach Mialaret. Und inspizieren dann noch eine zweite Route, die sie ebenfalls anbieten, einen Ritt über die Dörfer. Über einige der »schönsten Dörfer Frankreichs« gar, Mitglieder des gleichnamigen Vereins. Kleine alte Orte, in denen die Geschichte eine Auszeit genommen hat. Mit dem Wohlstand längst vergangener Zeiten gesegnet, durch keine Bausünden entstellt und durch kein Gewerbegebiet banalisiert. Schon ihre ehrwürdigen Namen klingen erholsam, und manche sind, wie Beaulieu, auch gleich Programm. Diese Kleinodien stehen im Einklang mit der Landschaft und mit sich selbst. Wie etwa Curemonte, ein verschlafenes Nest auf einem Hügel, oder Turenne mit seinen krummen Gassen zu Füßen der Burgruine. Oder Collognes la Rouge, das seinen Namen dem roastbeefroten Stein verdankt, den eine Laune der Natur hier zutage treten lässt. Tore und Türmchen, Kirche und Bürgerhäuser, das ganze Dorf besteht aus diesem Material, das an das Straßburger Münster denken lässt.

Den Endpunkt bildet das Gestüt von Pompadour. Ludwig XV. belehnte seine Mätresse einst mit diesem Landsitz und verhalf ihr dadurch auch zu einem weniger fischigen Namen als ihrem angestammten: Jeanne-Antoinette Poisson. Ein erstaunliches Weibsbild. Pionierin, die sie war, begann die frischgebackene Marquise eine Pferdezucht. Später bezog Napoleon seine Privatpferde von hier, aber auch viele der unverwüstlichen Kaltblüter, die seine Kanonen bis nach Moskau schleppten. Bis heute genießt das Gestüt, eines der größten in Frankreich, erhebliches Prestige. Von der Sattelkammer bis zum Samenlabor ist alles vom Feinsten. Die Zuchthengste stehen in geräumigen Boxen, tragen erlauchte Namen und bringen viel Geld ein. Verglichen mit ihnen scheinen die Pferde der Segols wie bessere Landstreicher. Und doch – auch wenn ich mir seinen Namen nicht eintätowieren lassen würde, ist mir einer wie Filou zehnmal lieber als diese Luxusgeschöpfe. Die sind noch nie durch eine Furt geprescht, die mussten nie eine Rinderherde in Schach halten, und sie sind auch noch nie auf sandigen Wegen dem Himmel entgegengaloppiert.

ÜBER DIE BERGE
DES BALKAN

Auf Karawanenwegen
durch die Albanischen Alpen

> *Der Morast in Albanien ist süßer als
> anderswo der Honig.*
>
> VOLKSMUND

Düster und mächtig verliert sich die Rugova-Schlucht in den Wolken. Eine Karl-May-Landschaft mit undurchdringlichen Wäldern, engen Felsenpforten und verborgenen Mysterien, eine der klassischen Schluchten des Balkan eben. Und eine der tiefsten Europas dazu. Um hineinzukommen, braucht es keine Zauberformel, nur ein geländegängiges Fahrzeug und einen unerschrockenen kosovarischen Fahrer. Weniger wegen der kühnen Straßenführung, das auch, aber vor allem wegen der anderen, noch unerschrockeneren kosovarischen Fahrer. Oben auf der Höhe jedoch, wo ein Pass hinüber nach Montenegro führt, würde dann auch kein »Sesam, öffne dich« mehr helfen. Seit dem Kosovokrieg endet die Straße dort von beiden Seiten, und mit ihr auch die Welt.

Zu Fuß und zu Pferd aber gelangt man hinüber.

Immer mehr ausländische Wanderer durchstreifen die Alpet Shqiptare, die Albanischen Alpen, wie das zweitausendsiebenhundert Meter hohe Massiv gemeinhin genannt wird. Während ihr mitteleuropäisches Pendant touristisch längst ausgelutscht ist und am eigenen Erfolg zu ersticken droht, blieben sie weitgehend unerschlossen. Weder Seilbahnen noch Skilifte durchkreuzen die Landschaft. Keine Hotels, keine Ausflugslokale, kein Nachtleben und keine asphaltierten Straßen. Nur diese schiere Bergwelt, die sich seit der letzten Eiszeit kaum verändert hat. Seit einigen Jahren führt ein Fernwanderweg in weiter Runde durch Kosovo, Montenegro und Nordalbanien: der Peaks of the Balkans Trail. Wir wandern als Gruppe neun Tage lang am Stück, mit strammen tausend Höhenmetern jeden Tag. Quartier nehmen wir bei Bauernfamilien oder in provisorischen Pensionen, die sich erst noch an den sommerlichen Andrang gewöhnen müssen. Bis Montenegro transportiert ein Begleitfahrzeug das Gepäck, dann übernehmen es Packpferde und Maultiere. Die in diesen Bergen nach wie vor eine wichtige, um nicht zu sagen tragende Rolle spielen. Sie werden beinah ausschließlich als Lasttiere eingesetzt, kaum je zum Reiten. Unter kommunistischer Herrschaft gab es nur wenige Traktoren und Lastwagen, weshalb die Landbevölkerung den Umgang mit Pferden, ganz überwiegend den heimischen Albanern, bis heute nicht verlernt hat.

Wobei die hiesige Bezeichnung viel passender klingt: Kali Shqiptar. Es handelt sich um eine Rasse weniger im biologischen, eher schon im kulturgeschichtlichen Sinne. Das Fundament bilden verschiedene Landschläge aus dem Tief- und dem Bergland. In diesen Fundus wurden dann fallweise noch Araber und türkisches Warmblut, Haflinger, sardische und ungarische Pferde eingekreuzt, je nachdem, wer auf dem Balkan gerade das größte politische Gewicht aufbrachte. Erst sollten sie spritziger werden, dann größer und kräftiger. Wobei der kleinere Typus in den Bergen im Vorteil ist, sodass die Pferde hier nur selten ein Stockmaß von mehr als einem Meter dreißig aufweisen.

Einst war das Kosovo die Kornkammer der Albaner. Pferde und Mulis schafften den Mais bis an die Küste und kehrten mit Salz beladen zurück. Doch die alten Karawanenwege, die Saumpfade und Schmugglerrouten, sie wucherten zu und waren kaum mehr kenntlich. Hinter dem Eisernen Vorhang fiel Albanien ins Dornröschenkoma. Kaum erwacht, begann der Kosovokrieg. Wieder lagen die Fernhandelswege brach, und die Bauern trieben ihr Vieh nicht mehr auf die Almen. Doch nun scheint deren Beweidung wieder sinnvoll. Weil die Hochtäler keine Sackgassen mehr sind und weil immer mehr Wanderer für willkommene Abwechslung sorgen und für nicht minder willkommene Nebeneinnahmen.

Hoch droben in der Schlucht stiefeln wir bei strömendem Regen los. Über Hänge, die vor Himbeeren strotzen, und über steile, üppig grüne Almen. Sonst ist kaum jemand unterwegs, nur ein Schäfer, der stoisch unter einem schwarzen Schirm über die Berge schreitet, umströmt von seiner wuscheligen Herde und einem tattrigen Hütehund. Ab und an geben die Wolken den Blick in die Täler frei. Ein Bild des Friedens, auch wenn die verfallenen Schuppen und die improvisierten Hütten ahnen lassen, dass hier vor zwanzig Jahren der Krieg gewütet hat. Wer damals versucht hätte, über die Berge nach Albanien zu kommen, wäre von der serbischen Polizei erschossen worden.

Nach zwei Tagen klart das Wetter auf. Ging es bisher durch eine grüne Mittelgebirgswelt etwa wie in den Vogesen, so zeigen die Berge sich nun karstig und kaum weniger schroff als die Dolomiten. Die Grenze zwischen Kosovo und Montenegro dagegen ist in keiner Weise augenfällig, irgendwann auf dem Abstieg passieren wir sie einfach. Später kehren wir in einer Hütte der *Radnički* ein, die seit 1945 vom Belgrader Bergsportverein betrieben wird. Hüttenwirt Kanda ist Hausmeister und Auskunftsbüro in einem. Die Wälder seien voll von wilden Tieren, schwärmt er. Erst neulich hätten sie dort hinten vier Bären gesichtet. Doch noch nie hätte er von einem Angriff gehört. »Sie sind ja mehr oder weniger Vegetarier. Aber trotzdem – Bär bleibt Bär.« Dann amüsiert er sich noch über eine Besucherin aus der Stadt, die wissen wollte, welche Teebeutel er so vorrätig hätte. »Teebeutel? Hier wachsen doch die schönsten Kräuter! Wir sind von Tee umgeben!«

Wie ein schwarzgrüner Kelch umschließen die Berge den nahen See von Plav. Eine dünne Wolkenbank schwebt auf halber Höhe, und die Wasserfläche schimmert samten in der Abendsonne, eingefasst von rauschendem Schilf und flottierenden Seerosen. Am schönsten Uferabschnitt liegt unsere »Lodge«, die in einer merkwürdigen Art von Heimatstil gehalten ist, mit gewaltigen Steinbrocken und Holzbalken, von fast schon militanter Rustikalität. Ein schwermütiger Schlager schallt von der Uferpromenade herüber.

Am Abend erläutert Wanderführer Ricardo Fahrig die Route auf der Karte. Er stammt aus Quedlinburg und lebt seit acht Jahren in Albanien. Morgen steht die Königsetappe an. »Wir werden hier mit drei Geländewagen starten und dann hochfahren bis zu einem früheren Gletschersee. Dort hat jemand vor zwei Jahren den Stöpsel gezogen, seither ist der ausgelaufen.« Verschwörerisch raunend fügt er hinzu: »Dann drücken wir dreimal auf die Hupe, damit unsere albanischen Pferdeleute aus dem Wald herauskommen. Die müssen sich vor der montenegrinischen Polizei verstecken.« Und grinst sich was dabei.

Wie fast jede Etappe wird auch diese über einen Pass führen. Die alten Hirtenpfade gehorchen einer naturgegebenen Dramaturgie, einer rhythmischen Abfolge von Crescendo und Decrescendo, von Steilstücken und Plateauphasen. Man lässt die alte Welt schrittweise hinter sich, um oben einzutreten in ein neues Tal und mehrfach sogar in ein anderes Land. Bedauerlicherweise sind die Pässe nur geringfügig niedriger als die sie flankierenden Gipfel, sodass wir de facto Passbesteigungen unternehmen.

Am nächsten Vormittag erwarten uns drei Bauern, zwei Pferde und ein Muli am vereinbarten Treffpunkt. Um vier Uhr Früh sind sie drüben in Albanien aufgebrochen. Freilich stehen sie nicht klandestin in den Büschen, sondern mittendrin in einem malerischen Panorama, am Eingang eines breiten, eiszeitlichen Hochtals, das von silbergrauen Felswänden gesäumt wird. Vorbei die Zeiten, als man beim Verlassen Albaniens Leib und Leben riskierte. Die Polizei konzentriert sich auf die wenigen Straßenverbindungen; Wanderer werden kaum mehr kontrolliert. Und doch gestehen unsere Begleiter, dass tief drinnen manchmal noch ein Echo der Angst nachhallt. Die älteren haben die Zeit, als das Land ein einziges Freilichtgefängnis war, noch miterlebt. »Wir hatten Angst, uns der Grenze auch nur zu nähern. Dem Schäfer Lek sind einmal ein paar Tiere ins Sperrgebiet gelaufen. Um ein Haar wäre er eingelocht worden, das wurde ihm als Fluchtversuch ausgelegt.« Nur wenige wagten die Flucht wirklich, drohte ihren Angehörigen doch

Sippenhaft. Woraufhin sich eine sechzehnköpfige Familie an Enver Hodschas Geburtstag geschlossen unterhalb des Militärpostens versteckte, in der Hoffnung, dass die Grenzer am höchsten Feiertag des Landes nicht recht bei der Sache sein würden. In der Nacht schlichen sie auf Nimmerwiedersehen über die Berge und ließen sich schließlich allesamt in Boston nieder.

Das Umsatteln des Gepäcks von den Geländewagen auf die Rücken der Tiere wirkt wie ein Handschlag zwischen dem einundzwanzigsten und dem neunzehnten Jahrhundert. »Für Gruppen wie euch, da tun wir uns zusammen«, erklärt einer der Bauern. »Jede Familie hat ja nur ein Pferd.« Damit transportieren sie Feuerholz und schaffen Waren über die Berge, wenn die Pisten unpassierbar sind. »Dass jetzt auch Wanderer unsere Tiere anheuern, ist ein Segen. Und wir kommen dadurch weiter herum.«

Seit je haben Pferde den menschlichen Aktionsradius erheblich erweitert. Frühgeschichtliche Funde zeugen von illyrischen Reitern, jenen Stämmen der Antike also, von denen die Albaner ihre Ansprüche als ältestes Volk Osteuropas herleiten. Schon Thukydides, Herodot und Ptolemäus gaben Kunde von ihnen. Dagegen sind Slawen und Bulgaren auf dem Balkan Parvenüs. Und wann hätte man je von rumänischen Reitern gehört? Bereits im Gefolge Alexanders des Großen dürften illyrische Verbände bis tief nach Asien hinein vorgedrungen sein. Unter türkischer Herrschaft kämpften albanische Söldner und Soldaten dann im Krimkrieg und im Tripolitanischen Krieg, in Kurdistan und in ungezählten Balkankriegen. Ihre Pferde zogen stets mit ihnen. Noch im Kalten Krieg verfügte das albanische Militär über eine der letzten echten Kavallerieabteilungen der Welt.

Vor uns liegt eine Landschaft in Cinemascope: weit und heroisch, mit dem Arapi als Magnetberg im Talschluss. Er ist wie ein Zuckerhut geformt – ein Zuckerhut mit einer achthundert Meter hoch klaffenden Wand. In dieses Tableau laufen wir nun hinein, eskortiert von den Tieren und ihren Treibern. Zunächst auf dem Grund des ausgetrockneten Sees, dann über mehrere Plateaustufen hinauf zu einem riesigen Karstfeld. Hell bimmelt das Glöckchen des Mulis, knirschend wippen die Packsättel. Obwohl jedes Tier jetzt fünfzig Kilogramm Gepäck trägt, gehen sie so zügig vorwärts, dass wir nicht lange mit ihnen Schritt halten können. Wir steigen und stochern nur, sie aber ziehen, eins mit dem Bewegungsfluss.

Auf der ersten Alm offeriert Schäfer Sogu uns dann Käse, Oliven und Joghurt. Eine einfache Holzhütte gibt ihm Obdach. »Die brauche ich bloß zum Schlafen und zum Kochen, sonst halte ich mich draußen auf.« Die Saison dauert etwa vierzehn Wochen. Fast jedes Jahr kommt es vor, dass ein Bär hier oben ein

Schaf reißt. Die Schäfer kalkulieren das mit ein. »Das ist der Zoll, den wir dafür entrichten, dass wir in seinen Lebensraum eindringen.« Obwohl sie die Möglichkeit hätten, ihm den Garaus zu machen, entscheiden sie sich für die Koexistenz.

Die Tiere saufen aus dem Trog, als wäre es die letzte Tränke vor Damaskus. Zugleich aber wirken sie so dienstbeflissen, als wollten sie schleunigst weiterziehen. Doch ihre Führer bleiben noch ein wenig, um einen Schwatz mit Sogu zu halten. Sie wissen, dass sie uns spielend überholen werden.

Nachdem wir die letzten rumelischen Kiefern hinter uns gelassen haben, kauern nur noch einzelne Büsche zwischen den gleißenden Karstblöcken, und schließlich sprießt nur mehr Gras. Oben am Pass zieht der Tross dann wie ein kleiner Güterzug an uns vorbei. Das schwelgerische Panorama würdigen sie keines Blickes, sie sind schließlich beruflich unterwegs.

Ein Teil unserer Gruppe erstürmt noch den Arapi, dann geht es in steilen Serpentinen hinab ins Tal von Thethi. Das selbst die meisten Albaner nur vom Hörensagen kennen. Weil es im Winter regelmäßig als Kältepol des Landes firmiert, denken viele, dass dort ganzjährig Schnee liegt. Was auf manche Gipfel durchaus zutrifft, auf den höchsten prangen sogar Gletscher – geografisch auf der gleichen Höhe wie Rom und nur fünfzig Kilometer von der Adria entfernt. Im Winter vermummt eine zwei Meter dicke Schneeschicht das Land. Im Sommer aber herrschen wohlige Temperaturen. Thethis Abgeschiedenheit hat zum Mythos vom gelobten Tal beigetragen: das Shangri-La der Skipetaren. Knapp neunhundert Meter hoch gelegen, ist es seit dem späten Mittelalter besiedelt. Bewohner der Küstenebene zogen sich vor den türkischen Invasoren in die Berge zurück, und bis heute ist Thethi, wie auch die Nachbartäler, katholisch geblieben. Oder es vielmehr wieder geworden, nachdem die Kommunisten versucht hatten, Albanien in ein »atheistisches Land« umzuformen. Doch so wie das Kirchlein im Talgrund renoviert und der gesprengte Turm wiedererrichtet worden ist, so sprießen nun im ganzen Land Minarette und Kirchtürme, mal katholische, mal orthodoxe. Für Bildung ist kein Geld da, aber für Religion immer.

Roza Rupa hat hier ihre Kindheit verbracht. Ihrer Schulausbildung wegen zog die Familie dann nach Shkodra, dem Zentrum des albanischen Nordens, auch als Skutari geläufig. Nun jedoch setzen sie das Haus im Tal wieder instand, auch als Quartier für zahlende Gäste. Für die der Besuch im nahen Kirchlein dann obligatorisch ist. Ein Bildnis der heiligen Mutter Teresa beherrscht den schlichten Raum. Sie, die in Shkodra zur Schule ging, hat in Albanien mittlerweile selbst Enver Hodscha an Bekanntheit überflügelt. Das Kirchlein wurde vor etwa hundertfünfzig

Jahren errichtet. »In Dokumenten des Vatikan wird Thethi als ein kleines Kirchdorf mit sieben Häusern erwähnt«, berichtet Rupa. »Das waren typische Berghäuser wie dort draußen, mit steilen Holzdächern wegen des vielen Schnees. In der Kommunismuszeit hat die Kirche dann als Ambulanz, Apotheke und Kindergarten gedient. Ich selbst bin hier zur Welt gekommen.«

Zu Hodschas Zeiten war schon der Besitz einer Bibel bei Todesstrafe verboten. Auch wer ausländische Radiosender hörte, konnte dafür erschossen werden, und wer Sympathie für die Beatles oder auch nur für Franz Beckenbauer zeigte, riskierte zehn Jahre Kerker.

Die zweite Hauptsehenswürdigkeit von Thethi bildet einer der letzten Wehrtürme. Früher gehörten diese trutzigen Gemäuer zur Grundausstattung größerer Höfe. Doch als Symbole der Feudalzeit wurden sie genauso geschliffen wie Kirchtürme und Minarette. Selbst das Wort, erklärt Rupa, wurde in Orwell'scher Manier mit einem Bann belegt: »Die wollten alles, was früher war, vergessen machen.« Das Erdgeschoss diente für die Tiere, die beiden darüberliegenden für die Menschen. Oben befand sich ein Ausguck mit Schießscharten. Denn in den Türmen manifestiert sich eine Tradition, für die Albanien ebenso berühmt wie berüchtigt ist: die Blutrache. Die betroffenen Männer verbrachten hier eine Art Hausarrest. »Sie durften nicht spazieren gehen. Das dauerte so lange, bis die Fehde beigelegt war.« Was freilich oft nicht gelang, sodass sie in der Blutrache blieben und irgendwann versuchten, ihr über die Berge hinweg zu entkommen.

Zwei Österreicher, der Chirurg Erich Liebert und der Ingenieur Karl Steinmetz, gehörten um 1900 zu den ersten modernen Gästen des Tals. Auch sie zogen zu Fuß und zu Pferd durch das Land der Skipetaren, und schon für sie waren Blutrache und Wehrtürme prominente Themen. Heute bilden ihre Reiseberichte wertvolle Quellen, und von den verschwundenen Trachten einmal abgesehen wirken ihre Fotografien so, als wären sie gestern erst von dort zurückgekehrt. Bald darauf zeigte sich auch die Engländerin Edith Durham bezaubert von der »erhabenen Weltentrücktheit« des Tals. Der holländische Reiseschriftsteller A. den Doolaard schrieb in den zwanziger Jahren eine Hommage an »die Wilden von Europa«, und nach dem Krieg erkundete der Österreicher Kurt Seliger mit dem Motorrad »das Land der Adlersöhne«.

In beschränktem Umfang gab es während der kommunistischen Ära einen Erholungstourismus in Thethi, freilich meist nur mit Parteibuch, für verdiente Arbeiter und besonders gute Schüler. Die Unterkünfte von damals klaffen heute als Ruinen am Straßenrand. Teils wurden sie einfach dem Verfall preisgegeben, teils mutwillig in den Wirren der neunziger Jahre zerstört.

Heute schlendert die Internationale der Rucksack-reisenden die Dorfstraße entlang und bevölkert die Vorgärten. Sie kommen von weit her, selbst aus Japan und Neuseeland. Gemeinsam mit der GIZ und anderen Entwicklungsorganisationen hat der Deutsche Alpenverein hier Pionierarbeit geleistet. Hat Gästezimmer, Höhenwege, Campingmöglich-keiten initiiert, Karten und Wegbeschreibungen he-rausgebracht, Wanderführer ausgebildet und dafür plädiert, auch mal in Europa auf Trekkingtour zu gehen, mit Packtieren auf alten Pfaden. Den Peaks of the Balkans Trail absolviert zu haben, zählt in der Szene inzwischen nicht weniger als eine Alpenüber-schreitung.

Ricardo Fahrig hat selbst einen Winter lang im Tal gelebt. »Dann laufen die wenigen verbliebenen Bewohner mit Schneeschuhen durchs Dorf, und ihre Kartoffeln begraben sie unter Erdhalden, da-mit sie ihnen nicht erfrieren.« Damals begann der Bergtourismus gerade. »2006 eröffneten die ersten fünf Gästehäuser, da kamen dreihundert Besucher nach Thethi. Heute sind es dreißigtausend.« Zu die-ser Erfolgsgeschichte hat auch die schier unbezähm-bare Gastfreundschaft der Bewohner beigetragen, über die die rührendsten Geschichten kursieren. So fanden Gäste am Morgen ihre staubigen Wan-derstiefel blitzblank geputzt vor. Und manch einer hat in Thethi gelernt, wie man eine Kuh melkt. Auch

Gjergj und Age Haruscha zeigen ein sehr weitreichendes Verständnis des Fremdenverkehrsgewerbes. »Ich widme mich unseren Gästen wie Verwandten«, bekennt die Hausherrin, wenngleich als Verständigung nur ein heiteres Radebrechen möglich ist. »So manches Mal hab ich geweint, wenn sie abgereist sind. Und sie haben dann auch geweint.«

Aus einem bescheidenen Häuschen haben die beiden mit viel Fleiß ein stattliches Anwesen geschaffen. »Die jetzige Zeit«, meint der schlanke, hochgewachsene Bauer, »ist mit dem Kommunismus nicht zu vergleichen. Wir leben frei, wir können reisen und unsere eigenen Geschäfte tätigen. Wir sind niemandem mehr Rechenschaft schuldig. Wenn ich damals nur ans andere Ende des Dorfes gegangen bin, haben sie mich schon gefragt, was ich dort zu suchen hätte. Der Unterschied zu heute ist so groß wie der zwischen Sonne und Mond!« Dabei dachten sie nach der Wende, wie alle im Tal, dass sie keine Zukunft mehr hätten. Die letzten Sterbedaten auf dem Friedhof stammen von Mitte der neunziger Jahre. Doch inzwischen kehren viele Fortgezogene zumindest den Sommer über zurück. Der Wandertourismus bietet ihnen eine Perspektive; fünfzehn Familien beteiligen sich an dem Projekt. Das vielleicht wichtigste Requisit dabei bilden die historischen Saumpfade und Almwege.

Vom Waschzuber bis zum Bienenstock haben Pferde und Maultiere das gesamte Inventar hoch auf die Almen getragen. Allerdings werden nicht mehr alle bewirtschaftet, für das bisschen Vieh, pro Familie meist ein Dutzend Schafe, ein Schwein und eine Kuh, lohnt der Aufwand kaum. Gut achthundert Liter Milch gibt so eine Kuh im Jahr, was zur Selbstversorgung einer Familie mit Milch, Käse und Joghurt ausreicht. Hochgezüchtete Holsteinrinder bringen es auf die zehnfache Menge. Doch sie wären hier draußen nie und nimmer lebensfähig.

Statt Maschinen arbeiten durchweg noch Menschen und Tiere auf den kleinen, abschüssigen Feldern. Getreide und Grünfutter schneiden die Bauern mit der Sense, Bergtee und Kräuter mit der Sichel. Mit Strohhüten bewehrte Bäuerinnen dirigieren Esel herum, die unter einem Wust an Heu fast verschwinden. Rund um einen Pfahl wird es dann zu konischen, haushohen Haufen getürmt. So ähnlich dürfte sich auch das bäuerliche Leben in den Alpen vor siebzig Jahren dargeboten haben. Freilich hat die Jetztzeit mittlerweile ihre Duftmarken hinterlassen, in Gestalt etlicher bunter Betonvillen in Zuckerbäckermanier, die diffus italienisch, sagen wir adriatisch anmuten. Finanziert werden sie überwiegend durch die Überweisungen ausgewanderter Familienmitglieder, der immer noch verlässlichsten Entwicklungshilfe.

Am nächsten Tag gönnen wir den Tieren eine Pause und erkunden das langgestreckte Tal. Bestaunen Wasserfälle, die über die Wände stieben. Begegnen einem jungen Ziegenhirten, der, trüge er nicht ein Fußballtrikot, als Figur auf einer antiken Vase prangen könnte. Inspizieren die Küchen der Bauersleute, die uns mit Schmalzgebäck, geschmorter Paprika, zarten Aufläufen und kleinen, selbst geangelten Fischen verköstigen. Und wir baden in den Gletschermühlen, runden Becken, die ein Sturzbach aus dem Fels herausziseliert hat. Das Wasser ist eisig – aber so herrlich klar und erfrischend, dass wir dann doch ein ums andere Mal hineinspringen.

Auf dem Heimweg begegnet uns ein Bauer mit einem Pferd, das zwei große Bündel von Zaunpfählen geschultert hat. Zäune sind hier überlebenswichtig – ein versehentlich offengelassenes Tor, und eine Schafherde kann die Ernte einer Saison zunichte machen. Doch auch die Tiere dürfen sich nicht in Sicherheit wiegen. Der Bauer erzählt, dass gestern ein Wolf der wilden Müllkippe an der Brücke einen Besuch abgestattet hat.

Zu guter Letzt kehren wir noch bei den Rupas ein. Trinken Kaffee unter Zwetschgenbäumen und schauen dem allabendlichen Korso auf der Dorfstraße zu. Dahinter schäumt die Shala durch ihr Schotterbett. Hühner und Schweine strawanzen herum, ein Junge scheucht seine Schäfchen nach Hause, eine Bäuerin stattet der Verwandtschaft einen Besuch ab. Ab und an holpert ein Geländewagen vorüber oder ein wagemutiger Tourenfahrer auf einer Enduro. Obwohl er sie alle von klein auf kennt, verbellt der Hund jeden Einheimischen aufs Schärfste, während er bei jedem hereinschneienden Touristen mucksmäuschenstill bleibt, obwohl er keinen davon je zuvor gesehen hat.

Wie in den meisten Häusern haben auch die Treppen bei den Rupas kein Geländer; das Unfertige in Vollendung gilt als hiesige Spezialität. Jeder Bewohner besitzt zwei bis drei Mobiltelefone, das eine hat hinter dem Haus Empfang, das andere davor. »If it is perfect, it's not Albania« – mit diesem Slogan warb ein kleiner Reiseveranstalter einmal für seine bevorzugte Destination. Westliche Besucher wären ernsthaft irritiert, würden sie keine tropfenden Duschköpfe, schief hängenden Wandschmuck oder chaotischen Straßenverkehr vorfinden. Die Natur hingegen, Albaniens größtes Kapital, wirkt nahezu vollkommen. Das Land schmückt sich mit vierzehn Nationalparks; die fast doppelt so große Schweiz besitzt nur einen. Albanien nennt die reichhaltigste Flora Europas sein eigen, mit über dreitausend Arten, davon allein sechzehn Thymian- und sechzig Kleearten. Es weist die größten Bären- und Wolfspopulationen Europas auf, auch einige der letzten Balkanluchse durchstreifen noch die Wälder.

Am nächsten Morgen steht die Etappe hinüber nach Valbona an. Dieses Teilstück ist inzwischen derart populär, dass es als Coca-Cola-Highway apostrophiert wird. Entlang des Weges harren einige zusammengezimmerte Kioske mit ein paar Plastikstühlen auf Kundschaft. Chipstüten und Kekse füllen die Bretter, und ein vorbeirauschender Bach kühlt die Getränkedosen, jede ein Euro. Manche Buden sind mit Allradfahrzeugen erreichbar, die anderen bekommen ihre Waren noch von Packtieren angeliefert.

Unser Tross schließt nach zwei Stunden zu uns auf. Bald stellt sich wieder das vertraute Karawanengefühl ein, dieses meditative Dahintrotten in einer gemischten Tier- und Menschenherde. Die Pferde bestätigen ihren Ruf als robuste, trittsichere und arbeitswillige Bergbewohner. Jeden Tag treffen wir unterwegs auf Wanderer, die das komplette Gepäck für zehn Tage hochgetürmt auf ihren Schultern tragen. Und begreifen, wie privilegiert wir mit unseren Tagesrucksäcken sind, welche Kraftersparnis die Tiere bringen und welchen Unterhaltungswert sie zudem haben, für kumpelhafte Streicheleinheiten, als Fotomotive und als Bereicherung der Landschaft.

Wir ziehen durch verwunschene Buchenwälder mit einem Flor aus Farnen. Sattes Seitenlicht schimmert durchs Laub, ein Kuckuck schlägt. Auf einer Hochweide halten wir Rast. Einige Kühe schlendern herum, ohne dass ein Zaun zu sehen wäre. Behände wie die Ziegen klettern diese kleinen, ausdauernden Bergrinder über die Hänge und rupfen, was ihnen vors Maul kommt. Als Cantus firmus zu ihrem Gebimmel schwebt ein zartes, vielstimmiges Zirpen über dem Gras. Es schwillt etwas an, schwillt wieder ab, und ehe man es recht auseinanderdividiert hat, fängt man an zu dösen.

Wahrhaftig ein kurioses Land, dieses Albanien. Nicht größer als Brandenburg – aber vierzehnmal so hoch! Gern wird es als »das Land der Helden und Hirten« tituliert, dazwischen gibt es offenbar nicht viel. Es steht ganz vorne im Alphabet, dafür bildet es seit dem Mittelalter das ökonomische Schlusslicht in Europa. Auch was die jüngere Geschichte angeht, stellt es einen einzigen Sonderfall dar. 1968 aus dem Warschauer Pakt ausgetreten, war es während des Kalten Krieges praktisch sein eigener Ostblock, ein mumifizierter Staat, ein mediterranes Nordkorea. Als die Zeitschrift »Titanic« Mitte der neunziger Jahre eine Leserreise nach Albanien anbot, war das ein gelungener PR-Coup, erschien das ganze Land doch als ein schlechter Scherz – der realsatirische Sozialismus. Noch heute zeigen westliche Besucher sich verwundert, dass hier überhaupt etwas ist und nicht nichts.

Noch mehr verwundert sie die unaufgeregte Gastfreundschaft, mit der sie überall empfangen werden. Ricardo Fahrig: »Die Gäste staunen jedes Mal, wie fleißig und motiviert die Leute hier sind, und wie sehr ihnen daran liegt, dass alle mit guten Erinnerungen heimkehren.« Auch wenn es nur zwei Flugstunden von Frankfurt sind und anderthalb von Wien, hat ein Urlaub in dieser Region den Charakter einer gefühlten Fernreise, verheißt Exotik, Abenteuer und Pioniergefühl. Unsere Gesprächspartner dagegen sind sehr darauf bedacht, Albaniens Zugehörigkeit zu Europa herauszustellen. Im gleichen Atemzug betonen sie freilich dessen Eigenständigkeit. Selbstredend sei Albanisch eine indogermanische Sprache (für den Fall, dass jemand auf den Gedanken käme, ihnen die Zugehörigkeit zur abendländischen Zivilisation abzusprechen). Doch innerhalb dieser Familie stelle es, ebenso selbstverständlich, eine gänzlich eigenständige Sprache dar. Namentlich zur slawischen Sprachfamilie, der es viele zuschanzen würden, bestehe überhaupt keine Verbindung. Ein paar Kostproben gefällig? Danke heißt *faleminderit*, Guten Abend *Mirëmbrëma*. Das Salz heißt *kripë* und der Schnee *borë*. Das bietet wahrlich keine Anhaltspunkte für Verwandtschaft irgendwelcher Art. Die Albaner sind die Basken des Balkans. In ähnlich widersprüchlicher Beflissenheit wollen sie partout der mitteleuropäischen Zeitzone angehören. Was zur Folge hat, dass hier die gleiche Zeit herrscht wie noch in Santiago de Compostela, nur dass die Sonne im Sommer schon um vier Uhr aufgeht. Erstaunlich, dass noch niemand die weißen Nächte von Tirana besungen hat.

Unsere Karawane zieht weiter. Wir nähern uns dem archimedischen Punkt der Tour, an dem drei Länder zusammentreffen. Die Hänge sind mit Blaubeersträuchern gepolstert; eifrige Sammler durchkämmen sie. Die Montenegriner meist auf der albanischen Seite und die Albaner auf der montenegrinischen. Beide schwören darauf, dass drüben die saftigeren Beeren wachsen. Wie im ganzen Land lauern auch hier entlang der Grenze kleine, schildkrötenförmige Betonkuppeln – Wachtbunker der Grenztruppen. Stumm künden sie davon, wie diese uralte Transitregion gewaltsam der Welt entzogen wurde, abgeschottet durch ein Hochgebirge aus Ignoranz, Herrschsucht und Ideologie. Insgesamt wurden mehrere Hunderttausend davon errichtet, oft an den schönsten Stellen, selbst auf Friedhöfen. Wohl auf ewig werden sie von Hodschas Wahnsystem zeugen. Kein Wunder, dass der bekennende Paranoiker einst erklärte: »Wir sind an Fremdenverkehr nicht interessiert.« Was ihm ausländische Gäste heute gar nicht genug danken können, begegnet man ihnen doch durchweg mit Höflichkeit und Hochschätzung, und oft genug auch mit entwaffnender Arglosigkeit.

Wir steigen ein breites Trogtal hinauf, nicht unähnlich jenem, in dem uns die Pferde anfangs in Montenegro erwartet haben, umfangen von schütteren Wäldern, duftenden Wiesen und karstigen Felsen. Das Reich des Pan. Die Zeit scheint stillzustehen. Ein wenig wie in Trance steuern wir schließlich Doberdol an, mit gut tausendsiebenhundert Metern die höchstgelegene Alm auf dieser Runde. Hinter dem letzten Kamm beginnt wieder das Kosovo. Die Grenzgebiete waren früher insofern Niemandsland, als niemand hier leben sollte. Grenznahe Almen wie Doberdol durften nicht bewirtschaftet werden und verfielen. Heute aber steuern die Weitwanderer sie gerade wegen ihrer Abgeschiedenheit an. So auch die Hütte jenes Mannes, der allgemein als »Baschkim, der Schäfer« bekannt ist, obwohl er die Schafe mittlerweile seiner neuen Leidenschaft geopfert hat – der, ein perfekter Gastgeber zu werden. »Meine achtzig Tiere habe ich verkauft und verwende nun den Erlös darauf, unsere Behausung zu einer ordentlichen Herberge auszubauen.« Wie ein weltläufiger Hotelier betont er, dass er seine Standards kontinuierlich verbessern möchte. Eigentlich wollte er diese Saison auch noch den Stall versetzen, die zweite Badehütte fertigstellen und die Terrasse pflastern.

Beim Militär hat er einst seine Passion fürs Kochen entdeckt. Sein Ehrgeiz geht dahin, »das erste Haus am Platz zu bleiben«. Denn auch einige Nachbarn bauen nun an. Sie stammen alle aus dem gleichen Dorf und sind teilweise miteinander verwandt. Das Vieh läuft frei herum, umzäunt sind nur die Hausgärten. Dadurch wirkt das Tal wie ein Safaripark für Haustiere. Allabendlich treiben die Kinder die Schafe von den Hängen, sofern sie nicht aus freien Stücken kommen und ungeduldig darauf warten, dass Baschkims Schwägerin sie melkt, bevor sie in den schützenden Pferch schlüpfen dürfen. Die wenigen Pferde und Kühe kehren von selbst in den Bannkreis des Almdorfs zurück. Auf Nachbars Grauschimmel drehen einige von uns noch eine Runde ohne Sattel. Er lässt es sich gern gefallen, ist er doch allerhand Unfug gewöhnt. Die Menschen legen die gleiche staunenswerte Entspanntheit und Gutmütigkeit an den Tag.

Die Schlussetappe bringt einen letzten Anstieg bis zur Passhöhe. Unterwegs tunken wir uns prustend und stöhnend in einen jadegrünen Bergsee, ein wahrlich atemberaubender Genuss. Und nehmen dann die Besteigung der Gjeravica in Angriff, mit gut zweitausendsechshundert Metern der höchste Gipfel des Kosovo. Während wir abschwenken, um die mächtige Pyramide zu erklimmen, schlagen Tiere und Treiber den direkten Weg hinab bis zum ersten Straßendorf im Kosovo ein. »Aber wir könnten genauso gut bis zum Gipfel mitgehen«, versichert einer der Bauernburschen beim Abschied. »Unsere Pferde klettern besser als ihr.«

Nach einer guten Stunde stehen wir oben. Unter uns erstreckt sich das, was man auf Englisch eine »rigorose Landschaft« nennt: eine heroische, bis zum Horizont gestaffelte Gebirgswelt, mit kahlen Graten, grasgrünen Hängen und schattigen Wäldern in den tieferen Lagen. Der Himmel blankes Azur, nur einzelne Schäfchenwolken schweben wie Luftschiffe über den Bergkämmen. So weit das Auge reicht, ist keine Straße zu sehen und kein Motorlärm zu hören. Tief unten liegen wie hingewürfelt die Hütten unseres letzten Nachtquartiers, schon kaum mehr auszumachen. Doch ihr Bild hat sich uns eingeprägt, und innerlich lauschen wir dem abendlichen Treiben dort immer noch nach, dem holden Bimmeln und Muhen und Lachen und Wiehern und Bellen. Wanderer, kommst du nach Doberdol, du findest dort noch einen Abglanz von Arkadien.

DER WILDE FREUND

Streifzüge durch
die deutsche Pferdewelt

Es war einmal ein junger Mustang, stark, zäh und frei. Inmitten einer vielköpfigen Herde sprengte er durch die Halbwüste Nevadas, und in ein paar Jahren hätte er einen Harem prächtiger Stuten um sich geschart und mit ihnen Fohlen wie aus Porzellan bekommen. Doch eines Morgens hetzten Hubschrauber die Herde in ein Fanggehege. Dort traf er auf Wesen, die er nie zuvor gesehen hatte, die auf den Hinterbeinen liefen und sich wie wild gebärdeten. Sie entführten ihn nach Kalifornien, verhökerten ihn auf einer Auktion, und schließlich fand er sich auf einer Ranch am Fuß der Sierra Madre wieder.

Eine fremde Herde streifte dort umher. Er kannte keines dieser Tiere, auch wenn sie weltberühmt waren, seit sie für einen Tabakkonzern Freiheit und Abenteuer beschworen hatten. Eines Morgens trabte dann ein seltsames Doppelwesen heran: unten Pferd, oben Mensch. Wohin der Mustang sich auch wandte, die beiden folgten ihm. Sie beschatteten ihn bei Nacht und Nebel und trotteten auch am nächsten Tag noch neben ihm her. Was wollten sie von ihm?

Der Eindringling hieß Monty Roberts, und er wollte, dass das Pferd sich genau diese Frage stellte. Gemeinsam würden sie einen unerhörten Akt vollziehen, der vor vielleicht sechstausend Jahren das erste Mal geschehen war und die Geschichte der Menschen wie der Pferde revolutioniert hatte. Behutsam näherte sich Roberts dem Mustang, berührte seine Stirn und sprach auf ihn ein. Das war die Taufe: Er nannte ihn Shy Boy, schüchterner Junge. Er legte ihm einen Führstrick um, später auch einen Sattelgurt. Am nächsten Tag wiederholte sich die Prozedur. Am übernächsten nahm das Pferd einen leichten, dann einen schweren Sattel an, dann das Zaumzeug. Es wusste nicht, wie ihm geschah. Schließlich kam ein anderer, jüngerer Mann heran, stemmte sich am Steigbügel hoch und saß auf. Shy Boy verharrte still, ein Schauer lief durch seinen Leib. Und dann trug er den Menschen über das Land.

Als ich Shy Boy auf Roberts' Farm meine Aufwartung mache, hat er sich längst an seinen Ruhm gewöhnt. Jovial wie ein Star, der einen guten Tag hat und sich sagt, dass Journalisten irgendwo auch Menschen sind, gewährt der Wildfang mir eine Audienz in seiner Box. Ich tätschle das dattelbraune Fell und fahre ihm durch die kohlschwarze Mähne, ein Mittelding aus Stahlwolle und Seide. Sein Abenteuer mit Monty Roberts war die Neuauflage eines alten Menschheitstraums: die Kluft zwischen Mensch und Tier zu überwinden.

Durch seine leidenschaftliche Arbeit mit Pferden, seine zugkräftige Lebensgeschichte und sein Naturtalent als Entertainer ist Roberts weltweit zum Begriff geworden. Seine Bücher und Vorträge begeistern ein Millionenpublikum. Er stand auch für den Roman vom »Pferdeflüsterer« Pate. Mal in Schaudarbietungen vor Tausenden von Zuschauern, mal in der Exklusivität privater Rennställe kuriert er Problempferde von ihren Störungen. Seine häufigste Aufgabe besteht jedoch im Anreiten junger Pferde.

Als Arbeitsraum benutzt er ein altes Cowboyrequisit, den Round-Pen, einen hölzernen Rundpferch mit sechzehn Metern Durchmesser, dem in der europäischen Tradition der Longierzirkel entspricht. In dieser Arena stehen Mensch und Tier einander wie Gladiatoren gegenüber. Während Roberts seine Methode dem Publikum erläutert, verharrt das Pferd zunächst noch unbeteiligt. Doch dann gibt er ihm mit hochfliegenden Armen und einem durch die Luft sausenden Strick zu verstehen, dass es sich verziehen soll. Nanu – ein Pferdeflüsterer, der das Tier vergrämt? Doch das genau ist der Trick. Es kann sich ja gar nicht aus dem Staub machen. Es kann nur Runde um Runde dahinpreschen, links herum und rechts herum, ohne dass dies an seiner Bedrängnis etwas änderte. So geht das zehn Minuten lang. Was will der Mensch nur? Weiterhin in vollem Lauf, richtet es schließlich das innere Ohr auf ihn. Dann senkt es den Kopf, leckt sich die Lippen und beginnt zu kauen. Worauf Roberts stets mit Genugtuung hinweist: »Damit signalisiert es: Wir können über alles reden. Ich bin doch nur ein harmloser Grasfresser.«

Ein typischer Unterwerfungsgestus, wie er sich seit Jahrmillionen in der Pferdewelt bewährt hat. Schon als Halbwüchsiger, berichtet Roberts, habe er solcherart Konfliktregelung bei Mustangherden beobachtet, an die er sich mit geradezu voyeuristischer Erregung heranpirschte. Die Leitstute musste einen Jährlingshengst zur Räson bringen und trieb ihn schließlich »wie eine Furie« in die Wüste. Von der Herde isoliert zu sein, stellt für ein Pferd die denkbar härteste Strafe dar. Und so bat der Halbstarke auch bald um Amnestie, indem er demütig leckend und kauend zurückkam. Am Ende nahm die Leitstute ihn wieder auf, wobei sie ihn ausgiebig rieb und hätschelte.

Dieses Schema macht Roberts sich zunutze. Sobald er nicht mehr treibt, bleibt auch das Pferd stehen. Indem er sich abwendet, erklärt er die Konfrontation für beendet. Und schon geschieht das Mirakel: Wie ferngesteuert nähert das Pferd sich ihm und stupst ihn an der Schulter. Er dreht sich nach links – das Tier folgt bei Fuß. Er geht nach rechts – das Pferd hinterdrein. Für so viel Anhänglichkeit erhält es zu guter Letzt Streicheleinheiten auf die Stirn. Eine Urszene wie die Fühlungnahme zwischen Gott und Adam bei Michelangelo. Als besiegelten die beiden einen Pakt. Der eine erklärt: Ich führe dich und trage fortan die Verantwortung. Gut, ich folge und vertraue dir, entscheidet der andere.

Schritt für Schritt wird das Tier nun mit Sattel, Trense und Reiter konfrontiert. Meist nimmt es sie noch in der ersten halben Stunde an. Kein Terror, kein Trauma, statt dessen ein Ausdruckstanz für sechs Beine, ein Zirkus der Behutsamkeit. Um die Tragweite dieser Methode zu erfassen, muss man wissen, wie brachial Pferde im Land der Cowboys buchstäblich gebändigt wurden und teilweise immer noch werden. Die Sprache macht kein Hehl daraus: sie werden nicht »angeritten«, sondern »gebrochen«, notfalls wochenlang.

Roberts hat diese Praxis am eigenen Leib erfahren. Sein Vater führte ein Rodeostadion samt Reitschule. Er war ein anerkannter Pferdefachmann und ein überzeugter Sadist. Als reiterliches Wunderkind zugleich gefördert und geschlagen, identifizierte Monty sich mit seines Vaters Opfern. Rebellierte im Verborgenen, indem er einen einfühlsamen Umgang mit Pferden übte und ihre »Sprache«, ihr Verhalten studierte. Wofür er lange Jahre nur verlacht wurde; noch heute trifft er in den Staaten auf erhebliche

Widerstände. Gewaltlosigkeit zu predigen, fällt unter unamerikanische Umtriebe. In Europa dagegen erntet sein Evangelium begeisterte Zustimmung, insbesondere in Deutschland. Ein Gandhi des Tierreichs, kämpft Roberts mit aller Gewalt gegen Gewalt. Längst hat er den Status eines Gurus inne, seine Farm wurde zu einem Ashram für Pferdefreunde aus aller Herren Länder. Busweise pilgern sie ins Santa Ynez Valley. Umgekehrt tourt er unermüdlich durch die Welt, zeigt seine Künste vor Führungskräften ebenso wie vor Strafgefangenen und löst fast überall kathartische Reaktionen aus. Frauen vertrauen ihm hinterher an, dass sie sexuell missbraucht worden sind, prügelnde Väter beichten zerknirscht ihre Sünden. Indem die Pferde all die Dramen von Erziehung und Herrschaft durchmachen, wirken sie als Stellvertreter, als Spiegel der menschlichen Seele.

Monty Roberts ist der berühmteste, aber beileibe nicht der einzige Pferdebeschwörer unserer Tage. Popstars mit Stallgeruch, führen sie ihre Kniffe auf Messen, Turnieren, Seminaren vor und genießen die Bewunderung ihrer Fans. Seit Menschen Pferde halten, hat es immer wieder solche Rossebändiger gegeben. Als Virtuosen der Reitkunst spiegelten sie zugleich die Ideale ihrer Epoche. Im Mittelalter etwa Kampf und Kraft, in der Barockzeit Hoheit und Repräsentation, im neunzehnten Jahrhundert die perfekte Dressur. Diese neuen Schamanen passen bestens in unsere Zeit, lehren sie doch Naturherrschaft mit Samthandschuhen.

Mit ihren Erfolgen geht eine Flut von Ratgebern und Handbüchern einher. Nie wurde so viel über Pferde nachgedacht, nie so wenig von ihnen gewusst. So sang- und klanglos sie aus der Arbeitswelt verschwunden sind, so triumphal gerät ihr Comeback als Freizeitgeräte und Spielgefährten, als Streicheltiere und Körpertherapeuten, als Ersatzpartner und Renommierobjekte. In Deutschland leben heute schätzungsweise eine Million Pferde, womit sich der Bestand in den letzten drei Jahrzehnten verdreifacht hat. Zugleich stieg die Zahl der Reiter auf drei bis vier Millionen. Die meisten von ihnen leben im städtischen Milieu und kommen mit Nutztieren sonst nicht mehr in Kontakt. Sie haben die besten Absichten, aber kaum Ahnung. Für sie bedeutet ein Pferd zuvörderst ein Problem, alles an ihm erscheint fremd. Über tausend Bücher und sechzig Fachzeitschriften versuchen allein hierzulande, dieses Erfahrungsvakuum zu füllen.

Selbst die Wissenschaft räumt Defizite ein. Stephen Budiansky, lange Redakteur des Fachblatts »Nature«, stellte überrascht fest, dass erst seit einigen Jahren Bewegung in die Grundlagenforschung gekommen ist. Weshalb er selbst ein exzellentes Buch über »die Natur der Pferde« geschrieben hat. Lange überließen die Biologen die »degenerierten« Haustiere weitgehend den Tierärzten und Züchtern. So können auf Gebieten wie Ökologie, Motorik, Lernvermögen oder Genetik nach wie vor neue Erkenntnisse gewonnen werden. Auch über die Natur- und Kulturgeschichte der Spezies gibt es dank gelegentlicher Funde weitere Aufschlüsse, ebenso in der Verhaltensforschung.

Und das, obwohl Mensch und Pferd seit Tausenden von Jahren ein unzertrennliches Gespann bilden? Obwohl wir diese Allerweltstiere in- und auswendig kennen müssten? Doch der Umgang mit ihnen war wohl zu alltäglich, der Blick auf sie zu zweckgebunden. Mittlerweile ist die Rückbesinnung in vollem Gang. Ob es um artgerechte Haltung, urtümliche Rassen oder ums Sozialverhalten geht, allenthalben strebt die Szene zurück zu den Wurzeln. Und läuft unweigerlich ins Leere: Es gibt keine wilden Pferde mehr. Am nächsten kommen diesem Ideal die Przewalski-Pferde, in ihrer mongolischen Heimat auch Tachi genannt. Doch das letzte Jahrhundert überdauerten sie nur im Gewahrsam zoologischer Gärten; erst vor gut zwanzig Jahren sind sie wieder in ihrem alten Lebensraum ausgewildert worden (siehe S. 249ff.). Ihr Genpool ist winzig, dafür nahezu unvermischt, doch ihr Verhalten zwangsläufig verkümmert. Da haben die amerikanischen Mustangs oder die australischen Brumbies ihnen einiges voraus. Sie überleben seit vielen Generationen in freier Wildbahn, stammen freilich von domestizierten Pferden ab. Vom Tarpan, dem osteuropäischen Wildpferd, existieren keine direkten Nachfahren mehr. Postume Rückzüchtungen repräsentieren ihn, so gut es geht.

So tun sich die Pferdekundler schwer, einen Nullpunkt zu fixieren. Sie müssen Anleihen bei Zebras und Wildeseln nehmen, um das Wissen über Herdenverhalten und Wanderungsmuster zu vervollständigen. Doch selbst wenn die Wildpferde nicht längst als Weidekonkurrenten und Unruhestifter ausgerottet worden wären – ihnen fehlten die Feinde. Ein paar Wölfe schleichen noch herum, Tiger und Leoparden aber gibt es in Eurasien fast keine mehr, von Höhlenlöwen oder Cro-Magnon-Menschen nicht zu reden. Daher würde das Genie des Pferdes als Fluchttier nur unzulänglich erkennbar. Es verfügt über erstklassige Frühwarnsysteme: die größten Augen unter allen Säugetieren, nahezu Rundumsicht, hervorragendes Nachtsichtvermögen, scharfe Lauscher, extrem schneller Reflexbogen. Anderen Huftieren hat die Evolution Hörner mitgegeben, den Pferden hat sie Beine gemacht. So leicht und so lang wie irgend möglich. Budiansky: »Wenn sie auch nur etwas länger wären, würden die Hinter- ständig an die Vorderbeine schlagen. Wie bei den Giraffen, die deshalb nicht traben können.«

Dank ihres keilförmigen Schädels haben Pferde ihre Umgebung auch beim Grasen immer im Blick.

Da sie nicht wiederzukäuen brauchen, können sie gleichzeitig weiden und wandern. Sie ruhen im Stehen, und wenn sie sich doch einmal aufs Ohr legen wollen, hält immer eines Wacht, sogar im Stall. Sie beanspruchen kein festes Territorium; ihre Heimat ist die Herde. Kein Wunder, dass sie bei Nomadenvölkern so geschätzt werden. Sie sind vom gleichen Schlag.

Indem wir die Pferde isolierten, ihnen Ställe bauten und sie von Hand fütterten, kam das Bewusstsein davon abhanden, wie sehr sie Lauf- und Herdentiere sind. In freier Wildbahn trifft man Zebras oft mit Antilopen, ja bisweilen sogar mit Kühen etwa der Massai vergesellschaftet, so sehr schwören Huftiere auf das Gesetz der großen Zahl. Der Herdenverband bildet ein komplexes, dynamisches Gefüge, das zu entschlüsseln Verhaltenskundler erhebliche Mühe haben. Nicht zuletzt deshalb, weil es kaum komplette Herden gibt. Selbst wo größere Verbände naturnah gehalten werden, stellt man zum Beispiel selten Hengste mit Fohlen zusammen, da es zu Verletzungen kommen könnte.

So hätte Klaus Zeeb, der Doyen der deutschen Pferdeforscher, wohl kaum über vierzig Jahre hinweg seine Studien betreiben können, wenn es nicht eine letzte ungebändigte Herde bei uns gäbe, die Dülmener Wildpferde. Fast vierhundert von ihnen durchstreifen den Merfelder Bruch. Einmal im Jahr wird die Herde in einem spektakulären Kesseltreiben selektiert und die Jährlinge verkauft (siehe S. 201ff.). Schon 1316 erwähnt eine Urkunde diese unbehüteten Pferde in den sumpfigen Wäldern. Seit 1847 stehen sie unter der Obhut der Herzöge von Croÿ. Damals boten diese westfälischen Mustangs noch ein einheitliches Bild. Doch die Mitgift entlaufener Hauspferde und die gut gemeinte Einkreuzung von Arabern, Tarpanen und Przewalski-Pferden führten zu einem genetischen Sammelsurium. Falbe Färbungen herrschen vor, ein exquisites Staubgrau, wobei die Palette auch Brauntöne von Semmelblond bis Umbra umfasst. Nicht alle zeigen noch den Aalstrich, der wie eine schwarze Naht über den Rücken läuft. Lange Zeit als primitives Merkmal geschmäht, wird er heute als ein Zeichen von Ur-Adel geschätzt.

Der Anblick einer solchen Herde lässt einem Herz und Augen übergehen: das Gewoge der Leiber, die Dünenlandschaft ihrer Rücken, ihre beglückende Vielzahl und Friedfertigkeit. Bei genauerem Hinsehen jedoch entpuppt sich das vermeintliche Idyll als ein ständiges Wechselspiel von Konfrontationen. Unablässig überprüfen die Herdenmitglieder ihren Status. Schon ein zurückgelegtes Ohr kommt einer Kampfansage gleich, ein sacht nach vorn gestreckter Hals einem Ultimatum. Und ein unmerkliches Abwenden des Kopfes genügt bereits als Kapitulation. Dank solch ritualisierter Gesten brauchen Konflikte um Futter, Freiraum, Rangordnung fast nie ausgetragen zu werden. Zuneigung zeigt sich insofern deutlicher, als sie sich vor allem durch gegenseitiges Reiben und Kraulen mit den Zähnen äußert. Im Prinzip besteht eine nahezu paramilitärische Rangfolge, die jedoch dadurch verkompliziert wird, dass die Tiere strategische Bündnisse eingehen. Zudem spielt die Abstammung eine Rolle, der Status der Mutter färbt aufs Fohlen ab. Durch Zu- und Abgänge verschieben sich die Kräfteverhältnisse immer wieder. Diese hierarchische Prägung der Pferdegesellschaft und ihre Bindungsfreudigkeit haben der Domestikation nachhaltig in die Hände gearbeitet.

Dass Pferde wieder als Lauf- und Herdentiere begriffen werden, hat mittlerweile zu grundlegenden Reformen in Haltung und Umgang geführt. In herkömmlichen Ställen werden sie vielfach wie in Garagen geparkt. Sie haben kaum Kontakt untereinander, Freigang gibt es, wenn der Besitzer mal Zeit hat. Bis in die Nachkriegsjahre herrschte Ständerhaltung vor, bei der die Pferde in Reih und Glied nebeneinander fixiert waren, wobei sie sich freilich als Arbeitstiere mehr als genug bewegten. Verglichen mit den kargen Ständern erschienen die aufkommenden Einzelboxen zwar als Luxus, zugleich aber standen die Tiere sich im Stall zunehmend die Beine in den Bauch. Heute gelten Innenboxen bereits als schwer vermietbar, und eine Außenbox soll möglichst noch einen kleinen Auslauf haben. Die jüngste Generation von Pferdeställen, nein »Haltungssystemen«, erfüllt noch weitreichendere Ansprüche. Seit mehr als zwanzig Jahren engagiert sich die »Laufstall-Arbeits-Gemeinschaft« (LAG) für natürliche Pferdehaltung. Mit wachsendem Zuspruch, auch wenn ihre Neuerungen längst nicht überall umgesetzt werden. Mit Parolen wie »Pferde sind keine Höhlenbewohner« oder »Ihren Dackel sperren Sie auch nicht dreiundzwanzig Stunden am Tag in einen Bierkasten« machte sie auf die Kluft zwischen den kreatürlichen Grundbedürfnissen und der herrschenden Praxis aufmerksam. Damit die Tiere sich nicht länger kaputtstehen, hat Hanns Ullstein, Ingenieur und Pferdefachmann, zahlreiche Neuerungen ausgetüftelt. »Das Grundprinzip ist die Trennung von Tisch und Bett«, von Ruheraum hier, Futter dort, Tränke dort drüben. Eingebaute Umwege, ja regelrechte Labyrinthe halten die Tiere auf Trab. Der Computer macht den Futtermeister und teilt die Rationen über den Tag hinweg zu. Während die Laufställe für Bewegung sorgen, beugt die Gruppenhaltung Verhaltensstörungen vor. Schließlich handelt es sich um derart soziale Wesen, dass schon ein Spiegel in der Box ihr Wohlbefinden hebt. Ein Pferd allein zu halten, bedeutet schlicht Tierquälerei.

Freilich bringt die Gruppenhaltung auch neue Schwierigkeiten mit sich. Nun erst kann sich die ganze Palette des Sozialverhaltens entfalten, mitsamt allen Gemeinheiten. Am Futtertrog kann es zu erbitterten Rangeleien kommen, auch wenn für alle mehr als genug da ist. Separate Futterstände oder Rundraufen entschärfen die Lage. Dennoch will eine Gruppe noch sorgsamer betreut werden als ein einzelnes Tier, der Besitzer muss quasi selbst zum Verhaltensforscher werden. Eine anderer Nebeneffekt passt vielen gar nicht: Sobald das Pferd Artgenossen um sich hat, erlahmt sein Interesse an Menschen. Es grüßt kaum mehr. Ansonsten aber profitieren beide Seiten enorm. Hanns Ullstein: »Die Tiere sind ausgeglichener, wacher, arbeitswilliger und in jeder Hinsicht gesünder. Sie spinnen auch nicht mehr herum.«

Denn ein Großteil der Verhaltensanomalien rührt von Mängeln in der Haltung her. So der auch von Zootieren bekannte Hospitalismus als Reaktion auf Einzelhaft und Freiheitsberaubung. Dazu gehören stereotype Bewegungsabläufe wie das Weben, ein rhythmisches Schwenken des Kopfes, wobei das Tier von einem Vorderbein aufs andere tritt, oder das stundenlange Entlangschnüren am Zaun. Bei Hengsten kommt es auch zu Selbstverstümmelungen. Vielfach ließe sich von Zivilisationskrankheiten sprechen, so auch beim leidigen Koppen, übertriebener Fellpflege oder beim neuerdings gehäuft auftretenden, an Lichteinwirkung gekoppelten Kopfschütteln. Für ihr »Handbuch Pferdeverhalten« hat Margit

Zeitler-Feicht, Ethologin am Wissenschaftszentrum Weihenstephan der TU München, solche Störungen systematisch erfasst. »Disponierend ist in der Regel Stress, der durch mangelnde Bedürfnisbefriedigung bei schlechter Haltung, aber auch durch Unter- oder Überforderung beim Reiten bedingt sein kann.« Die erwähnten Symptome dienen dem Stressabbau: »Der Schmerz der Selbstverletzungen ist wenigstens ein Reiz und noch leichter zu ertragen als die fortwährende Frustration.« Durch Umstellungen in der Haltung lassen sich derartige Störungen mindern. Fehlender Auslauf ist allein schon für ein Gutteil der Probleme verantwortlich. »Der Bewegungsapparat braucht täglich mehrere Stunden Schrittarbeit. Schlimmstenfalls aber steht das Pferd den ganzen Tag in der Box und wird dann eine Stunde lang forciert geritten.«

So bietet sich ein paradoxes Bild: Einerseits werden Pferde als lebende Freizeitgeräte kaum weniger zweckentfremdet als zu jenen Zeiten, da sie als vierbeinige Knechte für uns schufteten. Gleichzeitig aber hatten sie es noch nie so gut. Wir tun alles, um ihr Leben so angenehm wie möglich zu gestalten. Wir verausgaben uns für sie und richten oft unser gesamtes Leben auf sie aus. Erscheinen sie da nicht zuweilen als raffinierte Megaparasiten, die den Menschen als Wirt benutzen? Halten die Pferde womöglich uns statt umgekehrt? Als Wildform nahezu ausgerottet, gelang dem Hauspferd eine der erfolgreichsten Tier-karrieren aller Zeiten.

Es wieder wörtlich als Haustier zu verstehen, hat auch der Bauingenieur und Pferdetrainer Ferdinand Leve sich zur Aufgabe gemacht. Sein Büro im müns-terländischen Warendorf entwirft ganze Gestüte, vor allem aber Traumhäuser für Mensch und Pferd. Auf einer »Sonderbaufläche« am Stadtrand hat er sich mit einigen Gleichgesinnten angesiedelt. Direkt vor den Wohnzimmern beginnen die Koppeln, und wo sonst die Garage untergebracht ist, schließt sich der Stall an. Viel edles Holz, satte Farben und elegan-tes Design, ein Königreich für jedes Pferd. In den großen, wabenförmigen Boxen mit halbhoher Vor-derfront und gesenkten Seiten haben sie Sicht- und auch Körperkontakt. »Wenn wir Pferde nicht wie Raubtiere hinter Gittern halten, fügen sie weder sich noch anderen Schaden zu«, erklärt Leve. Statt Wän-den besitzen seine Stallungen teilweise Windnetze, durch die der Blick ungehindert ins Weite geht. Getrockneter Mist heizt die Gebäude. In luxuri-öser Form stiftet er so eine Wohngemeinschaft von Mensch und Pferd, wie sie seit den Tagen der alten Reitervölker nicht mehr bestand.

Nicht von ungefähr lebt er in Warendorf, dem Vatikan der deutschen Reiterei. Die Vierbeiner fun-gieren als größter Arbeitgeber dieser Stadt, in der sogar Straßen nach berühmten Pferden wie Halla oder Rembrandt benannt sind. Warendorf ist Sitz der Deutschen Reiterlichen Vereinigung (FN), dieses mächtigen halbstaatlichen Sport- und Zuchtverbands, dazu Olympiastützpunkt, Sitz des Westfälischen Landgestüts, der Deutschen Reitschule und einer Bundeswehrsportschule. Warendorf steht für Leistung und Perfektion, für modernste Trainingsmethoden ebenso wie für Traditionspflege, und natürlich für den Wirtschaftsfaktor Pferd.

Eben deshalb wurde es seit den siebziger Jahren zur Zielscheibe der wachsenden Kritik am Establishment. Horst Sterns Attacken gegen widernatürliche Praktiken im Reitsport, die Massenbewegung der Freizeitreiterei, der Aufschwung alternativer Stile wie Western- oder iberisches Reiten und die Reformen in der Haltung, all das wühlte die Szene auf. Jahrzehntelange Grabenkämpfe zwischen Basis und Eliten, Aussteigern und Gralshütern entbrannten. Das Aufbegehren richtete sich gegen den aus der Kavallerietradition stammenden Drill und Kommisston, gegen die geistlose Geometrie der Reitbahn, gegen all das Scharfe und Steife, das der Reitwelt anhaftete. Zauberworte wie Harmonie und Partnerschaft machten die Runde. Schmusekurs statt Sporenklirren. Im Einklang mit dem Zeitgeist kreiste die Debatte um die Frage der Autorität, in der Reiterei insofern ein heikles Thema, als hierfür Dominanz, Führung und Kontrolle unabdingbar sind. Es war immer auch eine moralische Auseinandersetzung, bei der beide Seiten auf dem hohen Ross saßen. Die einen vermeinten die besseren Reiter, die anderen die besseren Menschen zu sein.

Ähnlich wie die Schulmedizin, die sich damals mit dem Siegeszug alternativer Heilmethoden konfrontiert sah, reagierte das klassische System erst mit Ausgrenzung, dann mit Integration. Zugleich erkannten die Nonkonformisten, dass sie ohne langwierige Schulung und fundiertes Wissen nicht allzu weit kommen würden. Heute widmet die FN sich dem Breiten- ebenso wie dem Spitzensport, Wander- und Westernreiter sind assoziiert, Umwelt- und Tierschutzfragen nehmen breiten Raum ein, und Seitenzweige wie therapeutisches Reiten oder Schulsport blühen auf.

Die größte Umwälzung aber bestand darin, dass das Reiten sich binnen einer Generation von der Männer- zur Frauendomäne gewandelt hat. In vielen Vereinen sind mittlerweile acht von zehn Mitgliedern weiblich, insbesondere beim Nachwuchs. Damit einherging die Abkehr vom patriarchalisch-fordernden hin zum mütterlich-fürsorgenden Stil. So ist es denn kein Zufall, dass die Wiege der deutschen Freizeitreiterei, das Reitzentrum Reken im Norden Westfalens, von drei Frauen ins Leben gerufen wurde: der Autorin und Aktivistin Ursula Bruns, der Pädagogin Inge Beer und der Pferdefachfrau Linda Tellington-Jones. Seit den siebziger Jahren entwickeln sie eine lustbetonte, ganzheitliche und praxisnahe Grundausbildung für Pferd und Reiter. Ihre unorthodoxen Lehrmethoden sprechen auch jene Menschen an, die von der klassischen Schulung frustriert worden sind.

Für die ein- bis zweiwöchigen Seminare begeben die Teilnehmer sich auf dem idyllischen Waldgelände in Klausur. Zwei Dutzend Pferde der verschiedensten Rassen leben hier in unterschiedlichen Haltungsformen, allesamt mit dem Gütesiegel der LAG versehen. Neulinge erhalten so eine Idee von der Vielfalt des Spektrums, Fortgeschrittene Gelegenheit zu eingehender Fachsimpelei. Holzpferde dienen ebenso als Lehrmittel wie Videoaufzeichnungen. Neuerungen wie die rundum offene, ganzjährig nutzbare Reithalle, die schmale, beidseitig umgrenzte Ovalbahn, in der schon Anfänger auch mal freihändig reiten können, oder der Spielepark fördern die Lust am Lernen. Dieser Parcours, halb Trimmdichpfad, halb Jugendverkehrsschule, umfasst Übungsstationen vom Wassergraben bis zur Wippe. Hinzu kommen zwei Galoppbahnen, variable Weideflächen, reichlich Wald und Wiesen für Ausritte und nicht zuletzt fachkundige, unermüdliche Ausbilder. Als Gegenkultur begonnen, setzt Reken längst selbst Maßstäbe für die Reiterei.

Doch was bringt die Menschen von heute überhaupt aufs Pferd? Hält schon die Wissenschaft vom Pferd noch Überraschungen parat, so steckt die vom

Reiter noch gänzlich in den Anfängen. Als der Soziologe Heinz Meyer zu Beginn der achtziger Jahre sein Standardwerk über »Das Erlebnis Reiten« schrieb, musste er alle Register seines Faches ziehen, um die Komplexität des Themas in den Griff zu bekommen. Gewiss, einige Motive sind offensichtlich. So die sportliche Seite, die Lust an Bewegung und Körperertüchtigung, verbunden mit der Herausforderung, »ein anderes Leben zu wagen«. Oder der gesellschaftliche Aspekt, bei dem das Gemeinschaftsgefühl ebenso eine Rolle spielt wie Mode und Prestige. Oder das kostbare Naturerlebnis in einer zunehmend technisierten und urbanisierten Welt. Oder unmittelbar erfahrene Werte wie Freiheit, Leistung und Lebensbejahung.

Was aber spielt sich in der Psyche der Reiter ab? Was soll man etwa von jenen bedenklichen Anzeichen von Sucht und Hörigkeit halten oder der hitzigen Lust am rhythmischen Federn und Stoßen? Nichtreitern ist dieser enge Körperkontakt nie ganz geheuer gewesen, schon gar nicht, seit auch Frauen massenhaft darauf versessen sind. Der Psychologe Harald Euler, der an der Uni Kassel einen Studiengang Pferdewissenschaften mitentwickelte, hat Hunderte pferdevernarrter Mädchen befragt. Und glaubt, verunsicherte Eltern beruhigen zu können: »Das geht schon in Ordnung.« Die Schwärmerei für die sanften Riesen setzt gewöhnlich zu Beginn der Pubertät ein, häufig in einer Kettenreaktion unter Freundinnen. Euler sieht sie als normalen Entwicklungsschritt an. »Das Pferd ist das größte und letzte Kuscheltier, ein Übergangsobjekt zwischen Puppe und Partner.« Zudem besitzt es eine wertvolle Gabe: »Es hört geduldig zu. Etwa wie ein guter Therapeut, der sich alles anhört und nur gelegentlich ›mhm‹ sagt, ohne selbst groß einzugreifen.«

Gleichaltrige Jungen zieht es weit weniger zum Pferd. Doch wenn, dann wollen sie vor allem Wettstreit und Aktion, »am liebsten als Cowboys und Indianer oder als mutige Ritter«. Für die Mädchen hingegen sei, so Euler, die »Bindungsmotivation« ausschlaggebend. In wahren Orgien des Fütterns, Pflegens und Liebkosens übten sie späteres Rollenverhalten ein. Diese Begeisterung schwinde freilich gewöhnlich dahin, »sobald der erste Freund auftaucht. Es sei denn, er reitet auch.« Später kehren Reiterinnen indes oft reumütig zu ihrer alten Liebe zurück. Männer sind halt doch schwieriger, ein Pferd enttäuscht dich nicht. Der nächste Einschnitt folgt, wenn sie ein Kind erwarten. Doch oft dauert es nicht lange, bis dieses seinerseits aufs Pferd kommt.

In seinem Buch »Bruder Hund und Schwester Katze« begreift der Psychoanalytiker Jürgen Körner die Tierliebe als »einen Umweg zu uns selbst«. Er zeigt auf, wie unser Umgang mit Tieren von eigenen Wunschvorstellungen geleitet wird, wie wir sie als seelische Nutztiere einspannen. »Erkenne dich selbst in deiner Beziehung zum Tiere«, lautet sein Fazit. Körner, nebenbei studierter Zoologe, war selbst aktiver Reiter. Und steht dem Rätsel Pferd doch voll Verwunderung gegenüber: »Was zieht uns so zu ihnen hin? Ihre Intelligenz kann es kaum sein; jedes Schwein ist klüger.« Die sexuellen Konnotationen, die Beherrschung des phallischen Symbols, stellt er als allzu naheliegend zurück. Ergiebiger scheint ihm die Betrachtung der Schaukelbewegung, des wonnevollen Sausens und Schwebens, besonders im Galopp. Da wird jene unbändige Begeisterung an der Bewegung wieder wach, die wir aus frühester Kindheit kennen: die Lust, gewiegt, geworfen und getragen zu werden. Auch Reminiszenzen ans Schaukelpferd oder das Hoppe-Hoppe-Reiter auf Vaters Knien mögen hineinspielen.

Erwachsenen biete das Reiten ein ideales Übungsfeld »für das Austarieren von Hingabe und Kontrolle«. Allzu oft würden die Tiere freilich zur Austragung eigener Konflikte benutzt. »Indem ich mein Pferd vorbildlich dressiere, zeige ich zugleich, dass ich meine eigene Triebhaftigkeit beherrschen kann.« Auch um die Auseinandersetzung mit unseren Machtgelüsten kommen wir nicht herum. »Wer gänzlich leugnet, dass es lustvoll sein kann, sich ein anderes Wesen zu Willen zu machen, sagt die Unwahrheit.« Die sadistische Attitüde des Herrenreiters und die besitzergreifende Fürsorge der Pferdenärrin wären demnach gar nicht weit voneinander entfernt.

Fragt man Reiter nach ihren Glücksmomenten, erzählen sie oft von regelrechten Verschmelzungserlebnissen, vom vollkommenen Unisono von Mensch und Tier. Doch diese kentaurenhafte Fusion länger als ein paar Sekunden aufrechtzuerhalten, fällt schwer. Weit häufiger erleben wir die ewige Unvollkommenheit der Beziehung zwischen Tier und Mensch. Der Siegeszug der Pferdeflüsterer erklärt sich auch damit, dass sie uns einfache Lösungen verheißen, einen Königsweg zum Herzen des Pferdes, mühelose Zwiesprache über die Gattungsgrenzen hinweg. Alte schamanistische Vorstellungen schwingen hierbei mit. Überhaupt hat esoterisches Gedankengut längst auch im Stall Einzug gehalten. Ein Blick auf die Flut der Literatur zeigt, dass es alles, was uns Menschen frommt, inzwischen auch für Pferde gibt: Bachblütentherapie, Harmonie mit den Mondrhythmen, Yoga mit Pferden, das Tao des Reitens, Feng Shui im Pferdestall, ja selbst Gedankenlesen. Fehlen nur noch die fünf Tibeter für vier Beine.

Welch weiter Weg vom Kriegs- und Arbeitstier zum Seelenfreund für gestresste Städter. Mit der Hobbyreiterei wurde das Pferd vom Mittel zum Zweck erhoben. In den siebziger Jahren explodierte die Szene geradezu, und mit ihr das Zuchtgeschäft und die Zubehörindustrie. Herrschte bis dahin ein weitgehender Konformismus, bestimmt vom Ideal des hochgezüchteten Vollbluts, so haben inzwischen Folklore und Exotik den Markt erobert. Wer heute etwas hermachen will, muss schon einen Achal-Tekkiner aus dem Kaukasus oder einen marmorierten Lusitano sein Eigen nennen. Der Markenfetischismus hat auch die Pferdewelt erfasst. Damit einher geht die Renaissance nostalgischer Stile von der Barockreitweise über den Fahrsport bis zum Damensitz. Pferde sind Zeitmaschinen, die uns in ferne Welten und Epochen katapultieren.

Bezeichnend auch das Comeback urtümlicher Rassen. Islandpferde, Friesen, Haflinger, ja selbst Promenadenmischungen wie die Tinker, die irischen Straßenponys, stehlen dem Hochadel die Schau. Nicht zu reden von der grassierenden Wildpferdromantik, der immer auch ein identifikatorisches Moment innewohnt. Shy Boy dürfte mittlerweile berühmter sein als jedes Rennpferd, und Mustangs, Camargue-Pferde oder auch die Dülmener gelten in den Medien und in der Werbung als Selbstläufer. Die Wiederentdeckung ausgestorben geglaubter Altrassen wie der iberischen Sorraias oder der Kaspischen Ponys und die Auswilderung der Przewalski-Pferde in ihrer mittelasiatischen Heimat zählten zu den zoologischen Knüllern des zwanzigsten Jahrhunderts. Folgt man Körners Ansatz von der Selbstfindung über das Tier, so scheint es, als würden eigentlich wir uns unserer wahren Natur vergewissern wollen.

Eine solche biologische Antiquität stellen auch die Exmoor-Ponys dar. Rund zweihundert ziehen noch über das raue Hügelland im entlegenen Südwesten Englands. Gewöhnlich werden sie für verwilderte Hauspferde gehalten, von der Wissenschaft links liegen gelassen und von den Züchtern verschmäht. Für Rainer Willmann dagegen, Evolutionsbiologe an der Uni Göttingen, spielen sie persönlich wie beruflich eine Schlüsselrolle. »Inzwischen wird in der Fachwelt zumindest erwogen, ob wir es hier nicht doch mit nahezu unveränderten Nachkommen der eiszeitlichen Wildpferde zu tun haben.« Willmann, im Nebenfach Paläontologe, war jedenfalls wie vom Schlag gerührt, als er den ersten Ponys in der Heide von Exmoor begegnete: »Sie sehen den europäischen Urpferden, die wir von Höhlenmalereien wie in Lascaux kennen, zum Verwechseln ähnlich.« (siehe S. 268ff.) Die hellen Augenringe, das weiße Mehl-maul, die schlammbespritzte Mähne, der kompakte Körperbau, die mächtige Schweifkaskade – urwüch-siger könnten sie gar nicht daherkommen. Und seit undenklichen Zeiten leben sie in freier Wildbahn. »Sie besitzen noch das komplette Verhaltensrepertoi-re, alle biologischen Funktionen müssen stimmen.«

Mittlerweile züchtet Willmann sie auch selbst. Als Augenweide und Spielgefährten, doch nicht um sie zu reiten. Er möchte einen Beitrag zu ihrem Überleben leisten, betreibt gemeinsam mit Doktoranden auch Verhaltensstudien. Als ich ihn und seine kleine Herde besuche, funkt es sofort. Ich habe schon einiges an Pferden gesehen, solche aber noch nie. Sie haben etwas Koboldhaftes. Das Phlegma der Haustiere geht ihnen ab – als würde in ihnen ein Feuer glühen, das bei den übrigen erloschen ist. Selbst wenn sie rammdösig auf der Weide herumstehen, strahlen sie noch Wachheit und Cleverness aus. Schon kommt der Chef angaloppiert und bremst erst kurz vorm Brustkorb des Professors. Ein kapitales Exemplar, mehr Bulle als Hengst. Muskelbepackt, schnaubend und feurigen Auges. Ein Fell wie ein Bär, torfbraun und wuschelig. So neckisch wie ein Komödiant, so urig wie ein Mammut. Wäre er ein Mensch, so einen hätte ich gerne als Kumpel. Zum Pferdestehlen beispielsweise.

DAS FATIMA DER PFERDE

Golegã setzt auf Lusitanos

Reisen heißt entdecken;
alles andere ist nur Vorfinden.
JOSÉ SARAMAGO

Carlos Relvas war ein Mann von vielen Talenten. Einer der bedeutendsten Fotografen seiner Zeit, ein origineller Erfinder, ein ehrgeiziger Jockey und famoser Stierkämpfer. Als Familienvater bewies er ebenfalls Begabung: Sein Sohn José rief 1910 in Lissabon die Republik aus. Außerdem war Relvas, wie es sich für einen treuen Bürger Golegãs gehört, Pferdezüchter, Pferdetrainer und Pferdenarr.

Sein Heim dürfte eines der ungewöhnlichsten Häuser Portugals sein, eine Kreuzung aus Tempel, Treibhaus und Theater. Eine Villa wie aus einem Roman von Jules Verne, im nostalgischen Futurismus der Belle Époque, ein Traum aus Eisen, Glas und Tropenholz. Der eigenwillige Baustil verdankt sich dem Umstand, dass Relvas es konsequent als Ateliergebäude anlegte, als eine Heimstatt der Fotografie. Sodass über dem Erdgeschoss ein hohes, vollverglastes Studio thront, in dem er mit Paravents und Son-

nensegeln jede gewünschte Atmosphäre für Porträt-
aufnahmen zaubern konnte. Die Menschen stiegen
über eine Wendeltreppe empor in dieses Reich des
Lichts, für seine liebsten Studiogäste aber, die Pferde
nämlich, ließ er eigens eine Rampe anlegen.

Er starb so stilecht, wie er gelebt hatte – an den
Folgen eines Reitunfalls.

Eingebettet in einen romantischen Garten, zählt
das schmucke Museum heute zu den Attraktionen
von Golegã. Das beschauliche, mit Storchennestern
garnierte Landstädtchen liegt im Tal des Tejo, etwa
achtzig Kilometer nordöstlich der Hauptstadt. Wobei es selbst einen nicht minder kapitalen Titel beanspruchen darf: den der Pferdehauptstadt Portugals.
Etliche wichtige Züchter residieren in der näheren
Umgebung, dazu einige größere Gestüte. Mit dem
Informationszentrum Equuspolis wurde eine weitere Attraktion geschaffen. Vor allem aber ist Golegã
alljährlich im November Schauplatz der Feira Naci-
onal do Cavalo. Zu dieser Pferdemesse rund um den
Martinstag, halb Jahrmarkt und halb Zuchtschau,
strömen Lusitano-Liebhaber aus ganz Portugal, aus
Spanien, Deutschland, England und Brasilien. Was
Fatima für die Katholiken, ist Golegã für die Pfer-
deleute.

Nur zwanzig Kilometer trennen die beiden Wallfahrtsorte. Wer etwas früher anreist, kann noch zu
einigen weiteren lusitanischen Kultstätten pilgern.

Etwa der einstigen Hofreitschule, die heute als Escola Portuguesa de Arte Equestre firmiert. Sie wurde 1979 neu begründet, nachdem die Sozialisten im Gefolge der »Nelkenrevolution« nicht nur die Reste der alten Akademie beseitigt hatten, sondern die Lusitanos überhaupt als feudales Relikt geschmäht und zu Tausenden in die Schlachthöfe getrieben hatten. Zugleich entzog die Landreform der Pferdezucht die Grundlage. Es fehlte nicht viel, und eine der nobelsten Rassen der Welt wäre ein Opfer der Ideologie geworden. Schließlich aber gelang es, die höfische Tradition in ein moderneres Konzept zu integrieren. Viele Jahre residierte die Schule in einem der schönsten Schlösser Portugals, der einstigen Sommerresidenz der Könige in Queluz. Seit sie kürzlich ins nahe Belém umzog, das schon zum Stadtgebiet von Lissabon gehört, dient Queluz nur mehr als Außenstelle.

Die Tiere tragen so klangvolle Namen wie Triunfador, Universo oder Zorro, doch auch Soluço ist dabei – der Schluckauf. Beim Training kann man ihnen täglich zusehen, einmal die Woche steht eine Vorführung an. Die Reiter treten mit gold betresstem Dreispitz, bordeauxrotem Reitrock und bis übers Knie reichenden weißen Strümpfen an, dazu schwarze Stiefel mit flachem Absatz. Die Pferde tragen kunstvoll geflochtene Mähnen und kostbare Decken mit schärpenartigem Brustgurt. Typisch für Portugal sind die geschlossenen Steigbügel, in die manchmal noch das Wappen des Züchters oder der Familie eingearbeitet ist. Ein strenger Tanz steht an, eine geometrische Choreografie für Pferd und Reiter, die unverkennbar der iberischen Schule entspringt, mit Levaden, Kapriolen, Spanischem Schritt und Terre à terre. Im Wesentlichen geht sie auf den Marquis von Marialva zurück, der um 1750 königlicher Rittmeister war und dessen Lehre den portugiesischen Reitstil bis heute prägt. Wobei in der barocken Schule ihrerseits noch ein Echo des mittelalterlichen Turnierbetriebs nachhallt.

Immer wieder hat die Escola bemerkenswerte Pferdeleute hervorgebracht. So auch Júlio Borba, den Enkel des Neubegründers, der sich in zahllosen Workshops und öffentlichen Lektionen in aller Welt den Ruf eines Gurus erarbeitet hat. Sein bekanntester Spruch – »ein Pferd ist ein Pferd« – hat diesen Nimbus nicht etwa beeinträchtigt, sondern befördert. Was den einen als komische Tautologie erscheinen mag, überkommt die anderen als Offenbarung. In der vielfach übersteigerten Pferdewelt von heute kann es jedenfalls nicht schaden, ab und zu an diesen Sachverhalt zu erinnern. Interessanterweise hat Borba, dieser Abkömmling der Hohen Schule, einer stark formalisierten und distinguierten Arbeit mit Pferden, zugleich ein Herz für die vielleicht ungezwungenste und natürlichste aller Rassen: die Islandpferde.

Die Lusitanos der Reitschule sind sämtlich kastanienbraun; auf der Weide schimmern sie leicht bronzefarben. Glücklicherweise tragen die meisten eine Blesse oder einen weißen Stern, sodass man sie halbwegs auseinanderhalten kann. Sie stammen alle aus der gleichen Linie, aus dem Gestüt von Altér do Chão, besser bekannt als Altér Real, einem weiteren Mythos der lusitanischen Welt. Der Weg dorthin folgt dem Tal des Tejo, quer durch die frühere Provinz Ribatejo. Es ist die landwirtschaftlich ertragreichste Gegend Portugals, und klassisches Pferdeland dazu.

Südlich von Santarém umspielt der Fluss eine Insel, die allein den Pferden vorbehalten ist. Das sechs Kilometer lange Eiland, in der Gegend als »Fohleninsel« geläufig, dient als Kinderstube zweier Rassen, die verschiedener kaum sein könnten und doch miteinander verwandt sind. Zum einen die Lusitanos, weltberühmt und hochbegehrt, der Inbegriff portugiesischer Reitkultur. Zum anderen die Sorraias, eine der seltensten und unbekanntesten Rassen überhaupt. Der sandige Saum der Insel verändert sich je nach Strömung und Wasserstand. Bei Ebbe könnte man hinüberwaten, meist nehmen die Pferdehüter jedoch den Traktor oder ein kleines Boot. Hundert Stuten verbringen hier mit ihren Fohlen eine bis zu drei Jahre während Mutter-Kind-Kur in idyllischer Flusslandschaft, nahezu unbehelligt von den Menschen. Lusitanos und Sorraias weiden dabei einträchtig miteinander, während man sie sonst fast nie gemeinsam antrifft. Den Pferden ist es wohl herzlich gleichgültig, dass die Menschen so viel Aufhebens um Abstammung und Rassemerkmale machen, dass sie feine Unterschiede zu Glaubensfragen erheben und akribisch Zuchtbücher führen. Als Maskottchen ist der Herde noch ein Esel beigesellt, und selbst diesen zotteligen Freak akzeptieren sie als ihresgleichen.

Die meisten dieser Tiere stammen aus Altér do Chão, das weitere zwei Stunden Fahrt in Richtung Osten liegt, in einem dünn besiedelten Landstrich nahe der spanischen Grenze. Auf den ersten Blick mutet es wie eine brasilianische Missionsstation an, aufgrund der isolierten Lage wie auch von der barocken Patina der Gebäude her. Von Palmen gesäumt und von Schwalben umschwirrt, wirkt es wie eine Kreuzung aus Landsitz und Kirchengut. Dennoch ist es einer der modernsten Pferdebetriebe des Landes, mit einem gut ausgestatteten Labor und einer tierärztlichen Klinik, mit ausgedehnten Stallungen und mehreren Reithallen, Rennbahnen und Arenen.

Zuchtleiter Francisco Beja führt durch den Stutenstall, der die Ausmaße eines Hangars hat. Rund sechzig Muttertiere stehen angebunden an den Wänden, ihre halbwüchsigen Fohlen halten Siesta im Stroh. Obwohl sie fast wie geklont aussehen, wurde die Linie lange Zeit nicht als reinblütig anerkannt.

Beja, ein versierter Bioingenieur, aber zugleich Pferdefreund mit Leib und Seele, ist die ständige Diskriminierung denn auch etwas leid: »Wir können unsere Abstammung über zwanzig Pferdegenerationen zurückverfolgen.« Die Zucht wurde 1748 begonnen, und die Tiere waren, wie der Beiname »Real« signalisiert, zu allerhöchstem Gebrauch bestimmt: als Paradepferde und Protagonisten barocker Reitkunst. Doch ihre Geschichte verlief, wie die des Landes, turbulent. Während der napoleonischen Kriege wurden spanisch-normannische Pferde eingekreuzt, später auch Araber. Mal verschwanden Zuchtbücher, mal verfiel gar das ganze Gestüt in Agonie. Erst nachdem der Zoologe Ruy d'Andrade, Spross einer alten, vermögenden Familie, die Zucht in den zwanziger Jahren systematisierte, kam die Linie wieder auf die Beine. Heute gehören diese Pferde zu den gefragtesten und erfolgreichsten ganz Portugals.

Auch international sind die Lusitanos allgemein im Aufwind. Lange Zeit standen sie im Schatten der Andalusier, bei denen es durch geschickte Vermarktung gelang, sie als das iberische Pferd schlechthin zu etablieren. Obwohl zum Beispiel im Norden und Westen Spaniens ebenfalls Lusitanos vorherrschen. Wobei beide Lager dazu neigen, den gehörigen Anteil, den Berber und Araber-Berber an den Vorzügen der jeweiligen Rasse haben, kleinzureden (siehe S. 62ff.). Die größte Population besteht heute in Brasilien. In Deutschland machte sich unter anderem Nicole Uphoff für die portugiesischen Paradepferde stark; in England sorgte Kyra Kyrklund mit Rico für Furore. Jedes fünfte Dressurpferd der letzten Olympischen Spiele war ein Lusitano.

Da sie sich verhältnismäßig leicht und mit wenig Kraftaufwand reiten lassen und zudem ausgesprochen verständig sind, gelten sie zugleich auch als dankbare Freizeitpferde. Sowohl für Einsteiger wie für reumütige Umsteiger vor allem in der Dressur, die mit größeren, körperlich anstrengenderen Rassen nicht recht vorankamen. Und natürlich bringen sie gehöriges Latino-Flair mit, und die Aura der Barockpferde dazu. Sie sind eng mit der Geschichte zweier Weltreiche verbunden, denn auch die Spanier setzten bei ihren Eroberungen viele Lusitanos ein. In Portugal werden sie bis heute für den Viehtrieb und den Stierkampf gebraucht. Indem sie über Jahrhunderte eine beständige Nachfrage schufen, sicherten diese beiden Hauptnutzungen den Fortbestand der Rasse – und ihr robustes Nervenkostüm. Zur Infrastruktur des Gestüts gehört denn auch eine kleine Stierkampf-Arena, in der Pferde und Reiter geschult werden. In Portugal läuft der Stierkampf nach anderen Regeln ab als in Spanien. Der Stier wird nicht getötet, freilich trotzdem bis aufs Blut gereizt. Der Torero ist beritten und heißt folglich Cavalheiro – ein fernes Echo des ritterlichen Turnierwesens. Bis heute rekrutieren Portugals Stierkämpfer sich vornehmlich aus der ländlichen Oberschicht.

Unermüdlich führt Beja über das achthundert Hektar große Gestüt. Eine der wichtigsten Einrichtungen ist das molekulargenetische Labor. Als wollte sie das Chaos der Vergangenheit wiedergutmachen, legt die Leitung von Altér größten Wert auf hieb- und stichfeste Analysen. Ein gutes Dutzend Mitarbeiter nimmt hier Abstammungs- und Verwandtschaftsuntersuchungen vor, erstellt Zuchtwertschätzungen und erkennt frühzeitig genetische Defekte. Langfristig will man eine DNA-Datenbank aller Lusitanos weltweit aufbauen.

Wenn Beja einmal abschalten möchte, zieht er sich auf die Weide der Sorraias zurück. Doch was heißt Weide – ein halber Wildpark ist's, wo die Herde im Schatten knorriger Korkeichen und verzwirbelter Olivenbäume ein privilegiertes, zumindest halbwildes Leben führt und sich an den Eicheln gütlich tut. Auch Wildschweine und Hirsche streifen umher, und es braucht nicht viel Fantasie, um sich auch noch Nashörner und Löwen in dieser mediterranen Savanne vorzustellen.

Selbst in Portugal sind die Sorraias kaum bekannt. Kein Wunder, gibt es doch weltweit keine dreihundert Stück. Vermutlich verhielte es sich anders, wenn sie ein Stockmaß von zwei Metern hätten. Da sie es aber bei einem Meter vierzig bewenden lassen, sich auch farblich oft mit wenig repräsentativem Staub-grau begnügen, haben sie es schwer in einem Land, in dem der Machismo den Ton angibt. Dass die Por-tugiesen selbst sich nicht gerade durch Riesenwuchs auszeichnen, das steht natürlich auf einem anderen Blatt.

»Viele schauen auf die Sorraias herab«, klagt Beja, »als wären sie von zweifelhafter Herkunft. Dabei sind sie uralter Pferde-Adel.« Da mag die Gering-schätzung der Sesshaften für die Nomaden mit-schwingen – sind sie nicht Landstreicher, arme, struppige Verwandte? Aber wenn sich Zuchthengst Beethoven dann in der Halle austobt, mit wogen-der Mähne und schwungvollem Galopp, mit der gleichen überschwänglichen Dynamik wie sein Na-menspatron in der »Eroica«, dann schlägt das Herz jedes Pferdefreundes höher. »Sicher, die Sorraias sind etwas zierlicher«, kommentiert Beja, »doch sie haben nicht die Nähmaschinengänge der Ponys, sondern verhalten sich in allem wie vollgültige Pferde. Wie kleine Lusitanos eben.« Wobei er auch Ponys durch-aus schätzt und das Gestüt nebenher eine Zucht der nordportugiesischen Garranos betreibt.

Derselbe Ruy d'Andrade, der die Lusitanos von Altér Real bewahrte, war es auch, der in den zwan-ziger Jahren die Sorraias entdeckte. Als er an den Ufern des gleichnamigen Flüsschens auf Wild-schweinjagd ging, stieß er dort auf eine frei lebende

Herde. Die zierlichen Tiere zeichneten sich durch den dunklen Aalstrich auf dem Rücken sowie Zebrastreifen an den Hufen aus. Überhaupt ähnelten sie jenen Urpferden, die d'Andrade von iberischen Höhlenmalereien her kannte.

Es war eine wissenschaftliche Sensation, etwa so, als hätte man in einer entlegenen Schlucht der Algarve noch Neandertaler gesichtet. In jüngster Zeit haben genetische Untersuchungen seine Vermutungen bestätigt. Die Sorraias sind Europas letzte Steppenpferde; sie stehen dem ausgestorbenen Tarpan näher als andere archaische Rassen. Die Bauern der Umgebung wussten von ihrer Existenz, machten sich aber nur selten die Mühe, Jungtiere aus der Herde herauszufangen. Mit fünf Hengsten und sieben Stuten begann d'Andrade schließlich eine Zucht, von der alle heutigen Sorraias abstammen.

Neben Portugal ist Deutschland das wichtigste Zuchtland. Seit den siebziger Jahren machte sich Michael Schäfer hier um die Erhaltung der Rasse verdient, heute führt vor allem Hardy Oelke sein Werk fort. Beja hat erst neulich einen deutschen Hengst zur Blutauffrischung herangezogen. »Aufgrund der extrem kleinen Ausgangspopulation haben wir mit einem hohen Grad an Inzucht zu kämpfen.« Die Population in Deutschland aber hat seit dreißig Jahren ein weitgehendes Eigenleben geführt. »Das ist mit das fremdeste Blut, das wir bekommen können.«

Alte Flurnamen wie »Vale de Zebro« bewahren noch die Erinnerung an die Wildpferde mit den seltsamen Streifen. Vor einigen Jahren wurde dieses Waldgebiet reanimiert und dort ein weiteres Sorraia-Reservat eingerichtet. Ein Ortsname wie »Vale de Cavalos« dagegen verweist auf Hauspferde – hier ist Lusitano-Land. In diesem lauschigen Tal, das unweit von Chamusca vom Tejo abzweigt, residiert ein Großteil der Lusitano-Züchter, häufig in alten Landgütern. Wie etwa Casa Cadaval, dessen Annalen bis 1648 zurückreichen. Geleitet wird das Gut von einer Frau, deren Name allein schon eine illustre Geschichte verheißt: Teresa Gräfin Alvares Pereira von Schönborn-Wiesentheid. Ihre Familie bildet ein weiteres Beispiel produktiven deutsch-portugiesischen Austausches. Wobei wohl ewig unentschieden bleiben wird, ob nun die Weine oder die Pferde den guten Ruf von Casa Cadaval vorrangig begründen. Denn auch als Weingut gehört es zu den ersten Adressen Portugals.

Eine weitere alteingesessene Zucht ist die der Gebrüder Veiga Maltez, deren barockes Palais mitten in Golegã liegt. João, der ältere, von Beruf Arzt, amtiert nebenbei als Bürgermeister; José, der jüngere, leitet die Zucht. Dass João sich zu Pferd ins Rathaus begibt oder José quer durch den Ort zu einer Besprechung reitet, ist in Golegã ein vertrauter Anblick.

An normalen Tagen gibt José seinen Besuchern mitunter Kostproben der heimischen Reitkunst. Doch heute, am Eröffnungstag der Feira, herrscht in ihren Stallungen Hochbetrieb. Ein Pferd nach dem anderen wird ausgehfertig gemacht. Gegen das unablässige Fegen und Bürsten kommt das Stallradio kaum an. Gleich drei Viehhirten nesteln an einem Apfelschimmel herum. Ob ihn nun das festliche Bürsten und Striegeln erregt oder die Aussicht auf die Gesellschaft so vieler anderer Pferde – jedenfalls trägt der Hengst eine imposante Erektion zur Schau. Überhaupt sind heute alle mächtig stolz, ob Hofhund oder Hausherrin, ob Ross oder Reiter, ob Enkel oder Großmama. Die Hirten haben ihre traditionelle Tracht angelegt: schwarze Kniehosen mit weißem Pluderhemd, darüber die zinnoberrote Weste, und auf dem Kopf die grasgrüne Zipfelmütze. Bei der Arbeit auf der Weide kommt dann noch der lanzenartige Hütestock dazu, mit dem sie Rinder oder Pferde in die Schranken weisen.

Draußen am Kirchplatz steht Bruder João im Kreise einiger Honoratioren und Freunde. Ganz Cavalheiro, trägt er einen rehbraunen Anzug, eine Weste mit blank gewienerten Silberknöpfen sowie den portugiesischen Sombrero, einen handlichen Reithut aus Kaninchenhaar mit Schleife. Und dazu ein strahlendes Gesicht. Gerade in wirtschaftlichen Krisenzeiten, verkündet er, seien die Lusitanos doppelt wichtig, als lokale Ressource und Exportschlager, aber genauso für die kulturelle Identität.

Rund dreitausend Pferde sind gekommen, fast so viele, wie das Städtchen Einwohner zählt. Die Straßen hallen wider vom Klacken der Hufe auf dem Kopfsteinpflaster, die Transporter rangieren in den Gassen, als handelte es sich um eine Einlage beim »Triadischen Ballett«, und auf jeder verfügbaren Fläche im weiten Umkreis grasen Lusitanos. Die Feira ist der Höhepunkt des Jahres, das Erntedankfest der Züchter. Viele öffnen ihre Türen und Tore für Besucher. Nebenbei wird tüchtig geschachert, gekungelt und gekauft. Sämtliche Berufe rund ums Pferd geben sich ein Stelldichein: die Sattler und die Hufschmiede, die Tierärzte und die Rossebändiger, der Landadel und die Stallknechte, die Kampfrichter und die Amazonen. Auch allerhand Marketender strömen herbei, fliegende Händler und fahrendes Volk. Die Luft ist von Pferdearomen durchzogen.

Von der Kirche sind es nur wenige Hundert Meter zum Festplatz. In den sonst so stillen Gassen herrscht ein gewaltiges Treiben. Nur wer ein Pferd reitet oder am Zügel führt, gilt etwas, alle anderen sind Statisten. Wenn sich ab und zu ein Auto durch den Strom arbeitet, erntet es mitleidige Blicke. Ein Pferd zählt mehr als noch so viele PS. Die Türen einiger Bars sind so ausgelegt, dass Ross und Reiter hindurchpassen, und abends sieht man sie manchmal tatsächlich auch vereint am Tresen stehen.

Der Trubel am Festplatz ist erst recht gigantisch. Das Stimmengewirr der Menschen, das Schnauben und Wiehern der Pferde, die schwungvollen Fanfaren, gefolgt von den Litaneien des Stadionsprechers, all das vereint sich zu einem flirrenden Moiré, einem dichten, unentwirrbaren Klanggewebe. Das Geschehen läuft in konzentrischen Ringen oder vielmehr Ovalen ab. In der Mitte liegt der Turnierplatz, auf dem ständig irgendwelche Concursos ausgetragen werden, vom Kinderreiten bis zum Kutschenrennen. Dieses Geviert ist von einem inneren Ring mit kleinen Tribünen und vielen Stehplätzen umgeben. Dahinter schließt sich als nächster Ring die große Sandbahn an. Auf der, gegen den Uhrzeigersinn, ein unablässiger Strom von Reitern und Gespannen fährt, trabt, töltet oder galoppiert, manchmal auch einfach nur tratscht oder träumt. Sie alle vereinen sich zu einer gewaltigen Zentrifuge der Leiber.

Am äußeren Ring steht dann die andere Hälfte der Zuschauer und weidet sich an diesem Perpetuum mobile. Dahinter folgt ein Korridor für die Fußgänger, dann die logenartigen Kabinen der Gutsfamilien und Gestüte. Eingerahmt wird das Ganze schließlich von der Kulisse der alten Stadthäuser. Die einzelnen Reiter bleiben selten mehr als einen halbe Stunde. Doch vom frühen Vormittag bis tief in die Nacht strömen ständig neue herbei, und für jeden Pulk, der abreitet, fädelt sich auf der anderen Seite eine neue Gruppe ein. Dazwischen kurvt noch der Schaufelbagger herum, der Geläuf und Turnierplatz präpariert. Da zugleich ständig Zuschauer und Reiter vom äußeren Ring auf den Turnierplatz wollen oder vom Turnierplatz zurück nach draußen, müssen sie im rechten Moment quer über die Sandbahn setzen, mitten durch das große Defilee hindurch.

Ländlicher Schick gibt auf dieser berittenen Modenschau den Ton an. Wobei die Bauern sich oft mit Schiebermütze und kariertem Hemd begnügen, während die besser betuchten Viehhändler auch schon mal pelzbewehrte Krägen tragen. Prächtige Physiognomien sind darunter: schnauzbärtige Granden, schmerbäuchige Kutscher, kernige junge Draufgänger. Manchmal hält ein Vater seinen kleinen Sohn in den Armen, oder das Töchterchen sitzt rittlings hinter der Mutter und hält sich am Sattel fest. Neben den Lusitanos sind auch Sorraias und Garranos vertreten. Zwischendurch laufen auch Araber und Araber-Berber mit, auch mal rubenshafte Andalusier oder baskische Pottok-Ponys.

Die Feira gilt als bester Beweis für die Unerschütterlichkeit und Toleranz der Lusitanos. Ein Pferd, das sich hier bewährt hat, steigt automatisch im Preis. Denn wenn es diese Rosskur überstanden hat, so die landläufige Argumentation, lässt es sich von nichts mehr aus der Ruhe bringen. Der Nimbus des unverwüstlichen Nervenkostüms, ja der Courage der Lusitanos hat in einer vierhundertjährigen Auslese für den Stierkampf seinen Ursprung. Lange war er ein aristokratischer Sport, vergleichbar der Jagd; die prunkvolle, barocke Kleidung der Cavalheiros kündet bis heute davon. Die bloße Ausübung dieses blutigen Zeremoniells zeigte bereits einen entsprechend hohen Status an, nur Wohlhabende konnten sich Pferde leisten. Auch wenn es für viele mitteleuropäische Besucher befremdend sein mag, Stierkämpfe gehören unabdingbar zum Begleitprogramm der Pferdemesse. Schon weil die Cavalheiros treue und sachverständige Kunden sind.

Alte Haudegen wie Fernando Salgueiro rühmen ihre Reittiere in den höchsten Tönen. »Lusitanos sind Künstler«, schwärmt er. »Sie haben Intuition, sie spielen, sie improvisieren. Beim Stierkampf gibt eher das Pferd den Ausschlag als der Reiter.« Jahrgang 1941 und Cavalheiro in der fünften Generation, hat er in seiner Laufbahn an die tausend Stiere besiegt. »Immer in Teamarbeit mit den Pferden.« Die ersten drei Jahre, erzählt er mit raumgreifender Gestik, führen die Pferde ein unbeschwertes Leben, dann folgen drei weitere Jahre intensiver Ausbildung. Zuerst unter Zuhilfenahme einer Fahrrad-Attrappe, dann mit Kühen, dann mit jungen Stieren. »Wir trainieren jeden Tag, wie Athleten.« Sicher, räumt Salgueiro ein, manchmal komme es in der Arena zu bedauerlichen Verletzungen. Doch in aller Regel könnten die Tiere sich selbst schützen. Seine Lieblingsstute sei achtunddreißig Jahre alt geworden – für ein Pferd ein biblisches Alter. Überhaupt sei die Öffentlichkeit zu sehr auf den Stier fixiert, meint er weiter. Aus Sicht des Cavalheiros stelle sich die Situation anders dar. »Der Stier ist nicht das Problem. Sondern das Publikum.« Es ist das eigentliche Ungeheuer – launisch, schonungslos und unberechenbar. Um sich selbst, bekennt Salgueiro, habe er selten Angst gehabt. Jetzt erst, da sein Enkel in der Robe des Großvaters in die Manegen einziehe, jetzt werde er nervös.

Von früh bis spät läuft auf dem Festplatz und den äußeren Turnierplätzen Programm. Hinzu kommen noch allerhand Seminare, Schönheitskonkurrenzen, Meisterschaften, Gala-Abende und Festumzüge. Selbst wenn man sich zwischendurch in die weniger betriebsamen Straßen zurückzieht, den Lusitanos entkommt man nicht. In Golegã dürfte es mehr Pferdefiguren geben als Mariendarstellungen in Fatima. Sie schmücken die Aushängeschilder der Tavernen, die Wegweiser, die Briefkästen und selbst die Bushaltestellen. Da Reiter hier zu den häufigsten Verkehrsteilnehmern gehören, wurden die Verkehrszeichen konsequent um Pferdepiktogramme ergänzt. Und jedes Haus, das auf sich hält, wird von einer schmiedeeisernen Pferdesilhouette geziert.

Eisen ist überhaupt ein prägendes Element dieser Region, die während der Industrialisierung ihre Blütezeit erlebte. Eine Kronzeugin dieser Ära stellt die nahe Brücke über den Tejo dar, die aus der Schule Gustave Eiffels stammt. Ein knallrotes Meisterwerk der Ingenieurskunst, ein waagrechter Eiffelturm. Ein weiteres eisernes Schmuckstück bildet die Relvas'sche Märchenvilla. Sie beteiligt sich jedes Mal mit passenden Ausstellungen an der Feira. Könnte der Meister dafür noch einmal an seine Wirkungsstätte zurückkehren, er würde sich mit Verve ins Getümmel stürzen und acht Tage lang kein Auge zutun. Er geriete abwechselnd als Pferdefreund und als Fotograf in Verzückung und wäre wohl auch versucht, beim Stierkampf noch einmal sein Können zu zeigen. Um dann am Ende glücklich erschöpft vom Pferd zu fallen.

HEIMWEH NACH BEWEGUNG

Unterwegs mit Tieren

Will mich unter Hirten mischen,
an Oasen mich erfrischen.
Will mit Karawanen wandeln,
Schals, Kaffee und Moschus handeln;
jeden Pfad will ich betreten,
von der Wüste zu den Städten.

FIRDUSI

Karawanenreisen sind so alt wie der Krieg, so alt wie der Handel, so alt wie die Pilgerzüge. Doch erst seit etwa dreißig Jahren gibt es sie auch als touristische Spezialität. Bevorzugt in Form ein- bis zweiwöchiger Exkursionen, die in jene unwegsamen Gefilde führen, in denen Karawanen von alters her die einzigen Transportmittel darstellen. In erster Linie also der riesige altweltliche Trockengürtel, der von der Westsahara bis nach Tibet reicht. Den Klassiker bildet die Kameltour durch Marokko, zur Abwechslung auch mal durchs Wadi Rum oder die Wüste Gobi. Doch auch Lamatrekking auf dem Inkatrail, Eselwanderungen in der Provence, Schlittenhundefahrten in arktischen Gefilden oder Elefantenritte in Thailand fallen in diese Kategorie. Und eben Wanderritte zu

Pferd. Landestypische Nutztiere dienen als Gepäckträger oder Reittiere und zugleich als Botschafter ihrer Kultur, als vierbeinige Medien. Sie befördern weit mehr als nur uns und unsere Rucksäcke, sie tragen die Geschichte ganzer Zivilisationen.

Es fällt auf, dass diese pittoreske Form des Reisens just zu dem Zeitpunkt in Erscheinung tritt, da die traditionellen Handelskarawanen verschwinden. Wo immer heute eine Piste angelegt wird, sind die Tage der Lasttiere gezählt. Das betrifft etwa die letzten Pferdetrecks in China, in den Bergen von Yunnan oder im Himalaja, die durch hypermoderne Autobahnen verdrängt werden. Auch die Salzkarawanen in der Lavawüste von Dschibuti sind durch den Bau einer Stichstraße zu den Salzseen obsolet geworden. Ein historischer Prozess, wie er weltweit zu beobachten ist. Die seit Menschengedenken unentbehrlichen Tiere, die noch für den Vater das kostbarste, oft sogar das einzige Gut darstellten, werden vom Sohn ausrangiert. Diese Entwicklung sehen wir wohl nur deshalb mit wehmütigem Blick, weil sie im industrialisierten Westen schon längst und unwiderruflich abgeschlossen ist.

Als Figur, als geschlossene Formation sind Karawanen sogar älter als die Menschheit. Praktisch alle Herdentiere ziehen im Gänsemarsch zu ihren Weidegründen, Wasserstellen und Salzlecken. In der Trockenzeit machen die Gnus in der Serengeti sich in nicht enden wollender Kolonne ins Ungewisse auf, ein Heerzug von einem Horizont zum anderen. Elefanten bilden regelrechte Seilschaften, wenn die Kälber mit den Rüsseln die Schwänze der Erwachsenen greifen. Frei lebende Pferde gehen, wenn sie weitere Strecken zurücklegen, ebenfalls eins hinter dem anderen. Sie folgen dabei ausgetretenen Wechseln. Blockiert ein Hindernis den Weg, umgehen sie es argwöhnisch und kehren dann stracks und geradezu zwanghaft auf den Pfad zurück. So bilden sich Mobilitätsmuster und Wandertraditionen, so entstehen überhaupt Wege. Viele der Pionierstraßen im amerikanischen Westen folgten den von Bisonherden planierten Trassen; sie heißen heute noch »Buffalo Roads«. Auch zahlreichen Alpen- und Pyrenäenpässen haben die Hirtenpfade, die Marschrouten der Transhumanz, den Weg bereitet.

Warum eigentlich wandern die Tiere nicht nebeneinander oder, wie während des Weidens, in lockerem Haufen? Einmal, weil es Kräfte spart. Je dichter die Vegetation und je schwieriger das Gelände, desto mühsamer ist es, sich selbst einen Weg hindurchzubahnen. Wer jemals durch die afrikanische Dornbuschsteppe gelaufen ist oder durch die Prärie des Mittleren Westens, wird unwillkürlich in Reih und Glied eingeschwenkt sein. Aber auch Sand und Schnee veranlassen zum Gänsemarsch. Um noch ein Quäntchen mehr Energie zu sparen, treten Pferde, aber auch Elche dabei direkt in die Stapfen ihrer Vorgänger. Menschen halten es nicht anders. Ein beeindruckendes Beispiel dafür sind die dreieinhalb Millionen Jahre alten Fußabdrücke von Laetoli in Tansania, bei denen lange umstritten blieb, ob nun zwei oder drei Individuen des Weges gekommen waren. Weil nämlich einer offenbar genau in den Stapfen des Vordermanns oder der Vorderfrau gegangen war. Nach einem Vulkanausbruch war der Boden damals knöcheltief mit Flugasche bedeckt gewesen.

Neben der Effizienz spielt Sicherheit eine Rolle: Wo das Leittier unbeschadet seiner Wege ging, kann auch ich getrost passieren, ohne Treibsand, Fallgruben, Gletscherspalten befürchten zu müssen. Ein guter Trampelpfad wird so verlaufen, dass möglichst keine Luchse oder Leoparden im Hinterhalt liegen oder Löwen sich unbemerkt anschleichen können. Dem Pferdeforscher Klaus Zeeb fiel überdies auf, dass die Wege nie schnurgerade verlaufen, sondern in leichten Schlangenlinien. Dabei verfügen Pferde über eine beinahe perfekte Rundumsicht – aber eben nur beinahe, nämlich etwa dreihundertvierzig Grad. Die geringfügigen Richtungswechsel gleichen den toten Winkel aus.

Wer dagegen neue Wege abseits der ausgetretenen Pfade beschreitet, riskiert erst einmal etwas. Erweist die Alternative sich als vorteilhafter, wird rasch eine eigene Tradition daraus, im umgekehrten Fall erledigt sie sich von selbst. So kommt es zu einer Evolution der Verkehrswege. Wobei diese immer gleich schmal bleiben, nicht viel breiter als zwei Hufe. Selbst in Ballungsgebieten, zwischen Weide und Tränke etwa, werden sie nicht breiter, allenfalls laufen dort mehrere Stränge parallel.

Die Fortbewegung im Gänsemarsch entlastet aber nicht nur physisch, sondern auch mental. Während ich dem erfahrenen Leittier hinterhertrotte, kann ich weitgehend abschalten und mich dem steten, rhythmischen Andante der Abteilung überlassen. Eben diese heilsame Monotonie macht ein Gutteil der Faszination von Karawanenreisen aus: das Metrum der Schritte, das Einswerden mit der Bewegung, die tranceartige Selbstvergessenheit. Das Wandern mit Tieren gerät zur Bewegungsmeditation, zur Zen-Reise. Hinzu kommt, dass auch bei uns ein evolutionäres Erbe wirksam ist. Auch wir sind schließlich Steppenwanderer und fühlen uns in der Bewegung durch halb offene Landschaften bestens aufgehoben. Die eingefleischte Sehnsucht danach bildet eine der wichtigsten Triebfedern des Reisens überhaupt; die nachfolgende Trekkingtour in Tunesien mag als Beispiel dafür dienen.

Freilich sind wir heutzutage, bitteschön, Individualisten. Früher oder später packt uns die Neugier, und wir scheren aus dem Verband aus. Und schon werden die Sinne schärfer und die Frühwarnsysteme aktiviert. Dabei handelt es sich um klassisches Erkundungsverhalten, wie es bei höheren Primaten serienmäßig einprogrammiert ist. Ich bin neugierig, also bin ich. Haben wir schließlich genug gesehen, reihen wir uns wieder ein in die Kolonne und verfallen in den guten alten Trott.

Karawanenreisen erfordern eine gewisse Mindestlänge, sowohl was die Zahl der Tiere als auch die der Tage betrifft. Zwei Pferde oder Kamele bilden noch keine Karawane. Sieben dann aber schon, und ein Dutzend bietet gar einen stattlichen Anblick. Sehr viel größer geraten zumindest Freizeitkarawanen wiederum nicht, weil sie sonst in Massentourismus ausarteten und überdies in Untergruppen zerfielen. Diese Art des Umherziehens kommt der natürlichen Lebensweise der Tiere am nächsten; unter allen Nutzungen ist sie die artgerechteste.

Wie lange braucht es, bis das Karawanengefühl sich einstellt, die Geborgenheit im Gleichmaß der Bewegung? Der erste Tag reicht dafür nie aus, zu neu, zu aufregend wirkt alles. Auch der zweite verläuft noch unruhig und suchend. Meiner Erfahrung nach vollzieht sich die Verwandlung erst am dritten Tag zur Gänze. Oder aber es treten dann die ersten ernsthaften Probleme auf. Da dieser Prozess offenbar symmetrisch abläuft, das Aufgehen im Hier und Jetzt also wieder schwächer wird, je näher das Ende rückt, hat sich ein Zeitraum von einer Woche als

Grundmaß bewährt. Dauert die Tour zwei Wochen, währt die Plateauphase entsprechend länger. Ginge sie noch weiter, würde vermutlich eine neue Stufe erreicht, in der das Vagabundieren zur Lebensart würde und die Zeit selbst, die Karawane der Tage, zur primären Erfahrung. Verglichen mit den großen Überlandstrecken der Welt sind all das freilich nur Spazierritte: Auf der Seidenstraße waren die Kaufleute sechs Jahre unterwegs, bis sie von China ans Schwarze Meer und wieder zurück gelangten; wenn sie denn zurück gelangten. Wobei sie fast immer nur Etappen absolvierten. Die Waren wanderten weiter als die Menschen.

Während der gesundheitliche Wert solcher Reit- und Wandertouren – Bewegung, Enthaltsamkeit, natürliche Lebensrhythmen – von den Teilnehmern hoch veranschlagt wird, spielt sportlicher Wettstreit kaum eine Rolle. Die Kette ist nur so stark wie ihr schwächstes Glied, die Karawane kommt am ehesten gemeinsam ans Ziel. Auch dieses Prinzip ist biologisch vorgeprägt, der vermeintliche Altruismus der Herde, das Zusammenhalten um jeden Preis, entpuppt sich als Egoismus höherer Ordnung. Denn eine vielköpfige Gruppe erhöht die Chancen aller, eine räuberische Attacke zu überstehen. Statt durch schwächere Mitglieder behindert zu werden, profitieren gerade die stärksten und ranghöchsten Tiere davon, die im Fall einer Flucht fast immer gut abgeschirmt in der vorderen Mitte des Pulks zu finden sind.

Die Selbstlosigkeit kennt allerdings Grenzen. Eine professionelle Karawane wird tunlichst keine Touristen mitnehmen, denn die halten sie nur auf. Sie besitzen weder ausreichend Erfahrung noch die erforderliche Ausdauer, sie wollen plaudern, fotografieren, die Tiere tätscheln und alle naslang rasten. Ihnen ist gar nicht bewusst, dass es hier um ein Geschäft geht, ein nicht ungefährliches dazu. Dass die Karawane keinen anderen Sinn hat als den, ihre Waren und ihre Reiter möglichst rasch, möglichst sicher und möglichst vollzählig ans Ziel zu bringen. Wie für alle Fernfahrer bedeutet Zeit Geld. Deshalb bricht die Karawane noch vor Sonnenaufgang auf und zieht bis in die Nacht hinein, wenn sie nicht überhaupt nur nachts geht, weil es tagsüber zu heiß oder zu unsicher ist. Niemals aber ist die Bewegung Selbstzweck. Einem Tuareg oder Kirgisen käme nichts weniger in den Sinn, als Trekking zu betreiben; Nomaden gehen nicht spazieren. Sie gehen überhaupt nur ungern, wenn irgend möglich reiten sie. Als die Hunnen und später die Mongolen halb Eurasien eroberten, staunten die erdverhafteten Europäer nicht schlecht, dass diese Reitervölker im Sattel aßen, tranken und ihre Notdurft verrichteten, ja sogar im Sattel schliefen. Für uns Sonntagsnomaden dagegen gibt es nichts Schöneres als eine Pause, ein Picknick, ein Palaver. Für diese Form der Karawanen-Kur gilt tatsächlich die abgedroschene Phrase, dass der Weg das Ziel ist. Oder, mit den Worten eines indischen Weisen: »It's not the road you walk, it's the walking.« Nomaden haben Heimweh nach Bewegung.

VOM WANDERN IM WIND

Tunesien auf die sanfte Tour

Wie denn die Nomaden lebten? »So wie wir jetzt«, entgegnet Mohammed ruhig und ohne zu zögern, indem er den Blick über das Lager streifen lässt. Um die einzige Palme weit und breit scharen sich vier Zelte, in denen wir unsere Siebensachen verstauen, während seine Kameraden das übrige Gepäck und allerhand Decken zum Windschutz für die beiden Feuer drapieren, eines zum Kochen, eines für Licht und Wärme. Im letzten golddurchwirkten Abendschimmer rupfen die Mulis an den Grasbüscheln ringsum. Das jüngste gibt quietschvergnügte Koloraturen zum Besten. Eine beinah biblische Szene, ein Idyll wie aus einem Krippenspiel. Karawanen kommen immer aus dem Morgenland, das zeigten schon die Heiligen Drei Könige.

Wir sind den dritten Tag unterwegs. Ziehen als kleine, kuriose Gesellschaft durch die Dahar-Berge im Süden Tunesiens, sechs Berber, acht Europäer, fünf Maultiere. Wir brechen am Morgen auf, gehen, rasten, gehen weiter, lassen uns irgendwo nieder. Früher, sagt Mohammed, hätten sie alle so gelebt. Sie haben die traditionelle halbnomadische Kultur noch erfahren, aber nicht beibehalten. Sie stammen aus dem Weiler Ksar Zemmour zwischen den ersten langen Zehen der Berge, wo auch unsere Wanderung begann. Noch in den typischen Höhlenwohnungen geboren und aufgewachsen, leben sie heute in primitiven Ziegelhäusern. Nur Mohammed, mit achtundvierzig der Älteste, wandert noch das halbe Jahr mit Schafen und Ziegen durch die Berge. Die anderen schlagen sich als Gelegenheitsarbeiter durch, mal am Bau, mal in der Landwirtschaft, mal pendeln sie als Arbeitsnomaden in die Industriestädte oder auf die Insel Djerba. Im Hüten von Touristenherden haben sie kaum Erfahrung, denn erst seit einigen Jahren grasen diese auch das Hinterland ab.

Tunesien wurde erst vom Massen-, dann vom Individualtourismus entdeckt. Als Wanderrevier ist es noch immer Neuland: Wir sind tatsächlich die erste Gruppe, die hier durchstiefelt. Und deshalb ist unser Zug kurios: weil die herkömmliche Lebensart jetzt, da sie allgemein erlischt, von außen, durch Wohlstandsvagabunden, wieder herbeizitiert wird. Ein Stelldichein zweier Anachronismen: Während die Bergbewohner vom Fortschritt träumen, von der Zivilisation und ihren tausend Dingen, suchen wir den Rückschritt ins einfache Leben und betreiben unsere Auswilderung auf Zeit.

Keiner bewegt sich also auf vertrautem Boden, selbst die Maultiere scheinen das Steigen verlernt zu haben, werden sie doch nur mehr für kleine Transporte in der Küstenebene benutzt. Doch der Einsatz auf der Langstrecke scheint ihnen zu behagen. Sie winseln, rülpsen, stöhnen wohlig, und wenn sie abends der Packsättel ledig werden, wälzen sie sich im Sand und lassen ihre metallisch quietschenden Rufe erschallen. Unsere einheimischen Begleiter dagegen schwiegen anfangs weitgehend und sorgten sich, ob alles gut gehen würde. Würden wir essen, was sie kochten? Würde das Wasser reichen? Wie schnell oder langsam wollten wir ziehen?

Es war dann alles gar nicht kompliziert. Mensch und Tier fassten Tritt, fanden am zweiten Tag einen gemeinsamen Rhythmus, am dritten lag fast alle Befangenheit hinter uns. Wir guckten den Weggenossen in den Topf und sie uns ins Zelt, wir erzählten von unserem und sie von ihrem Zuhause. Fausi, der örtliche Führer, dolmetschte nach Kräften.

Die Dahar-Berge stehen als kahler Wulst zwischen Wüste und Meer und schwingen sich bis zu siebenhundert Metern auf. Von der Erosion wellig und rund geschmirgelt, überziehen Abertausend Hügel und Höcker das Land. Nur auf den höchsten sitzt noch eine Warze aus Urgestein, oft mit alten Burgmauern. Straßen gibt es nicht, auch wenn die bleichen, trockenen Flussbetten aus der Ferne wie Schotterpisten wirken. In geschützten Trichtern und auf schmalen, kunstvoll bewässerten Terrassen findet hie und da etwas Ackerbau statt. Im Übrigen führt die Tour durch karges, mit Büschen gesprenkeltes und von alten Saumpfaden geädertes Weideland. Dank der Berge fallen hier geringfügig mehr Niederschläge als in der umgebenden Schotterwüste. Doch sie reichen nicht aus, um genug Grünfutter für eine Pferdehaltung zu produzieren. Sodass die genügsameren Maultiere von alters her die wichtigsten Transportmittel bilden. Als biologische Entsprechung zum Allradfahrzeug sind sie auch in steilem und unwegsamen Gelände zuverlässig einsetzbar. Sie können ein Viertel ihres Körpergewichts tragen, sind abgehärteter, pflegeleichter und weniger schreckhaft als Pferde.

Zwei Grundfarben dominieren die Landschaft, die schon beim Anflug auf Djerba ins Auge fielen, als die Maschine sich auf ihren Schatten stürzte wie der Vogel Greif: das Khakibraun der Erde und die Bläue des Himmels wie des Meeres. Wir laufen einen weiten Bogen nach Nordwesten, scheinbar querfeldein, in Wahrheit meist auf alten, kaum mehr auszumachenden Wegen, die über Jahrhunderte von Herden und Karawanen begangen worden sind. Ein Weg gewinnt durch Arbeit seine Würde. Es ist wie mit den Gebetsformeln, je öfter sie gebraucht werden, desto stärker die Resonanz.

Fünf Stunden geht es täglich in leichtem Andante

dahin. Über krümelige Hänge, ausgetrocknete Flussbetten, trichterförmige Täler und weite Wadis. Das
Rückgrat der Gruppe bilden die Tiere. Nicht nur,
weil sie die Rucksäcke, den Proviant und manchmal obendrein die Führer tragen und also fabelhaft
kommod sind. Weil ihr behagliches Schnauben, ihr
bedächtiges Fressen, ihre kreuzbrave Art sich auf die
Menschen als Friedfertigkeit überträgt. Zugleich arbeiten sie als Übersetzer, veranschaulichen die um
sie herum entstandene Kultur, die eine mobile war.
Tiere sind Medien. Sind Mittel, um ferne Welten
unmittelbar zu erfahren.

Für Lesestunden steckt diesmal ein schmaler,
nachtblauer Band im Gepäck, zweihundert Gramm
Genie: Vilém Flusser, Von der Freiheit des Migranten. Eine Sammlung von Aufsätzen zur Philosophie
des Wohnens und des Wanderns, die maßgeschnei-
derte Begleitlektüre. »Jedenfalls ist für Nomaden der
Wind, was für Seßhafte der Grund ist.« Wer liest,
schweift durch Bücherwelten, ist in der Literatur be-
wandert. Auch Bleiwüsten können grandiose Landschaften sein. Woher nur, verehrter Vilém Flusser,
woher rührt dieses unentwegte Reisen, Wandern,
Weggehen, das sich unsere Begleiter am ehesten als
»Sport« erklären können? Da regt sich ein archaisches Vermächtnis. »Die Erbsünde bestand vielleicht
darin, daß wir uns hingesetzt haben.« Je perfekter wir
wohnen, desto stärker meldet sich die Nostalgie nach

dem wilden Leben. Als Freizeitmigranten suchen wir dem Alltag zu entfliehen und anderweitig zu leben. So trägt der eine einen Rucksack Marke Nomad, der andere die leichten Schnürstiefel der Fremdenlegion, der dritte raucht Gitanes. Auf Djerba, wo wir zum Schluss einen Erholungstag einlegen, sind die Hotels nach Odysseus, Sindbad und Robinson benannt.

Ganze Täler duften nach Rosmarin, der gerade zartviolett blüht, Thymian, Ginster und Kamille nisten zwischen den Steinen. Derlei Sträucher bilden das einzige Brennmaterial. Sie knistern und riechen gut, verbrennen aber im Nu, sodass von Zeit zu Zeit einer ins Dunkel gehen und Büsche rupfen muss. Von fünfundzwanzig Grad Winterwärme fällt die Temperatur nachts auf wenige Grad über null. Fünf unserer Begleiter tragen noch härene Gewänder, lange Wollkutten mit Kapuzen, Modell Knecht Ruprecht. Sie sind vom gleichen dunklen Braun wie ihre Maultiere, nur aus Ziegenhaar gefertigt. Fausi führt die Zukunft vor: Fellparka, Billigjeans und Plastiktüten. Ihr Schuhwerk, rote Pantoffeln oder Halbschuhe mit glatter Sohle, erscheint uns kümmerlich, unsere Bergstiefel ihnen martialisch.

In ausladenden Bastkörben zu beiden Seiten tragen die Mulis Gepäck, Proviant und Wasser. Mit dem wir sparsam umgehen müssen, meist reicht es nur zur Katzenwäsche und zum Zähneputzen. Zum Frühstück gibt es Pulverkaffee und Marmeladenbrote, mittags und abends Suppe, Couscous, Obst und Tee, der in hohem Bogen aus der kleinen Kanne in die kleinen Tassen sprudelt. Sofern vorhanden, rasten wir unter Olivenbäumen oder in Palmenhainen, sonst auf freier Strecke, wo nur die Leiber der Maultiere etwas Schatten geben. Mit ihren langen Ohren und den bis zur Erde herabhängenden Schweifen bieten sie einen rustikalen Anblick. Unverwüstliche Wüstenbewohner. Wir sind vielleicht nicht so fein wie edle Pferde, scheinen sie zu sagen, doch dafür bringen wir euch hier durch.

Während wir Datteln naschen, ziehen unsere Begleiter sich zum Gebet zurück, das Haupt gen Osten neigend – Orientierung kommt von Orient. Inmitten dieser Weite wirken ihre Figuren wie auf einer Bühne herausgehoben und zugleich wunderbar beiläufig wie auf den Wüstenaquarellen von Delacroix. Wir sind von Stille umgeben. Lagern auf einem Fleckchen Erde, wo vorher nichts war und nachher nichts sein wird. Auf dem steinigen Boden bleiben kaum Spuren, das bisschen Asche verweht der Wind, der neben Himmel und Erde das dritte allgegenwärtige Element bildet. Er kühlt in der grellen Nachmittagssonne, er macht als Abendwind frösteln. Er schiebt als kräftiger Rückenwind, er tost an den Steilhängen und tuschelt in den Palmen. Und er haucht einem nachts im Zelt über die Wange.

Die Vegetation wird immer stachliger und spärli-

cher. Nur die drallen, farbenfrohen Wüstenkürbisse
gedeihen noch auf dem steinigsten Untergrund. Doch
sie sind ungenießbar, werden nur als Arznei verwendet. Jeder Schmetterling und jede Ameise wirkt mit
an der Revue der kleinen Attraktionen – hier regt sich
also doch etwas. Hie und da stieben Lerchen trillernd
auf, die Senkrechtstarter der Vogelwelt. Die große
Attraktion bildet dann jedes Mal der Nachthimmel.
So unfassbar viele Sterne! So hell! So nah! Wie ein
leuchtender Henkel spannt sich die Milchstraße hoch
über der Erde. Das Weltall wirkt wie mit Puderzucker
bestäubt. Die Himmelskunde war das erste Naviga-
tionssystem der Menschheit. Steinzeitjäger, Seefahrer
und eben Wüstennomaden vermochten sich auch
über weite Strecken danach zu richten. Etwas von
dieser archaischen Verbundenheit mit dem Kosmos
wird in solchen Sternstunden wieder wach.

»Der Philosoph fährt in die Heiligkeit, der Tourist
ins Absurde«, meint Flusser. Als sorglose Ein-Wan-
derer stromern wir querfeldein und üben den Unru-
hestand. Halten uns überall auf und nirgends. Was
die wenigen Bergbewohner von unserem Treck halten, ist schwer in Erfahrung zu bringen. Ihre Scheu
verbirgt selbst ihre Verwunderung. Doch indem
wir als Karawane kommen, in angestammter Formation, und nicht im Geländewagen vorpreschen
wie ein Rollkommando, wird uns Achtung zuteil.
Umgekehrt gibt uns die körperliche Leistung Souve-

ränität – wir sind nicht von hier, aber wir sind hier. Das gemächliche Tempo unserer vierbeinigen Weggenossen macht Begegnungen erst möglich. Und wer reist, ohne dem anderen zu begegnen, befand schon Alexandra David-Néel, der reist gar nicht, der wechselt nur den Aufenthaltsort.

Ganz verlässt einen das Gefühl, ein Eindringling zu sein, jedoch nie. Die Erinnerung an eine Familienerzählung drängt sich hartnäckig auf, die mir stets fremd geblieben war, zeitlich wie geografisch ungemein fernlag. 1943 zog mein Vater als Soldat am Dahar entlang, leichte Infanterie, zu Fuß und mit Maultieren auch er.

Die Parallele befremdet und hat doch ihre Richtigkeit. Wo wir im Panorama schwelgen, postierten sich zu anderen Zeiten die Feldherren – die Schönheit des Weitblicks ist von strategischer Natur. Und sind nicht die Jeeps, diese Abenteuerspielzeuge, die auch uns anlieferten und wieder abholen werden, eine militärische Entwicklung, die im Wüstenkrieg das erste Mal zum Einsatz kam? Nebenan im libyschen Sand haben sich die Spuren der Kettenfahrzeuge bis heute erhalten. Noch im sanftesten Touristen steckt ein Eroberer, umgekehrt ködern die Militärs mit den Verheißungen der Ferne: »Join the Navy and See the World.« Armeen verkörpern die Drohung ihrer Völker, im Ernstfall wieder nomadisch zu werden und sich und die anderen zu entsetzen.

Die Geschichte der Berber und ihrer Kämpfe mit den arabischen Beduinen spiegelt die romantische wie die räuberische Seite des Nomadentums. Mit beidem hat es ein Ende; ihr bewegtes Universum erstarrt. Der Staat und der Wohlstand verleiten auch die letzten umherziehenden Familien dazu, sich in den Tälern niederzulassen, wo Wohnblocks und Schulen gebaut werden. Dort hüten sie dann ihre Häuser. Die Menschen müssen nicht mehr hinaus in die Welt, diese kommt ja zu ihnen: Satellitenschüsseln krönen die jungen Heime, als würde die islamische Gesellschaft neuerdings vom Vollmond regiert. »Es zieht im Haus von allen Seiten«, schreibt der Meister, »die Orkane der Medien sausen hindurch.« Den Siedlungen ist anzusehen, dass nicht gerade Experten für Sesshaftigkeit darin wohnen. Selbst größere Orte haben den Charakter von Camps, wirken vorläufig und wie hingewürfelt. Überall schließen die Türen schlecht.

Einst sah man die Dörfer kaum, da sie unter der Erde lagen, im weichen, kühlen Sandstein. Mehrfach stoßen wir auf verlassene Höhlenwohnungen, die in den Hang hinein oder senkrecht in den Boden gegraben wurden. Ein Stollen führt bis zu zehn Meter tief in einen schachtartigen Hof, von dem Schlafkammern und Ställe abgehen. Das Souterrain bot ein vorzügliches Raumklima mit durchschnittlich zwanzig Grad. Statt Schränken wurden Nischen in den Fels gehauen; manche dieser Wohnwaben erinnern an Eierkartons. Die gute Stube war der Hof, wo Mensch und Tier hausten wie auf dem Grunde eines großen Brunnens. Wie das Wanderleben ersteht auch diese Tradition in verzerrter Form wieder auf. Dörfler führen Touristen durch ihre ehemalige Behausung wie durch ein Museum ihrer selbst und geben den fröhlichen Troglodyten zum Besten. Andere Anlagen retten sich als Hotels oder Restaurants über die Zeit. Ähnlich ergeht es den Ghorfas, den alten Speicherburgen in den Bergoasen. Diese mehrstöckigen Labyrinthe aus Lagerräumen muten wie die Bauten riesiger Wespen oder Termiten an, mit schiefen Treppchen und verschachtelten Kammern. Hier kamen die umherwandernden Sippen zusammen. Die Steinhäuser waren für die Güter, die Menschen zogen Zelte vor. Bei uns heißen die Obdachlosen Berber.

»Seßhafte sitzen und Nomaden fahren«, heißt es in der »Freiheit des Migranten«. Gerade als das Karawanengefühl sich einstellt, die unentwegte, rhythmisch sich wiegende und zugleich vorwärtsgerichtete Bewegung, dieser Zustand meditativer Mobilität, da geht es auch schon aufs Ende zu. Am Abend des vierten Tages liegt das Tal von Matmata unter uns. Nicht mit quietschenden Bremsen, mit den klopfenden Hufen unserer Mulis langen wir vor dem Hotel an. Missbilligend fegt der Türsteher das Foyer hinter uns.

Während Mohammed und seine Truppe noch ein Stück weiterziehen, um am nächsten Tag in einem Rutsch nach Hause zurückzureiten, sinken wir wohlig in die Sessel. Genießen die Freuden der Zivilisation – Bier, Bad, Bett –, hängen aber dem Rhythmus der Wanderung noch nach, der Freude an einfachen Dingen und feinen Sensationen. Während dieser Rückverwandlung erscheint das Wohnen noch ungewöhnlich. Das Sitzen: so abgewinkelt und gestaucht. Das Essen: am Tisch statt am Feuer. Die Geräusche: ordinäre Musik statt tönender Stille. Die Dunkelheit: ohne das Schnauben der Tiere. Der Schlaf: bedrängt von Mauern, die kein Luftzug bläht. Eine unruhige Nacht lang wirkt nach, was es heißt, im Wind zu wohnen.

JEDER TAG EIN FEST

Hoch zu Ross durch
die Vogesen

Ein Bild wie aus dem Märchenbuch: sieben Rosse und Reiter, die durch lichten Eichenwald ziehen, umtanzt von einem Hütehund namens Merlin. Am Nachbarhang schimmern die Türme der Hohkönigsburg im Morgenlicht, dem Neuschwanstein der Vogesen. Auch wenn wir nicht ernsthaft auf mittelalterliche Aventiure aus sind, mutet unser Treck doch nostalgisch an. Vorneweg Rittführer Reinhold Jaenisch, der hier früher mal auf einem Biobauernhof gearbeitet hat. »Ein Auto konnte ich mir damals nicht leisten, und so habe ich die Landschaft zu Pferd erkundet.« Inzwischen hat er zusammen mit seiner Partnerin den Sprung in die Selbständigkeit gewagt. Als »Ich- und Du-AG mit Pferden« führen sie drüben im Schwarzwald einen Wanderreitbetrieb, Les chevaux du monde, die Pferde der Welt.

Die meisten ihrer Tiere stammen aus dem Elsass. Schmucke Exemplare sind darunter, aber vor gestrengen Züchteraugen fänden wohl die wenigsten Gnade. Können sie doch, wie ihr Besitzer verschmitzt anmerkt, keinen ordentlichen Stammbaum vorweisen. Stehen in keinem Zuchtbuch verzeichnet, rangieren nicht im Pferde-Gotha. Doch was ihre Geländetauglichkeit angeht, stechen diese erfahrenen Tiere jedes hochgezüchtete Luxusgeschöpf aus. Reinhold reitet auf Leitwallach Violon vorneweg, einem Fliegenschimmel von barocker Üppigkeit und Kraft, halb Percheron, halb Selle Français. Wir übrigen trotten in lockerem Verband hinterdrein. Eine Woche lang werden sie uns auf einem spektakulären »Trail über den Wolken« führen.

Zur Eingewöhnung geht es auf den Tännchel, einen langgestreckten, knapp tausend Meter hohen Rücken. Durch eine Modelleisenbahn-Landschaft mit Fachwerkdörfern, Obstbäumen und alten Mühlen, nur dass die Berge nicht von Pappe sind. Mal folgen wir den Kurven einer Forststraße, mal dem Zickzack eines Jägersteigs. Gegen Mittag erreichen wir die »drei großen Tische«. Dabei handelt es sich nicht um einen kommunalen Rastplatz, sondern um wild aufgetürmte Sandsteinblöcke, die einst als keltische Kultstätte gedient haben sollen. Geschichtet, geborsten, gespalten, ragen sie bis über die Baumwipfel. Die Vogesen sind durchsetzt mit solch verschwiegenen Plätzen, mit allerhand »Druidengrotten« und »Hexenzirkeln«, »Heidenmauern« und »Opfersteinen«. Wir binden die Tiere am nächstbesten Baum an, wie immer kurz, damit sie sich nicht verheddern, und mit einem Knoten, den auch die talentiertesten Entfesslungskünstler unter ihnen nicht zu öffnen vermögen, während wir ihn im Notfall kurzerhand lösen könnten. Dann erklimmen wir die Felsen, genießen das Picknick aus der Satteltasche und den Rundblick über die blauen Kuppen, über denen flache Wolken schweben wie schneidige Baretts.

Zur besseren Verdauung geht es anschließend erst im Schritt dahin, dann im leichten Trab, stets eskortiert von Pyrenäenhütehund Merlin, der ständig vor- und zurückfegt, um seine Herde pflichtversessen zusammenzuhalten, und dabei die dreifache Strecke zurücklegt. Mit jedem Anstieg und jedem Zwischenspurt spielen Rösser und Reiter sich besser aufeinander ein. Zu den chevaux du monde gehören etwa Gazelle, die stolze Andalusierin mit dem federnden Schritt, oder Kinderstar Felix, der zähe Wikinger, ein Fjordpferd mit dreifarbigen Ohren und dem Gangwerk einer Nähmaschine, oder László, der Schwarm aller Wildwestfreunde, ein Appaloosa mit schmucken braunen Tupfen auf den Hinterbacken, mit dem man unbesorgt auf Bisonjagd gehen könnte. Nicht zu vergessen Sina und Simon, die Bergchampions, zwei hübsche Haflinger, Mutter und Sohn.

Je nach Gusto kann man sich insgeheim als Indianerhäuptling, als Musketier, als Burgfräulein oder als Pippi Langstrumpf wähnen. Die meisten Teilnehmerinnen – wie so oft beim Reiten sind die Frauen in der Mehrzahl – haben sich für eine Tour im Elsass entschieden, weil sie reichlich Natur und Genuss verspricht. Hilke aus Hamburg will sich »den Kopf freireiten«, den aufreibenden Alltag als Erzieherin hinter sich lassen. Auch Walburga, Verwaltungsangestellte aus Düsseldorf, möchte »zur Ruhe kommen und die Dinge laufen lassen«, auf einem zwar anspruchsvollen, aber nicht übermäßig strapaziösen Ritt: »Wir sind ja im Urlaub und nicht auf der Flucht.« Ute, Lederschneiderin und angehende Reittherapeutin aus dem Schwarzwald, schätzt Wanderreiten als eine »andere Art des Unterwegsseins, komplexer und weniger geschwätzig. Beim Reiten konzentrierst du dich auf dich selbst, dein Pferd und die Natur. Du läufst nicht nur durch, du gehörst ihr an.« Kerstin schließlich, die EDV-Fachfrau aus dem Taunus, reizt neben der Geselligkeit auch die Logistik, hegt sie doch selbst Ambitionen als Rittführerin.

Ein Wanderritt durch die Vogesen gilt in der Szene als Klassiker. Ein Abenteuer nebenan, weit genug weg, um einen Anflug von Exotik zu besitzen, aber noch nahe genug, um berechenbar und erschwinglich zu bleiben. Dazu für Pferd und Reiter wie geschaffen: weitläufig, abwechslungsreich, üppig grün und mäßig steil. Reinhold schwärmt davon, wie er hier einmal mit Rothirschen um die Wette galoppiert ist. Tiefdunkle Nadelwälder bedecken die Kuppen, während an den Talausgängen Weinreben und

Pflaumenbäume gedeihen, in den Vorgärten sogar Bananenstauden und Agaven.

Zu den Widersprüchen einer solchen Tour gehört es, dass wir Straßen tunlichst meiden, die Quartiere aber doch per Auto erreichbar sein müssen. Denn am Sattel führen wir nur Wasser und Regenmäntel mit. Alles andere reist im Trossfahrzeug, das von einem liebenswerten Multitalent aus Paris gesteuert wird. Poupou schafft unser Gepäck von einem Quartier zum nächsten, Poupou kümmert sich um Putzzeug, Kraftfutter und den mobilen Weidezaun, für den Notfall kutschiert er auch noch einen Pferdehänger durch die Gegend. Und er baut, sofern wir mittags nicht einkehren, an vereinbarten Treffpunkten ein mit elsässischen Köstlichkeiten bestücktes Tischlein-deckdich auf. Die Damen sind begeistert: Endlich ein Mann, den man einkaufen schicken kann!

Nach einer letzten Galoppeinlage geht es über den Widerrist des Tännchel hinunter nach Altweier (Aubure), einem abgeschiedenen Nest im Wald, wo wir auf einem Reiterhof Logis nehmen. Zusammen mit Poupou erwartet der Chef uns an der Weide: Bernard Oudin, ein alter Revoluzzer mit Rauschebart, scharf-kantiger Nase und schrulligem Charme. Schon die Statur verrät den Pferdemenschen: lang aufgeschossen, o-beinig, leichte Rücklage. Kennerisch dekliniert er die Rassen unserer chevaux du monde durch. Von ihrer Last befreit, wälzen sie sich genüsslich auf der

Wiese. Wir dagegen lechzen als Erstes nach einem kühlen Bier, duschen dann und finden uns schließlich hungrig im Vorgarten ein.

Während Madame Oudin geheimnistuerisch in der Küche verschwindet, zeigt uns der Hausherr den Hof seines Ururgroßvaters. Und schwadroniert dabei abwechselnd über die Weltlage und das örtliche Wegerecht. Dann ruft er »Vedetto!«. Wie von Geisterhand öffnet sich die Stalltür, und heraus tritt ein tonnenschweres Ardenner Kaltblut, mehr Lokomotive als Pferd. Er entwickle gerade einen Doppelsattel, verrät Bernard, um Vedetto im Tandem zu reiten. Dann hat Madame ihren Auftritt: Elsässer Salat mit gebratenem Speck, anschließend Coq au Riesling, Hähnchen in Rieslingsauce, und zu guter Letzt ein Blaubeerkuchen vom Durchmesser eines Wagenrads. Zum Ausklang traktiert Bernard seine Klampfe: Hit the Road, Jack!

Am nächsten Morgen verabschiedet er uns noch radebrechend mit »Muss i denn …«. In John-Wayne-Manier stiefeln wir zur Weide, wo die Tiere sich anstandslos satteln und aufzäumen lassen. Gleichmut zählt zu ihren wichtigsten Eigenschaften. Was manchem Schulpferd eine Herzattacke bescheren würde – auffliegende Enten, ein chromblitzendes Moped am Wegesrand –, darüber sehen sie kühl hinweg. Dafür kennen sie weder Reitbahn noch Dressurviereck, und sie würden wohl missbilligend die Köpfe schütteln, wollten wir ihnen den Unterschied zwischen Innen- und Außengalopp erklären.

Während wir Violon hinterhertrotten, überlassen wir uns unseren Gedanken und dem geruhsamen, wiegenden Schritt. Nur um uns dann auf den manchmal kilometerlangen Galoppaden wieder an der geliehenen Kraft und Schnelligkeit zu berauschen. Selbst für eine erfahrene Reiterin wie Walburga ist die Feinabstimmung zwischen Mensch und Tier ein ums andere Mal ein Erlebnis: »Die Ruhe und Contenance des Pferdes zu spüren, macht mich sicherer, was sich dann wieder positiv aufs Pferd überträgt.« Umgekehrt machen sie sich freilich auch Schlendrian und Unachtsamkeit rasch zu eigen. Eine Kostprobe davon bekommen wir am Nachmittag. Fast überall an den Hängen laufen Entwässerungsrinnen diagonal über die Wege. Dutzende Male am Tag steigen die Pferde sicher darüber hinweg. Einmal aber, als einer der Reiter sich gedankenverloren eine Zigarette dreht, stapft sein Tier scheppernd in eine solche Furche hinein. Wir sitzen ab und besehen uns das Malheur: Ein Hufeisen hat sich gelöst. Reinhold zückt sein Spezialwerkzeug und klopft es wieder fest. Merke: Was der Reifenwechsel für den Rallyefahrer, ist der Notbeschlag für den Wanderreiter.

Nicht zuletzt dank seiner Ausbildung an der Deutschen Wanderreiter-Akademie ist Reinhold für derartige Eventualitäten gerüstet. Er schloss sie als

Meisterschüler von Herbert Fischer ab, von dem er diese Tour durch die Hochvogesen auch übernommen hat. Ende dreißig, hat er wohl mehr Lebenszeit im Sattel verbracht als mancher Fernfahrer hinterm Steuer.

Meist bewegen wir uns in Höhen von über tausend Metern. Bäche durchreiten wir an einer Furt oder überqueren sie auf soliden Holzstegen, wobei die Pferde eine fast komische Vorsicht walten lassen, als trügen sie nicht Hufeisen, sondern Stöckelschuhe. Nur wenn sie sich nicht umgehen lassen, führt der Weg auch durch Dörfer, deren Gassen dann von einem längst ausgestorben geglaubten Geräusch widerhallen: dem Klack-Klack der Hufe auf dem Kopfsteinpflaster. Von oben herab begutachten wir die Bauerngärten: Die Kirschen stehen gut, die Erdbeeren schlecht. Den Knopf der Fußgängerampel an der Landstraße betätigt Reinhold mit der Stiefelspitze, und dann geht es stracks über den Asphalt hinweg wieder hinein in den kühlen, lichtdurchwirkten Wald.

Hie und da staunen wir über kuriose Flurnamen wie Kerbholzkopf, Missheimle, Heidenmauer, Judenhutplan oder Silbertal. Reitreisen sind immer auch Zeitreisen. Beim Ritt durch die Hohlwege fällt es leicht, sich in die Tage der alten Waldgewerbe zurückzuversetzen, der Harzer, Köhler, Pechsieder und Holzknechte. Mächtige Tannen- und Eichenstämme, von Kraftpaketen wie Vedetto aus dem Wald gerückt, schwammen noch bis Mitte des zwanzigsten Jahrhunderts in riesigen Flößen rheinabwärts bis nach Holland. Auch wir Wanderreiter bringen den Vogesen ein Stück ihrer Identität zurück. Wie wir so in langer Reihe über die Hänge ziehen, wie wir auf den windumspielten Hochflächen rasten oder an einer alten Mühle vorbeireiten, das erinnert an Genrebilder aus dem achtzehnten Jahrhundert. Erinnert gar an den bekanntesten Reiter des Elsass, einen Straßburger Jurastudenten namens Johann Wolfgang Goethe, der in ungezählten wilden Ritten (»folles chevauchées«) zur geliebten Friederike preschte. »Es schlug mein Herz. Geschwind, zu Pferde! / Und fort, wild wie ein Held zur Schlacht.« Sein Pferd hieß übrigens Poesie.

Weit weniger anheimelnd geraten die gelegentlichen Sichtungen von Unterständen aus dem Ersten Weltkrieg und Relikten der Maginot-Linie. Beide Kriege haben schwer im Elsass gewütet und ein bedrückendes Erbe hinterlassen, das in hartem Kontrast zum lieblichen, lebensfrohen Charakter der Landschaft steht. Zeitweise führt unsere Route entlang der einstigen Grenze zwischen Frankreich und dem deutschen Kaiserreich, etwa am Col de la Schlucht. Die Kammlinie ist zugleich Wetter-, Wasser- und Sprachenscheide. Wir übernachten in typischen *fermes auberges,* von der einfachen Almwirtschaft bis zum vielbesuchten Berggasthof. Nicht erst in der Erinnerung, sondern noch während des Rittes erscheinen sie eigentümlich unscharf, verschwimmen in wohliger Zeitvergessenheit. Wo haben wir vorgestern geschlafen? Was gab es gestern Mittag zu essen? Das kommt davon, wenn man sich um nichts zu kümmern braucht. Allen Quartieren gemeinsam sind jedenfalls eine hinreißende Aussicht und die schmackhafte elsässische Küche. Da wir in weitem Bogen das Münstertal umreiten, fehlt dessen berühmt-berüchtigter Käse an keiner Tafel. Sogar als köstliche Nachspeise gibt es ihn, frisch angesetzt mit Sahne und Kirschwasser.

Am dritten Tag wandelt sich das Terrain. Wir ziehen über offene Hochflächen, bewachsen mit Latschenkiefern und Blaubeeren, garniert mit Arnika, gelbem Enzian und violetten Vogesenstiefmütterchen. Lärchengetriller und Käfergesumm erfüllen die Lüfte. Zur Rechten erstreckt sich ein Hochmoor, zur Linken fällt eine Felswand zweihundert Meter tief ab. An ihrem Fuß funkeln schwarzgrüne Teiche wie kleine Kraterseen. Eine hochalpine Szenerie mitten in den vermeintlich harmlosen Vogesen. Wobei die Alpen gegenüber diesem Urgebirge aus dem Erdaltertum als Parvenüs gelten müssen. Während Hilke sich mit Grausen abwendet – ihr bisher höchster Gipfel war der Brocken –, trotten die Pferde ungerührt am Rand der Klippe entlang. Dann geht es wieder abwärts, hinein in den Dämmerdunst eines Zauberwaldes aus alten, bemoosten Hainbuchen. Man wäre nicht allzu sehr erstaunt, lugte ein Einhorn zwischen ihren Stämmen hervor.

Anderntags inspizieren wir diese Bergseen aus der Nähe. Sie entpuppen sich als künstlich aufgestaute Reservoirs, die schon seit zwei Jahrhunderten die Landschaft bereichern. Die Pferde geraten fast aus dem Häuschen, als wir sie nach Herzenslust saufen und planschen lassen. Auch für uns ist heute eher ein Erholungstag, außer für Kerstin, die probeweise die Rittführung übernimmt. In fremdem Gelände nach Karte zu reiten will gelernt sein. Nachdem wir eine Stunde lang über einen steilen, wenig begangenen Hang gezogen sind, sitzen wir vor einer alten Holzbrücke ab. Kerstin inspiziert die glitschigen Balken, erkundet alternative Wege durchs Bachbett, erwägt auch eine Umkehr, entscheidet sich dann aber doch für die Brücke. »Du musst einen Blick dafür entwickeln, wo Pferde langkönnen und wo nicht.« Sicher bringt sie uns schließlich zu unserer Herberge zurück.

Während wir uns auf der Terrasse Froschschenkel schmecken lassen, zieht ein Gewitter auf. Neben uns die Pferde, die unbeeindruckt weitergrasen, unter uns das Münstertal, gegenüber die dunkle Front, in der die Blitze zucken – ein elementares Naturschauspiel. »So soll Urlaub sein«, seufzt Hilke, »jeder Tag ein Fest.« Abends wird jeder Galopp noch einmal durchlebt, sei es, indem man seinem Echo im eigenen Körper nachlauscht, sei es, indem man ihn gemeinsam Revue passieren lässt. Dabei wird das Verhalten der Tiere dann derart eingehend erörtert, dass jede psychoanalytische Sitzung sich dagegen flapsig ausnähme.

Am nächsten Morgen geht es aufs Hohneck, mit knapp vierzehnhundert Metern nicht nur topografisch der Höhepunkt der Tour. Freilich liegt vorher noch ein tiefes Tal vor uns, sodass wir erst auf fünfhundert Meter absteigen und uns dann wieder emporarbeiten müssen. Ich begann zu ahnen, wie einem Olivenbaum zumute sein muss, der von einer Rüttelmaschine traktiert wird. Ja, man leidet Tag für Tag auf solchen Touren, bekommt Schwielen, Schrammen, Gliederschmerzen. Doch Tag für Tag stellt sich zugleich jenes kostbare Hochgefühl ein, das alle Beschwernisse aufwiegt: die zeitweise Einheit mit dem Tier in der Bewegung. Ein kraftvoller Tanz in freier Natur, bei dem beide Partner führen, und beide sich führen lassen. Ob für Sekunden oder Minuten, das spielt keine Rolle, diese immerwährenden Momente sind der Zeit entrückt. Die Blessuren vergisst man bald, die Glücksgefühle nie.

In einem Dickicht stöbern wir ungewollt zwei Hirschkühe auf, die eher pikiert als erschreckt davonspringen. Das Wild scheint zu wissen, dass es zu Pferd nicht gejagt wird. Auf Vieh üben wir gar einen romantischen Magnetismus aus: Ob schwarz-weiß gefleckte Vogesenkühe, gelangweilte Ponys oder ein Zeter und Mordio schreiender Esel, alle kommen sie aufgeregt an ihren Zaun gesprungen. Auch Wanderer seufzen tief, als möchten sie mit uns ziehen. Während niemand von uns auf die Idee käme, mit ihnen tauschen zu wollen. »Schon dieser lose Haufen«, tadelt Hilke. »Stellt euch vor, wir würden so zu siebt im Pulk dahinwandern. Wie unansehnlich. Pferde dagegen gehen immer hübsch in einer Linie, die haben eine klare Struktur.«

Auch wenn Bernard Oudin sich über das ungünstige Wegerecht echauffiert hat – Wanderreiter führen in Frankreich ein besseres Leben. Der öffentliche Raum ist großzügiger bemessen und weniger reglementiert, es waltet das Prinzip des Laissez-faire, eine Kultur der Toleranz oder zumindest der Nichteinmischung. An einer Weggabelung gibt Reinhold uns freilich ein Beispiel, dass sich dennoch nicht alle Wanderwege auch zum Reiten eignen. Obwohl wir bergauf wollen, wählen wir den zunächst abwärts führenden Pfad. Letztes Jahr entschied ein leichtfertiger Reiter sich anders. Der Steig wurde immer felsiger und schmäler, bis der Mann sich am Ende vor einer Leiter wiederfand und das Pferd weder vor noch zurück konnte. Die telefonisch alarmierte Bergwacht musste es mit einem Hubschrauber aus der Sackgasse hieven.

Schließlich lassen wir die Baumgrenze hinter uns

und preschen wie die glorreichen Sieben dem Himmel entgegen. Der Wind striegelt die Wollgraswiesen, tief unten springen Gämsen durch die Wände. Im Winter gehen hier Lawinen ab, und die wuchtige Gipfelhütte ist dann mit Schnee und Eiszapfen behangen wie ein Pfefferkuchenhaus. Der Wirt erwartet uns schon, mit einer Tüte voll Brot für die Pferde. Er freut sich jedes Mal, wenn Reiter kommen. Da auch eine Panoramastraße hier heraufführt, erhält er sonst reichlich Besuch von Auto- und Motorradfahrern. Aber er käme wohl kaum auf die Idee, sie mit einem Benzinkanister zu empfangen. Einmal mehr wird uns bewusst, welche Attraktion Pferde heutzutage darstellen, und wie sehr sie den Menschen das Herz öffnen. Wie Poupou bemerkt: »Mit einem Fahrrad oder Traktor kommst du natürlich auch vorwärts. Doch reden kannst du nicht mit ihnen.«

Unterhalb des Gipfels hat unser unermüdlicher Helfer eine Weide abgesteckt. Der triumphale Rundblick, die gestaffelten Rücken der Vogesen, des Schwarzwalds und des Jura, die scheinbar weit, weit unter uns liegen, all das interessiert die Pferde nicht. Eine schöne Landschaft ist ihnen eine mit viel Gras, eine hässliche eine mit vielen Fliegen. Wir aber ergötzen uns nachts noch am Mond, der über dem Rheintal aufgeht, drall und orangerot wie ein Münsterkäse.

Am letzten Tag trotten wir eine halbe Stunde lang auf einer Teerstraße dahin, weil es hier nun einmal nicht anders geht. Auch wenn uns kaum ein Auto begegnet, für Ohren und Hintern wird der Belag zur Tortur. Endlich schwenken wir wieder in den Wald ein, auf hufschonenden, federnden, schallschluckenden Boden. Unser Ziel, der Grand Ventron, wartet noch einmal mit einem grandiosen Panorama auf. Die Pferde dürfen auf eine weitläufige Koppel mit alten Hutebäumen und kniehohem Gras. Sie bietet einen sehr viel malerischeren Anblick als der schnöde Parkplatz vor unserem Gasthof. Einmal mehr empfinden wir Stolz. Weniger auf uns selbst, eher schon auf die Tiere, vor allem aber auf die gemeinsam bewältigte Reise. Als Reinhold uns am nächsten Morgen im Kleinbus hinunter nach Colmar fährt, fühlen wir uns seltsam amputiert. Wie sollen wir denn jetzt leben, so ganz ohne vierbeinige Gefährten? Wie vorankommen? Wen streicheln? Mit wem Freud und Leid teilen? Die Pferde haben unsere Seelen wieder auf Trab gebracht.

IN FREIER WILDBAHN

Der Fang
der Dülmener Pferde

Es herrscht die Ruhe vor dem Sturm. Für die vierhundert Wildpferde im Merfelder Bruch, einem sumpfigen Waldgebiet unweit von Dülmen in Westfalen, bricht dieser Samstag Ende Mai an wie jeder andere Morgen auch. Sie stehen in Trauben beisammen, einige dösen vor sich hin, andere beknabbern einander den Nacken. Zartgliedrig wie Spielzeugpferdchen ruhen die Fohlen zu Füßen der Mütter oder werden von ihren Tanten abgeleckt, deren Nachsorge in den ersten Wochen ihnen den Tierarzt ersetzt. Ihre älteren Geschwister, die Jährlinge, erkunden unterdessen munter die Herde. Sie wissen es nicht, doch für die jungen Hengste unter ihnen beginnt heute der Ernst des Lebens.

Eine Karawane von Bussen bahnt sich ihren Weg zu dem gut dreihundert Hektar großen Gehege, gefolgt von meist vollbesetzten Autos aus der ganzen Republik. Der Fang der Wildpferde steht an, Naturschauspiel und Volksbelustigung in einem. Die gut zwanzigtausend Plätze des sich in eine Senke schmiegenden, von einem Wassergraben umgebenen Amphitheaters sind selbstverständlich ausverkauft. Die Freiwilligen Feuerwehren der Umgebung haben den Ordnungsdienst übernommen. Wälder und Wiesen strotzen vor Grün, dicke Wolkenbäusche prangen am blank gewienerten Himmel.

In Scharen pilgert das Publikum an die Wildbahn, wie das Gehege seit alters heißt. Die Blicke schweifen über die wogende Herde. Mattes Silbergrau herrscht vor, dazwischen Amarettobraun und Bernsteingelb. Mit einem Stockmaß von etwa einem Meter dreißig bilden die Dülmener Deutschlands einzige bodenständige Kleinpferderasse. Obgleich sie kein einheitliches Bild mehr abgeben, dazu wurde zu viel eingekreuzt, wenn auch stets urtümliche Rassen. Mal schlägt das Whiskybraun der Exmoor-Pferde durch, mal das Steppenblond der Przewalskis. Doch von ihrer Geschichte wie von ihrer Lebensweise her sind sie so wild wie nur wenige Pferde in Europa. Ein Naturdenkmal auf über tausend Beinen.

Irgendein Urahn dürfte als Vorbild für das weiße Westfalenross gedient haben, das Wappentier der Autochthonen. Bis Anfang des neunzehnten Jahrhunderts zogen noch mehrere solcher Herden durch Westfalens Wälder. Doch nur diese hier hat überdauert, dank der Hege der Herzöge von Croÿ, in deren Besitz sie seit 1847 sind. Davor gehörte sie niemandem im Besonderen, sondern wurde wie auch ihr Lebensraum, das sumpfige, schwer kultivierbare Bruchland, als »gemeine Mark« von den umliegenden Siedlungen anteilig genutzt. Die Pferde waren buchstäblich Freiwild. Wobei gerade diese Herrenlosigkeit ihr Überleben möglich machte. Auch andere archaische Rassen wie die Exmoor-Pferde, die Koniks oder die Sorraia verdanken ihren Fortbestand dem Verbleiben, ja Verschwinden in undefinierten Räumen, wo sie dann schlicht vergessen wurden. Im Mittelalter schätzte man die Dülmener als Jagdwild, später als billige Kavallerie- und Arbeitspferde. Wegen ihres niedrigen Widerristes und des kleinen Wendekreises kamen sie besonders in den Bergwerken des nahen Ruhrgebiets zum Einsatz. Eingepfercht in Ställen unter Tage, fristeten sie ein qualvolles Leben als Grubenpferde, oft mit Blindheit geschlagen. Heute aber dienen sie fast nur mehr als Freizeitpferde.

Unterdessen hat in der Arena das Vorprogramm begonnen. Blank gewienert und mit Flieder geschmückt, preschen Zweispänner über den Parcours. »Schwere Klasse«, wuchtige Kaltblüter also; Gespanne sind die Brummis der Pferdewelt. Fürs Erste setzen sich die holländischen Rappen Blitz und Donner an die Spitze. Bebende Flanken, pralle Muskeln, auf der Zielgeraden wie entfesselt im gestreckten Galopp. Doch dann braust der Lokalmatador herein. Die Mähnen seiner Rösser wogen im Wind, der Boden erzittert unter dem Tremolo ihrer Hufe. Unmöglich, dieser Wendekreis, völlig unmöglich. »Applaus für Moppel Temmenhoff!!!«, überschlägt sich der Stadionsprecher. Bestzeit! Die Mützen fliegen hoch.

Während ein Spielmannszug in Holzpantinen zum Kehraus bläst, nimmt die herzogliche Familie auf der Ehrentribüne Platz. In ihrem Gefolge forstgrün gekleideter Landadel, die Damen im Familienschmuck und mit obligatorischen Haarspangen, dazu die Honoratioren der Stadt und des Kreises sowie der neue Abt. Seit Dülmen im Zweiten Weltkrieg schwer zerstört wurde, hat die Herde für die Identität der Region noch an Bedeutung gewonnen. Sie sind die Mustangs der Norddeutschen Tiefebene.

Eine weihevolle Stille macht sich breit. Vierzigtausend Ohren lauschen einer Naturgewalt entgegen. Neugierig kreist ein Bussard über dem Gelände, vielleicht scheucht das Spektakel ja auch Kaninchen oder Fasane auf. Jeden Moment werden die Häscher das Kesseltreiben eröffnen. Da – ein dicht gewebtes Grummeln naht, schwillt an, nimmt Fahrt auf, und im nächsten Moment donnern die Wildpferde auch schon herein. Wie eine schäumende Flüssigkeit fast schwappt die Herde im Kelch des Stadions hin und her. Die Treiber rennen hinterdrein, zwei Dutzend fescher Mannsbilder in blau gestreiften Leinenhemden, mit Jeans und rotem Halstuch. Dann schließt einer das Tor. Umgehend machen sie sich daran, mal zehn, mal zwanzig Tiere von der Herde abzusondern. Als lebender Zaun drängen sie sie in einer Fangecke zusammen und suchen sich die Jährlinge aus.

Noch tragen diese keine Namen, noch hat kein Mensch sie je berührt. Jetzt aber fallen ihnen zwei, drei Kerle um den Hals, krallen sich in ihre Mähne und packen sie am Schwanz. Während der Rest der Gruppe unbehelligt in den angrenzenden Korral abgeschoben wird, stürmen die Jährlinge mitsamt ihren zweibeinigen Anhängseln zurück in die Arena. Die Fänger wollen sie, ganz wie im Judo, zu Boden schleudern, um ihnen den Führstrick um Hals und Maul legen zu können. Doch die Pferde wehren sich aus Leibeskräften. Steigen hoch, schlagen aus, bocken, beißen, strampeln und rennen um ihr Leben. Und so wirft oft genug das Pferd die Matadore.

Behalten diese jedoch die Oberhand, so dirigieren sie die Wildfänge – heia! heia! – zur Feldschmiede am Tor, wo ihnen früher das herzogliche Wappen eingebrannt wurde, inzwischen bekommen sie stattdessen einen Mikrochip eingepflanzt. Sie am Seil vorwärts zu zerren, bringt wenig, sodass erfahrene Treiber sie meist seit- oder rückwärts drängen – ein Tango am Führstrick. Unterdessen sondern die übrigen Catcher bereits die nächste Gruppe ab. All das geschieht in hohem Tempo und an mehreren Stellen gleichzeitig, während die Hauptherde in der Mitte unruhig um sich selber kreist. Die Stuten wirken dabei eher genervt als verängstigt – »nicht schon wieder!«. Sie wissen, dass die Hatz nicht ihnen gilt.

Das Publikum kommt mit dem Schauen gar nicht hinterher. Niemand hat mehr Augen für die Eisverkäufer, die kleinlaut durch die Reihen wandeln. Wenn ein Treiber am Rande der Arena seine Prellungen verarzten lassen muss, mag mancher Zuschauer Schadenfreude verspüren. Und wenn ein Jährling den Häschern entwischt und einen Ausfall schafft, erhält er Ovationen. »Dieses Temperament! Dieser Freiheitsdrang!« Es kommt zu herzzerreißenden Szenen, wenn etwa im Tumult Fohlen von ihren Müttern getrennt werden, die dann empört wiehernd am Pferch entlangschnüren, wo ihnen das Füllen mit flehend fisteliger Stimme antwortet. Auch bei den Menschen gerät im Eifer des Gefechts manches durcheinander: »Die kleine Tabea sucht ihre Mutter!«

Viele der Fänger nehmen schon in zweiter oder dritter Generation an dem Spektakel teil, dessen Ablauf sich in über hundert Jahren nicht verändert hat. Was sie dafür qualifiziert, ist vor allem ihr Mut. Mit Schweiß auf der Stirn, Schlamm an der Hose und mancher Prellung im Leib werfen sie sich unermüdlich ins Getümmel. Nach und nach schrumpft die Herde in der Arena, während die im Pferch beständig wächst. Die ausgesonderten Jährlinge erwarten hinter der Feldschmiede ihr Schicksal. Zwischendurch grasen sie hektisch, eher aus Nervosität denn aus Hunger. Nach einer guten Stunde marschiert Försterin Friederike Rövekamp schließlich vor die Ehrentribüne. Ihr Zopf baumelt unter dem Jägerhut. Zufrieden meldet sie dem Herzog Vollzug: »Das Fangen ist beendet!«

Wenn Rövekamp an normalen Tagen mit Besuchern durch den Merfelder Bruch stiefelt, zeigen diese sich oft enttäuscht, dass die angeblichen Wildpferde ihre Tage nicht mit ständigen Kampfspielen zubringen, sondern vielmehr andauernd Siesta halten. Andererseits quengeln sie, weil sie sie nicht streicheln dürfen. »Die Vorstellung vom Pferd als Wild existiert überhaupt nicht mehr«, stellt sie fest. Verdutzt machen die Zaungäste sich klar, dass diese Ponys ohne Stall und ohne Stroh auskommen, weder Tierarzt noch Hufschmied kennen und noch nie einen Reiter getragen haben. Dass sie ohne menschliche Hilfe gebären und auch alleine sterben, von den Füchsen schon belauert. Was der Försterin manchen Tadel einträgt: »Wie können Sie die armen Tiere so verkommen lassen?« Durch ihre schiere Existenz halten diese Wildlinge die Erinnerung daran wach, wie die Natur die Pferde geschaffen hat und wozu sie unter unserer Fuchtel geworden sind.

Knapp vierzig Junghengste kommen diesmal zur Versteigerung. Die Treiber bilden ein Spalier, durch das die übrige Herde zum Tor hinausprescht, der

Freiheit wieder entgegen. Anschließend beginnt die Auktion, wofür die Kandidaten einer nach dem anderen vorgeführt werden. »Wildling Numero vierzehn: guter Rahmen, falbe Färbung.« Mehrere Interessenten bieten mit. »Uuund fünfhundert zuuum – Dritten!« PENG! Zu diesem Spitzenpreis geht der schmucke Bursche an einen Kremserfahrer aus dem Westerwald. Andere wechseln schon für die Hälfte den Besitzer, die Nachfrage ist nicht sonderlich hoch. Steckt dahinter womöglich die Sorge, das Wildpferd könnte seinem Namen Ehre erweisen? Nichts wäre verfehlter als das, wie der Besitzer eines nahen Reiterhofes versichert. Die Dülmener seien höchst ausgeglichene und anstellige Geschöpfe, »ohne Falsch und Trug«. Zudem mit einer Lebenserwartung von über dreißig Jahren gesegnet. Einer wird als Gesellschafter für eine verwitwete Stute angeheuert, ein anderer geht an eine biologische Gärtnerei, und der Studienrat aus Wuppertal ersteht ein Einstiegspferd für seine Tochter.

Die Reihen des Stadions lichten sich, die Menge zieht ab. Weit hinten im Gelände steht die Herde im Schatten einiger Eichen beisammen. Die Stuten wirken erleichtert, die Fohlen noch etwas verstört. Genießt eure Freiheit! Genießt jedes Büschel Gras und jede Zärtlichkeit der Mutter. Denn nächstes Jahr kommt die Reihe an euch.

BELCANTO IM BUSCH

Auf Reitsafari in Südafrika

Sie hat eine Farm in Afrika, auf der Kuppe des Paka-
misa-Berges. Zweieinhalbtausend Hektar Buschland,
eingefasst von einem hohen Zaun. Eine Urlandschaft
en miniature, durch die Zebras und Antilopen streifen, auch Strauße und Giraffen, aber weder Löwen
noch Elefanten. Eine entschärfte Wildnis, dafür
bereichert um zwanzig Pferde. Die für Isabella von
Stepski sowohl lebenslange Passion wie unerlässli-
ches Arbeitsmittel sind. Sie hat sich auf Reitsafaris
spezialisiert. Auf die sanfte Erkundung der Wildnis.

Während die Stallungen windgeschützt in einer
Senke liegen, erhebt sich die Pakamisa Lodge etwas
unterhalb des gleichnamigen Kogels, der mit knapp
achthundert Metern irgendwo zwischen Berg und
Hügel einzustufen wäre. Im Stil einer südamerika-
nischen Hacienda flankieren acht Villen das wuchtige Hauptgebäude. Wie züngelnde Flammen lodern
die Blütenstände der Aloen im Garten. Von dort
schweift der Blick weit über das gelbgrüne Hügelland, die nördlichen Ausläufer der Drakensberge.
Beim Frühstück auf der windumspielten Terrasse

erzählt die gebürtige Österreicherin die Geschichte ihres Traums. Passend zur Umgebung trägt sie einen forstgrünen Pullover und einen khakibraunen Schlapphut. Eine Pferdefrau von internationalem Renommee, Mitte fünfzig, zielbewusst und autonom. Der klassische Typus der Pionierin, freilich gepaart mit dem Konservatismus der alteuropäischen Aristokratie. Freifrau von Stepski – der Name ist Programm.

Nach langen Jahren auf spanischen Gestüten kam sie 1996 nach Südafrika. »Damals lief der Demokratisierungsprozess gerade erst an, es herrschte überall Aufbruchsstimmung: Let's do something! Von allen Provinzen schien mir KwaZulu-Natal das größte Potenzial für Reitsafaris zu bieten.« Bewusst ging die gelernte Hotelkauffrau in eine weniger entwickelte Region, in der sich auch künftig kein Massentourismus entwickeln würde.

Nach dem Frühstück fahren wir gestiefelt, aber nicht gespornt hinunter zu den Stallungen. Umstanden von Akazien, leuchten sie in schmuckem Weiß in der Sonne. Neben dem zahmen Gnu, das frei zwischen Hotel und Koppeln hin- und herwechselt, betrachten auch zehn Strauße das Gelände als ihr Revier. Sie stolzieren vor den Gattern auf und ab und rauschen mit wehenden Rockschößen durch die Torbögen. Das einzige Reitturnier, das sie bisher veranstalten wollte, berichtet die Hausherrin, habe sie der Strauße wegen abbrechen müssen. Die hätten die fremden Pferde ganz narrisch gemacht.

Pakamisa gilt als eines der führenden Araber-Gestüte Südafrikas. Zum Wanderreiten setzt Stepski aber meist Kreuzungen mit heimischen Burenpferden ein, die sind genügsamer und etwas einfacher zu reiten. Die Schotterpisten und Trampelpfade der früheren Rinderfarm sind unter ihrer Regie zu einem Netz von Reitwegen geworden, und mit Auswilderungen, aber auch spontanen Ansiedlungen neuer Buschbewohner verwandelt sie das Gebiet in eine private, wenn auch weitgehend auf Vegetarier beschränkte Arche Noah. Kaum haben wir die Stallungen hinter uns gelassen, wetzen drei Warzenschweine quer über den Weg, die dünnen Schwänze wie Sendeantennen erhoben. Ein Rudel Impala-Antilopen tut sich auf einer Pferdeweide gütlich. Sie schlüpfen einfach unter den Holzzäunen durch oder springen darüber hinweg.

Hoch zu Ross befindet man sich von vorneherein in gehobener Position. Man hat auch weniger Schiss. Jedes Pferd ein mobiler Hochsitz, und jeder Reiter ein kleiner König, ein Souverän im Busch. Isabella von Stepski schwört auf diese alternative Art der Safari: »Es ist ein fantastisches Erlebnis, Tiere so zu beobachten. Pferde machen keinen Lärm, und du sitzt nicht mit sechs anderen Leuten eingezwängt in einem Fahrzeug. Sondern du bist mit einem Lebewesen unterwegs, das beinah dein Freund wird.« Der Geruch der Pferde überdeckt den der Menschen, daher reagieren die Wildtiere kaum alarmiert. Die Pferde erscheinen ihnen einfach als weitere Mitbewohner der Natur, als aus der Art geschlagene Zebras vielleicht.

Es ist buchstäblich ein erhebendes Gefühl, an einem kühlen Morgen auf einem warmen Leib zu sitzen. Sich bewusst zu bewegen – das Sitzen ist beim Reiten ja die eigentliche Arbeit – und sich gleichzeitig bewusst bewegen zu lassen von einem großen Tier, das jede Regung spürt und jede Stimmung zu deuten weiß. Im Gänsemarsch trotten die Pferde dahin. Sie scheinen unempfänglich für die schimmernde Morgensonne, für das Rudel Buschböcke dort drüben, für das mit Tau behangene Spinnennetz, das funkelt wie ein Diadem. Stattdessen tragen sie fortwährend ihre Rangordnung aus, die sich in kleinen Drohgesten und gelegentlichen Überholmanövern äußert. Doch hier, ausgesetzt in der unübersichtlichen Baumsavanne, wird dieses pedantische Verhalten verständlich: Den letzten beißen die Löwen. Dass es auf Pakamisa keine mehr gibt, das können sie nicht wissen.

Auch wir halten unwillkürlich nach Leoparden Ausschau, obwohl die nur der Vollständigkeit halber im Inventar auftauchen, da sie selten durchs Gebiet streunen, Menschen meiden und überwiegend nachtaktiv sind. Doch nach Raubkatzen hält man einfach immer Ausschau. Nach einer guten Stunde erwartet uns, im Halbschatten an einem Bachlauf postiert, eine Überraschung: eine reich gedeckte Picknicktafel mit frischem Brot und allerhand Delikatessen. Wir binden die Tiere etwas abseits an und greifen freudig zu. Eine überwältigende Ruhe liegt über der Szene. Bis eine Pavianherde zu rumoren beginnt.

Seit Pferde vor dreihundertfünfzig Jahren mit den Weißen ins Land kamen, haben sie Südafrikas Geschichte so maßgeblich mitbestimmt wie sonst nur Feuerwaffen. Anders als bei den Menschen wurde ein ausgesprochener Rassenopportunismus gepflegt. Man konnte jedes Pferd gebrauchen und kreuzte sie munter durcheinander. Über Jahrhunderte bildete sich so das Boerperd heraus, das bewährte Zug- und Reittier der holländischen Siedler. Ein altgedienter Züchter pries sie einmal als »Rohdiamanten«. »Obwohl sie viel Friesenblut haben«, erklärt Stepski, »sind Burenpferde eher klein, dabei ruhig und robust. Man brauchte sie unter der Woche zur Feldarbeit und am Sonntag zum Ritt in die Kirche.« Dieses stoische Erbe macht sie heute zu idealen Freizeit- und Familienpferden. »Die beschränkte Größe ist bei unseren Safaris ebenfalls von Vorteil. Wir steigen ja öfter auf und ab. Auch müssten wir uns sonst noch tiefer unter den Ästen durchbücken.«

Von allen Rassen ist das Boerperd am besten an die harten Bedingungen im südlichen Afrika angepasst. Was auch daran liegt, dass der Grundstock einst aus Niederländisch-Indien kam, da die dortigen Pferde sich bereits als tropentauglich erwiesen hatten. Der große Treck der Buren, der Exodus aus der Kapprovinz tief hinein ins südliche Afrika, wäre ohne sie nicht zu bewältigen gewesen. Bis heute schreibt man ihnen ähnliche Eigenschaften zu wie ihren Herren: stur, stramm und unverwüstlich. Während des Burenkriegs basierte die Guerillataktik der Kapholländer mit ihren unvermuteten Angriffen und Kommando-Operationen gegen neuralgische Punkte wesentlich auf der Mobilität und Zähigkeit ihrer Pferde. »Ein Mann ohne Pferd ist nicht mal ein halber Mann«, pflegte Christiaan de Wet zu sagen, Mastermind des burischen Widerstands. Woraufhin die Briten massenhaft Pferde abschossen, um ihren Feinden diesen Vorteil zu nehmen. Auf jeder Burenfarm, die ihnen in die Hände fiel, knallten sie die Pferde ab. Gleichzeitig schafften sie alles, was sie selbst an Pferden auftreiben konnten, nach Südafrika, darunter scharenweise Kutsch- und Ackergäule, auch Tausende nordamerikanische und australische Pferde. Denen das karge Futter und tropische Krankheiten jedoch bald zusetzten. Erst als sie dreißigtausend Basuto-Ponys holten, kleine, stramme Bergpferde aus Lesotho, ihrerseits Nachfahren der frühen Burenpferde, begann das Blatt sich zu wenden. Doch fünfhunderttausend Pferde ließen im Krieg ihr Leben.

Eine Nyala-Antilope springt über den Weg und schlüpft ins Unterholz. Wir reiten meist im Schritt, fallen ab und zu in den Trab oder Galopp. Unser nächstes Ziel ist das Südtor, wo einer der Wildhüter am Morgen die kleine Giraffenherde gesichtet hat. Ja, sie sind noch da! Ein Bulle, vier Weibchen, ein paar Halbwüchsige und ein mannshohes Baby. Als wandelnde Hochformate degradieren sie unsere Pferde zu Kleinvieh. Andächtig bleiben wir stehen und schauen diesen lebenden Fabelwesen beim Äsen zu, wie sie mit ihren langen Zungen die Blätter von den Akazienzweigen streifen, als wäre jedes einzelne davon eine Delikatesse. Auf dem Rückweg begegnen wir dann noch einer Gruppe Kudu-Antilopen, schlank und hochbeinig wie Mannequins.

Über Jahrzehnte hinweg ist in Südafrika eine regelrechte Naturindustrie entstanden, mit nahezu tausend privaten Wildreservaten. Die meisten bieten konventionelle Safaris an, andere haben sich auf die lukrativen Jagdsafaris spezialisiert (ein Jagdgast, heißt es, wiegt zwanzig Touristen auf). Eine kleine, aber wachsende Zahl wendet sich an Reitgäste. Wobei Stepski natürlich auch Wander- und Jeepsafaris für jene Besucher anbietet, die lieber nicht reiten möchten.

In der Sprache der Zulu bedeutet Pakamisa sinnigerweise »emporheben«. Emporgehoben werden die Gäste hier nicht allein durch die Pferde und die romantische Natur. Sondern auch regelmäßig durch Konzerte. Als eingefleischte Europäerin holt Stepski abendländische Kultur in den afrikanischen Busch. Pakamisa ist zu einer Art Salon geworden, wovon wir uns am Abend, nach Dusche und längerer Ruhepause, überzeugen können. Es gibt kein Dinner, sondern ein Diner. Bei dem sich die Hautevolee der nahen Kleinstadt Pongola die Ehre gibt: ein paar Zuckerrohrfarmer, der Advokat, die Lehrerin, die Tierärztin. Im letzten Licht des Tages fahren sie die steile Privatstraße hoch, vorbei an Antilopen und dem zahmen Gnu. Nach dem Aperitif versammeln sich alle erwartungsvoll im Speisesaal, der, wie es sich gehört, mit Jagdtrophäen und Schnitzereien dekoriert ist. Das große Finale steht an.

Die weiteste Anreise haben die beiden jungen Sänger hinter sich gebracht. Lana English und Victor Siljeur sind von Johannesburg aus fünf Stunden in Richtung Osten gefahren. Beide haben im Kirchenchor ihre Liebe zur klassischen Musik entdeckt und tingeln seit ein paar Jahren recht erfolgreich durchs Land. Lana ist eigentlich Zahnarzthelferin, Victor Mechaniker. Zwischen den Gängen des Menüs stimmen sie populäre Nummern aus »La Traviata«, »Turandot« und einigen Musicals an. Das Orchester kommt unvermeidlich vom Band. Die Gäste zeigen sich dennoch hingerissen von der Hochkultur, die sie hier in der Provinz allzu selten geboten bekommen.

Umgekehrt berauschen die Sänger aus der Großstadt sich an der opulenten Natur. Eine derartige Schönheit und Erhabenheit, staunen Lana und Victor, als sie am nächsten Morgen den Gipfel von Pakamisa besteigen, hätten sie nicht erwartet. Und welch überwältigende Ruhe hier herrsche! Man wähnte sich fast taub, würde nicht ab und zu die zarte Kantilene eines Vogels oder der ferne Chor einer Pavianherde ertönen. Die beiden lauschen ihnen, als wären es Kollegen. La Safariata.

Unsere zweite Station liegt zwei Fahrstunden weiter östlich an der Küste des Indischen Ozeans. Bevor es dort in den Busch geht, verbringen wir einen Tag in dem kleinen Ferienort St. Lucia, der der ganzen Region den Namen gab. Lizette, unsere Gastgeberin von der Lidiko Lodge, schwärmt uns vor, wie still und lauschig es hier sei, und so sicher wie in Abrahams Schoß. Nur diese leidigen Flusspferde, grinst ihr Mann Dirk, die müsse man eben in Kauf nehmen. Er erwähnt sie mit einer Mischung aus Verlegenheit und Stolz, als handelte es sich um eine Rockerbande vom anderen Ende der Straße, eine Rotte stadtbekannter Halbstarker, mit harter Schale, aber weichem Kern. Seit undenklichen Zeiten trotten die Dickhäuter von der Lagune zu den nächtlichen Weiden auf der Landzunge. In den letzten Jahren aber hat sich die kleine Ferienkolonie so stark ausgedehnt, dass sie sich nicht mehr umgehen lässt. Und so marschieren sie eben mittendurch. Grasen die Vorgärten ab, bummeln die Hauptstraße entlang, suhlen sich unter der Terrasse des Ski Boat Club. Erst neulich hat so ein Urvieh Dirks Garage blockiert.

Ähnliche Schnurren erzählen die Anwohner des Berliner Grunewalds von den Wildschweinen. Nur dass so ein Nilpferd das Fünfzigfache wiegt und, gelinde gesagt, nicht den besten Leumund genießt. Wo immer man zwischen Kapstadt und Khartum mit Jägern oder Safariführern fachsimpelt, kommt unweigerlich die Frage auf, welches der wilden Tiere Afrikas wohl das gefährlichste sei. Gewiss der mächtige Löwe! Nein, der unberechenbare Elefant! Oder das tückische Krokodil? Der Kenner hört sich die Diskussion lächelnd an. Dann spielt er Trumpf: Es ist das Nilpferd! Ihm fallen angeblich mehr Menschen zum Opfer als jedem anderen Tier.

Auf einer Bootspartie durch die Lagune sichten wir auf Anhieb drei Dutzend dieser feisten Ungetüme. Sie dümpeln im warmen Wasser wie Kurgäste in einem Thermalbad. Achthundert sollen den riesigen Strandsee bevölkern, dazu zweitausend Krokodile, nicht zu reden vom Sambesi-Hai, der sich auch im Süßwasser wohlfühlt. Von einem Erfrischungsbad ist daher abzuraten. Vor zwei Jahrzehnten trug sich einmal eine der kürzesten Kurzgeschichten überhaupt hier zu: »Vom Angler blieb nur der Stuhl.« Sonst aber, versichert Dirk, sei noch nie etwas passiert.

Selbst mit den Japanern nicht, die sich bisweilen fürs Trophäenfoto vor einem Nilpferd in Positur stellten, als handelte es sich um eine wohlbeleibte Kuh.

Da darf man schon von einem Wunder sprechen. Einem kleinen Wunder zumindest, inmitten eines riesengroßen. Denn vor Kurzem bekam dieses ganze langgestreckte Schutzgebiet mit der ebenso langgestreckten Bezeichnung »The Greater Saint Lucia Wetland Park« einen neuen, einen afrikanischen Namen: Isimangaliso. Was in der Sprache der Zulu so viel wie »das Wunder« bedeutet. Tatsächlich handelt es sich um eine der ungewöhnlichsten Naturlandschaften des südlichen Afrika. Einen Park der Superlative, was Artenvielfalt und Geländeformen angeht. Ein vielgestaltiges Sowohl-als-Auch von Land und Meer, Salz- und Süßwasser, Sumpf und Savanne. Anders als Klassiker wie der Krüger- oder der Addo Elephant Park, die mittlerweile wie eine Mischung aus Zoo und Verkehrskindergarten anmuten, ist dieser gut zweihundert Kilometer lange Küstenstreifen bis hinauf zur Grenze nach Mosambik nahezu unerschlossen, abgesehen von ein paar Stichstraßen zu kleinen Bootshäfen und Tauchbasen. Sodass Besucher vor dem Problem stehen, wie sie überhaupt in das Gebiet hineingelangen können. Man brauchte ein Fortbewegungsmittel, das hohe Dünen erklimmen, aber auch dichte Sumpfwälder durchqueren kann. Das auf den endlosen Sandstränden nicht stecken bleibt und auf den scharfkantigen Steinfeldern nicht kaputtgeht. Das Furten ebenso zu durchqueren vermag wie ausgetrocknete Bachbetten. Und das sich harmonisch in die Landschaft einfügt, um den Zauber der freien Wildbahn so wenig wie möglich zu stören.

Ein solches Allzweckvehikel gibt es tatsächlich. Es ist das Pferd. *Equus caballus*. Hier vorherrschend anzutreffen in der Spielart des Burenpferdes. In meinem Fall vertreten durch eine kleine, mahagonibraune Stute namens Demi. Drei Tage lang werden wir von einem mobilen Zeltlager aus die Wildnis durchstreifen. Geführt von Richard Daugherty, der mit seiner Frau Sarah und sechs Mitarbeitern die Bhangazi Horse Safaris betreibt, benannt nach dem örtlichen Zulu-Clan. Als einziges Unternehmen besitzen sie eine Reitkonzession für den zweitausendfünfhundert Quadratkilometer großen Park. Zum Vergleich: Der Nationalpark Vorpommersche Boddenlandschaft umfasst etwas mehr als hundert Quadratkilometer Landfläche.

Es ist die enorme Vielfalt des Tierlebens, die St. Lucia einzigartig macht. Über fünfhundert Vogelarten – mehr haben auch die reichsten Regenwälder kaum zu bieten. Auch beim Kleingeld der Schöpfung lässt der Park sich nicht lumpen und wartet etwa mit drei Dutzend Reptilien- und ebenso vielen Froscharten auf sowie mit über hundert Schmetterlingsarten. Zu Pferd sieht man sehr viel mehr davon als vom Wagen aus. Zumal es hier ohnehin nur die eine Straße nach Cape Vidal gibt. Die Menschen dürfen die Autos nicht verlassen, die Autos nicht die Straße. Wir dagegen ziehen kreuz und quer durch den Busch. »Um eine vergleichbare Dichte der Eindrücke mit dem Wagen zu erreichen«, überlegt Richard, »müsstest du alle naslang anhalten. Dann kannst du auch gleich zu Fuß gehen.« Ganz abgesehen davon, dass man einen Landrover schlecht streicheln kann.

Vor ein paar Tagen schon hat die Crew das Zeltlager am Hochufer der langgezogenen, aber nur ein bis drei Meter tiefen Lagune errichtet. Einer Pfütze, so groß wie der Gardasee, bestückt mit zahlreichen Schilfinseln. Am frühen Nachmittag langen wir dort an, und dann steht auch schon der erste Ritt an. Fertig gesattelt und aufgezäumt führen sie uns die Tiere zu. Fast alle sind Kreuzungen. Das Burenpferd bildet die Basis, mal ist noch etwas Araber mit drin, mal etwas Quarter Horse. Richard hat Demi für mich auserkoren, weil sie fügsam und erfahren sei. Ein Strohballen dient als Aufstiegshilfe – »alles ganz gemütlich, sie ist ein braves Mädchen«. Später stellt sich dann heraus, dass sie ein rasantes Vorleben hatte und lange als Polopferd im Einsatz war. Sie reiht sich an vorletzter Stelle ein. In Reih und Glied trotteten die Tiere dahin, teilnahmslos wie Bergwerkskumpel auf dem Weg zur Schicht. Lange, dicht bewaldete Dünenzüge trennen den Strandsee vom Meer. In weiten Serpentinen erklimmen wir den zweihundert Meter hohen Kamm. Es rauscht und raschelt um uns her. Das Gras reicht den Pferden bis zum Bauch, und die teils dornigen, teils dicht belaubten Büsche streifen unsere Schultern. Heuschrecken stieben als glutrote Funken auf. Von oben bietet sich ein grandioser Rundblick. Im Osten rollt das Meer auf breiter Front an den Strand, dann folgt der Schutzwall der Dünen, dann der Savannengürtel mit unserem Camp. Dahinter breitet sich die Lagune aus, und am jenseitigen Ufer setzt sich die Baumsavanne fort.

Wir fallen in einen leichten Trab, um uns und die Pferde etwas aufzulockern. Auf dem Rückweg ragt dann ein eiserner Pferch mit einem fünf Meter hohen Elektrozaun neben dem Weg auf, eine martialische Konstruktion wie aus »Jurassic Park«, in der Großtiere auf ihre Auswilderung vorbereitet werden. »Als vor ein paar Jahren die ersten Elefanten freigelassen wurden«, erzählt Richard, »marschierten sie stracks durch die Lagune ans Westufer. Seither leben sie genau dort, wo vor hundert Jahren ihre letzten Artgenossen erlegt worden sind.« Woraufhin der gesamte Küstenabschnitt aus Marketinggründen den großspurigen Titel »Elefantenküste« verpasst bekam.

Mit Elefanten kennt Richard sich aus. Bevor er nach St. Lucia zog, war er lange im Safarigeschäft in Botswana tätig. Nur dass seine Gäste dort nicht auf Pferden, sondern auf Elefanten ritten. Als wir ehrfürchtig nachfragen, wiegelt er ab: »Auf einem Elefanten kann jeder sitzen. Auf einem Pferd aber muss du schon reiten können.« Wie die meisten vermeintlichen Naturburschen stammt Richard aus der Stadt. In Durban aufgewachsen, hat er St. Lucia schon als Kind besucht. Eigentlich ist er gelernter Bauingenieur, stieg dann aber aus, ging in den Busch und ist nun in sein Kindheitsparadies zurückgekehrt. In Botswana hat er damals auch Sarah kennengelernt, eine Australierin, die bis dahin für die Feinschmeckerseiten einer Lifestyle-Zeitschrift zuständig war. Sie kam mit einem Koffer in Botswana an, um etwas Neues anzufangen. Als sie das Land verließ, hatte sie einen Ehemann, ein Kind, drei Hunde und zwei Autos im Gefolge.

Nach dem ersten Erkundungsritt schicken wir Demi und die anderen auf die Weide. Sie ist lediglich mit einem einfachen Band abgesteckt, das sie im Ernstfall mühelos überspringen könnten. Doch sie bleiben brav in seinem Bannkreis. Umgekehrt aber schlüpfen immer wieder mal Antilopen hinein, um Weide und Tränke mit ihnen zu teilen. Einmal, berichtet Sarah, habe sich auch ein Nilpferd dazugesellt.

Mit einem Drink am Lagerfeuer klingt der Tag aus. Dann lädt Sarah uns in den Speisesaal, eine Tafel unter einer langen Zeltplane. Gerne würde sie uns Warzenschwein in Pflaumensauce vorsetzen oder

Kudu mit knackigem Gemüse. Doch weil es vielen Gästen widerstrebt, abends jene Geschöpfe auf dem Teller zu haben, die sie tagsüber vor die Linse bekommen wollen, kocht sie lieber Unverfängliches, meist Pasta, Fisch oder Rind. Dazu gibt es köstliche Kapweine, und zum Abschluss eine erstaunlich feine Käseplatte – und all das mitten im Busch.

Die Crew versorgt die Pferde und misst auch täglich deren Körpertemperatur, um eine etwaige Schlafkrankheit schon im Anfangsstadium bekämpfen zu können. Außerdem kochen, putzen und bügeln sie, damit wir uns wie zu Hause fühlen. Jeden Tag schaffen sie im Pritschenwagen siebzig Liter Wasser herbei, jeden zweiten frische Lebensmittel in einer Batterie von Kühltaschen. Nach unserer Abreise werden sie jede Bananenschale auflesen und jeden Strohhalm von der Koppel, um keinerlei Spuren zu hinterlassen.

Die mannshohen Zelte sind mit soliden Betten ausgestattet, mit Chemo-Toilette und Felddusche aus einem Ledersack, von der wir tüchtig Gebrauch machen. Daneben führt ein Trampelpfad hinab zur Lagune. Nicht die Menschen haben ihn angelegt, sondern die Nilpferde. Dennoch schlafe ich bald ein.

Die Nacht verblasst, der Morgen schimmert schon ins Zelt herein. Ein Rascheln streicht durchs Gras, hält inne, und wandert langsam weiter. Durchs Gazenetz des Fensters ist nichts zu sehen. Sind es die letzten Flusspferde, die von ihren Weiden heimkehren wie Trunkenbolde nach einer durchzechten Nacht? Oder sind es die ersten Helfer unseres Camps, die das heiße Wasser für die Waschschüssel bringen und ein Tablett mit Keksen und Kaffee? Oder haben sich unsere Pferde selbständig gemacht? Ein Flüstern weht herüber, es sind Menschen. Die Nilpferde habe ich verpasst.

Man hört genauer hin, wenn man draußen im Busch schläft, nur durch eine Zeltmembran von Afrika getrennt. Einmal den Reißverschluss hochgezogen, und schon steht man mitten in einer Urlandschaft, mit Blick auf die Lagune. Kaum entfernt man sich etwas vom Lager, werden die Sinne schärfer und die Fantasie kommt auf Touren. Jedes Knacken, jeder unbekannte Laut – und welcher wäre uns hier schon bekannt – lässt aufhorchen. Der Busch bevölkert sich mit den Geschöpfen der Einbildung.

Gleich nach dem Kaffee steht ein Ausritt an. Abgesehen von gelegentlichem Glucksen und Trillern in den Büschen bleibt es zunächst ruhig. Diffuses Jagdfieber regt sich, wir pirschen zu Pferd, doch mit Kameras statt mit Gewehren. Richard scheint etwas zu suchen, kreuzt von Nordost nach Nordwest und wieder zurück. Auf einem Sandweg finden sich dann in der Tat allerhand Spuren, aber die meisten stammen von Hufeisen.

Ein Schemen huscht über den Weg, graubraun und haarig wie ein Kater. Es trägt den geheimnisvollsten Namen im gesamten Tierreich: Ichneumon. Ein flinkes Raubtier, etwa wie ein großer Marder, das die ökologische Nische des Fuchses besetzt.

Von einer fernen Kuppe schaut ein schwarzer Riese herüber, eine Silhouette wie aus der Sherry-Werbung, nur noch kompakter und stiernackiger. Beim Näherkommen entpuppt er sich als einsamer Kaffernbüffel, die Hörner so mächtig, dass er seinen Kopf kaum mehr wenden kann. Hat Richard vielleicht ihn gesucht? Wir halten respektvollen Abstand, und nachdem er eine Weile herübergeglotzt hat, rupft und mampft er wieder seine Gräser.

Wir trotten weiter. Plötzlich hebt der Rittführer den Arm und bedeutet uns, anzuhalten. »Da sind sie!« Schlagartig wird es ernst, auch wenn wir den Grund dafür noch nicht sehen. Doch ein paar Schritte weiter den Hügel hinauf erwartet uns ein kolossaler Anblick: In der dahinterliegenden Senke grasen vier Nashörner. Eine Szene von prähistorischer Kraft, ein friedliches Stillleben, das freilich bei einer falschen Bewegung jederzeit explodieren kann. Ein Stück näher wagen wir uns noch heran, bleiben dann jedoch stehen. Es geht auch gar nicht darum, den Wildtieren so nah wie möglich zu kommen. Es geht darum, ihren Lebensraum mit ihnen zu teilen. Selbst in die Landschaft einzugehen oder vielmehr einzureiten, kein Fremdkörper zu sein, sondern Bestandteil.

Stoisch schreiten die Dickhäuter voran, arbeiten

sich wie Mähdrescher in paralleler Formation durchs Gras. Wohl eine halbe Stunde lang bleiben wir in ihrem Bann, drehen dann ab und galoppieren zurück ins Lager, beflügelt von der Aussicht auf ein wohlverdientes Frühstück. Den Pferden scheint es ähnlich zu ergehen, denn nach der Rückkehr machen Demi und die anderen sich heißhungrig über die Weide her. Uns erwartet ein Brunch mit Omelette, Pasteten, Käse und Früchten.

Nachmittags halten wir Siesta, betrachten die Pferde oder weiden uns an der berauschenden Weite der Landschaft. Zum Abschluss folgt dann wieder ein kleiner Ritt in den Sonnenuntergang, umspielt von goldenem Licht und umschmeichelt von einer leichten Brise. Am Ende leuchtet ein jeansblauer Himmel über uns, bevor das Schwarz der Nacht ihn schluckt. Fledermäuse lösen die Uferschwalben bei ihrer schwungvollen Choreografie ab. Zum Abendessen stattet uns dann noch Roland Vorwerk einen Besuch ab, der Sprecher des Parks. Als Abkömmling lutherischer Missionare ist er in einem rein deutschsprachigen Dorf aufgewachsen. Er rekapituliert die erstaunliche Metamorphose St. Lucias vom Stangenwald zum UNESCO-Weltnaturerbe. »Bis in die neunziger Jahre haben noch Pinienplantagen große Teile des Gebiets bedeckt, und in den Dünen wurde Titanium abgebaut.« Doch eine der größten Umweltkampagnen in der Geschichte des Landes brachte den Umschwung. »Seither haben wir mehrere Millionen Pinien gefällt und auch andere pflanzliche Invasoren ausgemerzt. Nun helfen wir der Natur dabei, sich das verlorene Terrain zurückzuholen.«

Zugleich wurden Scharen von Wildtieren ausgesetzt, von der Hyäne bis zum Zebra. Auch sie wirken nun mit an diesem gewaltigen Experiment. Der Park könnte kaum bessere Landschaftspfleger anheuern als die Nashörner, um das neu sprießende Grasland vor der Verbuschung zu bewahren. Unterstützt werden sie von den Termiten, die die zahllosen verbliebenen Stümpfe der Pinien binnen weniger Jahre pulverisieren und damit fantastische Burgen auftürmen, die an Gaudís Sagrada Familia erinnern. Während die Stachelschweine kurioserweise als Konkurrenten der Nashörner gelten, da sie die Wurzeln ihrer Lieblingspflanzen fressen. Doch in St. Lucia ist Platz für alle, viele Stunden weit entfernt von jeder nennenswerten Stadt.

Vor dem Zelt noch ein letzter Blick in den Himmel, der mit Sternen nur so tätowiert ist. Keckernde Frösche und eine Grillen-Combo lassen eine nicht enden wollende Serenade ertönen. Wieder verschlafe ich die Nilpferde. Und wieder genieße ich dann diese kostbare Morgenstunde, wenn der Tag gerade frisch geschlüpft und das Leben noch nicht ausgehärtet ist. Wenn die Träume noch nicht ganz vergessen sind, aber die Sinne schon geweckt.

Wir reiten zunächst an der Lagune entlang. Scharen von Löfflern durchkämmen das flache Wasser; Weiß springt in den Tropen so stark ins Auge wie Grün in der Arktis. Ein Goliathreiher watet hinterdrein. Diese Giraffen unter den Stelzvögeln werden anderthalb Meter groß und fressen mit Vorliebe Krokodilbabys, nur um dann ihrerseits von den ausgewachsenen Echsen geschnappt zu werden. Später wenden wir uns landeinwärts und halten schließlich Rast an einem schilfgerahmten Tümpel mit einigen rötlichen Felsen in der Mitte. Ein Fischadler streicht davon. »Fast jede Farm bietet inzwischen Ausritte an«, erzählt Richard, »ob sie nun viel vom Reiten verstehen oder nicht. Weshalb die Versicherungsbeiträge stark gestiegen sind.« Da tauchen die Felsen vor uns auf einmal unter und dann schnaubend wieder auf. Besser als mit diesen gleichmütigen Flusspferden hätte er seine »Quintessenz von Afrika« gar nicht illustrieren können. Schutzgebiete wie St. Lucia beschwören jene paradiesischen Zustände herauf, als die ganze Erde ein Nationalpark war und der liebe Gott sein Direktor.

Eine regelrechte Sehnsuchtsindustrie ist so entstanden. Als sanfte Alternative zum Auto haben die Pferde dabei an Boden gewonnen. Denn sie werden, wie wir ein ums andere Mal feststellen, von den Wildtieren fast als ihresgleichen angesehen. Ob Impala-Rudel, Kudu-Herde oder Straußenpaar – sie nehmen uns beiläufig zur Kenntnis, tun allenfalls ein paar Schritte oder Sprünge zur Seite, wenn wir nahen, dann grasen oder picken sie seelenruhig weiter. Jenseits von Durban, im abgelegenen Schutzgebiet von Mkambati, bin ich einmal mit berittenen Wildhütern auf Patrouille ausgezogen. Als wir auf eine Zebraherde stießen, hielten wir an und sahen ihr beim Grasen zu. Die gestreiften Wildpferde zeigten unverhohlene Neugier auf ihre blanken Vettern. Auch ein paar Gnus hatten sich daruntergemischt. Irgendwann geriet alles in Bewegung, und schon galoppierten wir mit ihnen um die Wette. Es war weder Flucht noch Jagd, sondern ein spielerisches Kräftemessen. Wir wurden einfach mitgerissen vom Sog der Herde, der die Reiter kurzerhand mit einschloss. Die ganze Truppe bildete eine höhere kreatürliche Einheit, ein spontanes Kollektiv, das eine unwahrscheinliche Energie an den Tag legte. Es dauerte vielleicht fünf Minuten, doch war es eine gefühlte Ewigkeit. Sie endete an einem Canyon, vor dem beide Gruppen abdrehten, wir linksherum, die Zebras rechtsherum, wie beim Abteilungsreiten in der Halle: »Anfang dreht – Marsch!«

In St. Lucia folgt nach der Mittagspause noch der obligatorische Strandritt. Da die Dünen zu dicht bewaldet sind, als dass wir direkt vom Lager bis ans Meer vorstoßen könnten, bugsieren wir die Pferde in Hängern bis Cape Vidal. Die wenigen Badegäste und Bootsbesitzer bleiben im Umkreis des Parkplatzes, der von einem Rudel Meerkatzen terrorisiert wird. Dahinter haben wir Strand und Ozean für uns allein. Eine wilde Jagd entlang der Waterkant beginnt. Nicht wir sind es, die treiben, sondern die Pferde. Auch Demi prescht auf und davon, als müsste sie heute noch bei einem Turnier in Mosambik antreten. Oder übt sie das Spiel ohne Ball?

Wir reiten ins Unendliche. Frische Schleifspuren zeugen davon, dass Schildkröten letzte Nacht zur Eiablage an den Strand gekommen sind. Draußen vor der Brandung, vielleicht dreihundert Meter entfernt, ziehen Buckelwale ihre Bahn. Die Elefanten des Meeres. Gemächlich folgen sie dem Lauf der Küste wie U-Boote in Schleichfahrt. Tauchen unter und nach ein paar Minuten wieder auf, blasen eine Fontäne in die Luft und tauchen erneut unter. Zwei von ihnen schwimmen eng nebeneinander, scheinbar Flosse in Flosse. Etwas weiter draußen tummelt sich noch eine Delfinschule. Nilpferde zum Frühstück, Wale zum Tee. Demi, halt an, mir wird schwindlig. Von dieser Überdosis Natur, von der Champagnerluft und der berauschenden Urlandschaft, von diesem unerhörten, nicht enden wollenden Isimangaliso.

»DURCH ROCKIES GERITTEN —
SEELE GERETTET!«

Im Sattel durch Montana

Wie fröhlich es wiehert!
Horch, das Türkispferd des Sonnengottes,
Wie fröhlich es wiehert!
Dort auf kostbaren Fellen steht es,
Wie fröhlich es wiehert!
Dort die Spitzen junger Blumen weidet es,
Wie fröhlich es wiehert!
Dort wirbelt es glänzenden Sternstaub
   auf,
Wie fröhlich es wiehert!
Dort vermehren sich seine Sprösslinge in
   Ewigkeit,
Wie fröhlich es wiehert!
                    PFERDELIED DER NAVAJO

Einmal wenigstens wollte ich durch Amerika ziehen
wie ein richtiger Mann. Wollte tagsüber im Sattel
thronen und nachts zum Sternenhimmel aufschau-
en. Wollte mit ein paar Gefährten durch eine herbe,
heroische Welt reiten, die nach Harz und Moschus
riecht, nach Leder und Lagerfeuer. Montana klang
gut. Größer als Deutschland, aber mit weniger Ein-
wohnern als Köln. Jemand erzählte mir von Bill

Beck, der Ritte durch eine »Bob-Marshall-Wildnis« in den Rockies anbot. Ich fragte Freunde, die in Montana lebten. Gehört hatten sie davon. Aber dort gewesen waren selbst sie noch nicht.

Aus gutem Grund: Dieses Schutzgebiet lässt sich nur zu Fuß oder eben zu Pferd durchqueren. Weder Autos noch Schneemobile noch Kettensägen brechen das Schweigen der Wälder. Keine Seilbahn entweiht die Gipfel, kein Sendemast bestreicht die Täler. Die Flüsse schäumen ungezähmt zu Tal. Diese Wildnis schließt sich südlich an den Glacier-Nationalpark an. Beide zusammen umfassen ein Territorium von der Größe Kärntens. Nur dass sich im Park jährlich zwei Millionen Besucher tummeln, in der Wildnis vielleicht zweitausend.

Am Bahnhof von East Glacier, zu Füßen der wie eine Mauer aufragenden Rockies, nimmt Bill Beck mich in Empfang. Ein hochgewachsener Typ um die fünfzig mit Schnauzbart und wirbeligem Haar, zupackend in der Gestik, markig in der Rede und schon frühmorgens von vulkanischer Unruhe. Auf den Weidegründen seiner »Bear Creek Guest Ranch« grasen gut sechzig Pferde sowie ein paar Jungstiere, die er als Sparringspartner fürs Rodeotraining hält. Ein halbes Dutzend Blockhütten beherbergt die Gäste, die an Tagesritten, an Viehtrieben oder Jagdausflügen teilnehmen.

Wir hingegen treten in der Königsklasse an: zu einem einwöchigen Wanderritt mit Packtieren. »Reitet durch die Rocky Mountains und rettet eure Seelen!« – derart euphorisiert kehrte Mary Roberts Rinehart, eine der Lichtgestalten des amerikanischen Journalismus, hundert Jahre zuvor von einem solchen Ritt zurück. Gemeinsam mit vierzig Pionieren des Fremdenverkehrs durchzog sie, gleichfalls von East Glacier aus, in majestätischer Karawane den 1910 eingerichteten Nationalpark, den nicht nur sie als die Quintessenz Amerikas feierte.

Noch ein zweiter literarischer Begleiter ist mit von der Partie: Randolph Marcys »Prairie Traveller«, ein 1859 erschienenes Handbuch für Westmänner, Reiseveteranen und »Voyageure«. Mit Sachverstand, Findigkeit und bemerkenswertem Taktgefühl schreibt der altgediente Offizier über die Kunst, in der Wildnis zu leben. Von den Grußgesten der verschiedensten Indianerstämme bis zu Sofortmaßnahmen bei einem Klapperschlangenbiss, von der energiesparenden Feuergrube bis zur Satteldecke aus getrockneten Flechten bereitet sein Kompendium Greenhorns wie unsereins auf alle Eventualitäten vor.

Schon beim Packen erweisen seine Ratschläge sich als nützlich: Töpfe und Pfannen etwa seien so zu verstauen, dass sie nicht schepperten und womöglich die Tiere erschreckten. Also fixieren wir sie sorgsam in den wuchtigen Armeekisten, die wir dann noch in wasserdichte Leinwand wickeln. Jedes der sechs Maultiere nimmt anfangs achtzig Kilo Nutzlast huckepack, sodass unsere Ausrüstung weit luxuriöser ausfällt, als wenn wir sie selbst schleppen müssten. Wir haben eine Feldküche mitsamt Tischen und Stühlen dabei, Werkzeug für eine halbe Baubrigade, darunter Äxte, Spaten, Angelruten, ferner einen Elektrozaun, mit dem man einen Zwergstaat abstecken könnte, und Vorräte, als ginge es bis nach Mexiko. Dazu reichlich Stricke und Taue. Jede Kiste will doppelt und dreifach verschnürt und am Packsattel befestigt werden, außerdem kann man nie genug Stricke haben für Regenplanen, zum Anbinden der Tiere oder einfach als Ersatz. Unsere erste Lektion besteht denn auch darin, gordische Knoten knüpfen zu lernen, die noch vom findigsten Maulesel nicht zu knacken sind und sich dennoch mit einem Ruck öffnen lassen.

Bills Ranch ging einst aus einer Siedlung der Eisenbahnarbeiter hervor, die hier um 1890 die Great Northern Railway durch die Berge legten, eine Transkontinentalverbindung von Minneapolis bis nach Seattle. Ursprünglich beförderte sie vor allem Einwanderer, deren Ansiedlung in den menschenleeren Weiten Dakotas und Montanas die Bahngesellschaft forcierte. Als dieser Strom allmählich versiegte, musste sie sich nach neuen Kunden umsehen. Die aber brauchten einen triftigen Grund, um sich in den fernsten Winkel des Landes zu begeben. Und so erschloss und vermarktete die Bahn denn eines seiner großen Naturwunder: den Glacier-Nationalpark. »See America First!«, lautete die Parole. An die malerischsten Stellen, die Ludwig II. nicht besser hätte wählen können, setzte die Bahngesellschaft Berghotels im Schweizer Stil, zugleich rustikal und vornehm und über alle Maßen groß. Die »Krone des Kontinents« geriet zum Inbegriff des erhabenen Westens – Amerikas Amerika.

Eine einzige, rund fünfzig Meilen lange Straße führt seit 1932 durch den Park. Alles Gerät und Material dafür wurde damals noch von Pferden transportiert. Mit tausend Arbeitstieren verfügte der Park über eine der größten Herden Nordamerikas. Dankenswerterweise begnügen sich die Besucher heute damit, diese Panoramaroute gemütlich zu befahren und ein paar Pflichtfotos vom Straßenrand aus zu machen. Echte Wanderer sieht man selten, und Reiter erst recht nicht. Auch wir schnuppern mit den Pferden nur hinein und erkunden zur Eingewöhnung die Randzone des Parks. Doch schon die wartet mit grandiosen Panoramen auf: die Täler von eiszeitlichen Gletschern ausgeschabt, die Grate und Gipfel von der Erosion scharfkantig zersägt. Der Himmel kobaltblau, die Seen kristallklar, und die Felsen karminrot wie Bündnerfleisch.

Am nächsten Morgen erklimmen wir mit zwei Pick-ups und scheppernden Pferdehängern eine Forststraße, die sich drei Viertelstunden lang bergan windet. Besagter Bob Marshall, der das Gebiet in den dreißiger Jahren für die Forstbehörde erkundete, hatte eine brauchbare Definition für das, was eine Wildnis genannt zu werden verdiente: ein Gebiet, in dem ein Mensch zwei Wochen lang umherstreifen kann, ohne seine eigene Spur zu kreuzen. Wobei man wissen sollte, dass Marshall für seine langen Alleingänge berüchtigt war und fünfunddreißig Meilen im Gebirge als eine gesunde Tagestour ansah.

Als wir am Ende der Piste ausladen, zeigen Menschen und Tiere leichtes Lampenfieber. Da ist Tyson Running-Wolf, unser Führer, ein athletischer, bedachtsamer, notorisch gut gelaunter Schwarzfußindianer. Trotz seiner erst dreißig Jahre gilt er als einer der besten Kenner dieser Wildnis, hat er hier doch seine Ausbildung zum Forstwirt absolviert. Da ist Teal, seine rechte Hand, ein unverwüstliches Montana-Mädchen, das die blaugrüne Färbung der Gebirgsseen schon im Namen trägt. Und da sind die Teilnehmer: Phil, ein stiller, weißblonder Informatiker aus Pennsylvania, dazu die Harrisons aus New Orleans, Vater Lynn ein vielbeschäftigter Chirurg, Sohn Tyler im Wartestand für die Marines, und schließlich ich. Während die Pferde klangvoll nach Häuptlingen oder Automarken benannt sind, tragen die Maultiere so kumpelhafte Namen wie Oscar, Lucky oder Brown Sugar, nach dem Song der Rolling Stones.

Sachte schaukelnd reitet Tyson vorneweg, den Lastkonvoi im Schlepptau. Wir fädeln auf einen Pfad ein, der auf halber Höhe in ein steiles, mit Föhren und Kiefern bestandenes Tal führt. Tief unten schlängelt sich der Flathead River, hoch droben gleißen die Grate. Es ist erstaunlich still. Mal murmelt ein Bach, mal knarzt eine Kiefer, mal rezitiert ein ferner Vogel einen Monolog. Der Lockruf der Wildnis, er ergeht stumm: als romantischer Sog, der uns immer tiefer in das unberührte Panorama zieht. Nach zwei, drei Stunden schmerzen Knie und Gelenke. Davon stand nichts im »Prairie Traveller«. Doch bei Scheuerwunden weiß er Rat, allerdings nur für Vierbeiner; Reiter haben einfach tapfer zu sein. Die Blessuren der Pferde dagegen sind ernst zu nehmen, man sollte sie mit Schmalz einreiben oder eine Speckschwarte unter den scheuernden Riemen legen. »Denn der Erfolg einer Expedition«, weiß Marcy, »hängt in erster Linie von der sorgsamen Behandlung der Tiere ab.« Reiter, Treiber und Kutscher »sollten niemals, außer wenn es unabdingbar nötig ist, ihre Tiere schlagen. Auch sollten sie sie nach Möglichkeit nicht zwingen, aus der Reihe auszuscheren, denn so bricht das Team auseinander. Wer seine Peitsche am wenigsten zum Einsatz bringt, hält sein Tiere im besten Zustand. Der gewohnheitsmäßige Gebrauch der Peitsche ist nicht nur überflüssig, sondern auch grausam, und sollte unter keinen Umständen geduldet werden.« Da äußert sich einer in einer gänzlich anderen Sprache als Hollywoods notorisch ungehobelte und großspurige Westernhelden. Solche Männer hätten es vielleicht sogar verdient gehabt, diesen Kontinent ihr Eigen zu nennen.

Es wird Zeit für eine Pause. Nur dieses sprudelnde Flüsschen sollen wir vorher noch durchwaten, meint Tyson. Souverän setzen die Pferde einen Huf nach dem anderen zwischen die glitschigen Steine. Wasserläufe stets zu überqueren, bevor man daran lagert, das hat sich über Generationen ins Unbewusste der Westmänner eingefleischt. Der Fluss könnte ja über Nacht anschwellen. Dieser hier reicht den Pferden nur bis zum Bauch. Dank des »Prairie Travellers« hätte ich mir aber auch in tieferen Fluten zu helfen gewusst: sich einfach am Schwanz des Pferdes hinüberziehen lassen und wenn nötig die Richtung korrigieren, indem man ihm Wasser an den Kopf spritzt. Maultiere sind Marcys Erfahrungen nach noch bessere Schwimmer. Es sei denn, sie bekommen Wasser in die Ohren, etwa wenn sie von einem steilen Ufer aus in den Fluss springen. Dann verlieren sie das Gleichgewicht oder auch die Beherrschung und ertrinken mitunter sogar.

Nach kurzer Rast ziehen wir weiter, zum Verdruss der Pferde, die sich vom saftigen Grün nicht losreißen können. Auch unterwegs versuchen sie dauernd zu naschen und wollen unser ewiges Drängen einfach nicht verstehen. Ich wäre auch nicht begeistert, wenn man mich schnurstracks durch eine Konditoreigasse treiben würde. Die lauschige Lichtung am Fluss, die wir nach weiteren zwei Stunden erreichen, dürfte dann wie eine gedeckte Tafel auf sie wirken. Eine Wasseramsel patrouilliert am Ufer auf und ab, ein Eichhörnchen keift uns aus sicherer Höhe an. Während wir unsere Nachtlager aufschlagen, grasgrüne Zelte von gotischer Höhe, zaubern Teal und Tyson ein Tischleindeckdich in die Wildnis. Entfalten aus zerschrammten Metallcontainern eine gasbefeuerte Kochbatterie mitsamt Anrichte. Das System sei erwiesenermaßen bärensicher, erklärt Tyson. Der Hersteller hätte nämlich einen Behälter mit Fleisch gefüllt und dann von einem als Panzerknacker berüchtigten Filmbären auf Herz und Nieren prüfen lassen.

Auch Gewürzbord, Tischdecken, Waschschüsseln fehlen nicht. Bei Einbruch der Dunkelheit stecken wir mit dem Elektrozaun eine Weide für die Pferde ab, während die gemeinhin anhänglicheren Maultiere frei umherziehen und ab und an obszöne Arien hören lassen. Keines der Tiere zeigt sich am gemeinschaftlichen Leben mit uns interessiert, erst spätnachts kommen sie zwischen die Zelte. Doch nicht etwa unseretwegen, sondern weil sie rundherum schon alles abgegrast haben.

Da das Be- oder Entladen der Tiere und das Auf- oder Abbauen des Lagers jeweils zwei Stunden braucht, legen wir zwischen jeder Etappe einen »Ruhetag« ein, an dem wir das Camp sich selbst überlassen und ohne

Maultiere losziehen. Diesmal auf zweieinhalbtausend Meter – eine Bergbesteigung zu Pferd, durch lichte Wälder, in denen Zitterpappeln vorherrschen. Weiter oben wetteifern dann unzählige Bergblumen um den Platz an der Sonne, manche behaupten sich auf blankem Fels. Unbeeindruckt von der Julihitze glitzern Schneekissen auf den Hängen. Wie silbergraue Zöpfe stürzen Gießbäche die Wände herab, in denen drei Bighorn-Schafe und ein einsamer Hirsch herumsteigen. Oben ergötzen wir uns an einem Rundblick, wie ihn selbst der liebe Gott nicht alle Tage hat.

Im Lager sind die meisten Handgriffe schon zur Gewohnheit geworden: absatteln, Wasser holen, Feuerholz suchen. Peinlich genau hält Tyson sich an die Etikette der Wildnis und zieht sich zum Holzhacken immer ins nächste Dickicht zurück, damit später nicht einmal Späne von unserem Lagerplatz künden. Sachte senkt sich der Abend. Die Flanken der Berge beginnen zu glimmen, der Mond kommt zum Vorschein, im Fluss springen Forellen. Tyson serviert Steaks in der Größe von Fußabstreifern, dazu gegrillte Maiskolben und Salat. Lynn steuert Erlesenes aus seinem Weinkeller bei, Tyler Anekdoten aus der XXL-Gesellschaft. »Die Steaks sind noch ganz normal geraten«, meint er. »Ich hab mal 'ne Weile Pizzas ausgefahren. Die musste ich im Kofferraum transportieren, weil sie nicht auf den Beifahrersitz passten.«

Der dritte Tag bringt dann die spektakulärste

Etappe: die Überquerung der Trilobite Range. Benannt nach den dort gefundenen Fossilien, mutet sie in der Tat vorsintflutlich an. Wie die letzten Zähne eines Saurierkiefers sitzt das schrundige Massiv auf einem Kalkstock. Und dort sollen wir mitsamt Tieren und Gepäck hinauf? Nach zweistündigem Anstieg stehen wir schließlich am Fuß der »chinesischen Mauer«. Über dreißig Meilen hinweg reiht sich eine Steilwand an die andere. Ein Höhenweg schlängelt sich hindurch. Wir senken unwillkürlich unsere Stimmen, um die schlafenden Riesen nicht zu wecken. Wolkenschatten gleiten über die grauen Flanken. Die Herrlichkeit des Hochgebirges hat etwas Gebieterisches; es ist nichts Mildes, nichts Liebliches an dieser Landschaft. Ihre Monumentalität verursacht einem vielmehr anhaltende Maulsperre. Die handelsüblichen Adjektive versagen den Dienst. Auch die Substantive schwächeln; die Rockies müssten mindestens in Versalien wiedergegeben werden. Ihre mächtigen GIPFEL, die selbst den Wolken Einhalt gebieten. Die tiefblauen SEEN, die die umgebenden Dreitausender spiegelnd vervielfältigen. Die weit geschwungenen TÄLER, die einen hypnotischen Sog ausüben. Die prähistorische STILLE. Das fahle EIS der Gletscher und die darin gefrorene ZEIT.

Wir staunen kaum weniger als der erste Weiße, der die Rockies zu Gesicht bekam, ein englischer Trapper mit dem schnöden Namen Thompson.

Ende des achtzehnten Jahrhunderts kam er auf Biberjagd von Osten her bis an die Berge, kehrte dann aber resigniert um: »Ihre immensen Massen bilden selbst für den Adler eine unüberwindliche Barriere.« Uns geschichtsgesättigten Europäern, die nur mehr Kulturlandschaften kennen, erscheint eine derartige Unberührtheit unbegreiflich. Man stelle sich den Kanton Wallis mitsamt Matterhorn, Rhônegletscher und Genfer See vor, doch ohne jegliche Besiedelung. In diesen Tälern hat nie auch nur Vieh geweidet, kaum je erschollen Axthiebe oder Hammerschläge. Vom Puma bis zur Schneeziege und vom Elch bis zum Grizzly zieht die komplette präkolumbische Tierwelt jahraus, jahrein durch diese Wildnis, als ob nichts geschehen wäre.

Mit der Zeit fühlen wir uns als echte Voyageure. Wir bilden eine richtige kleine Karawane, die die Neue Welt erkundet. Geruhsam reitet Tyson Running-Wolf vorneweg, die sechs Maultiere im Schlepptau. Mit Kisten, Ballen und Stangen bepackt, bilden sie den malerischsten Teil des Konvois. Dahinter folgen wir Gäste in wechselnder Formation, mit Teal als strahlendem Schlusslicht. Wie jeden Tag beschäftige ich mich unterwegs eingehend mit Gleichgewichtsstudien. Da es so gut wie nie ebenerdig dahingeht, kommt der Gewichtsverlagerung große Bedeutung zu. Zwar führt Phil uns vor Augen, dass man auch wie ein nasser Sack im Sattel sitzen und dennoch jeden Steilhang erklimmen kann, doch er hat auch einen Herkules von einem Mustang zugeteilt bekommen. Sonst aber kann die Bewegungsabstimmung gar nicht fein genug ausfallen, zum Wohl der Pferde wie der Reiter. Am ersten Tag gehe ich entsprechend mit dem Oberkörper mit oder halte dagegen. Oder kommt es doch eher auf die Beinarbeit an? Tags darauf will mir dann scheinen, der Impuls gehe, unmerklich fast, vom Becken aus. Am dritten Tag versuche ich schließlich alles zusammen. Und am vierten geht es von vorne los.

An den steileren Stellen schalten die Pferde zwei Gänge höher. Was könnte es Herrlicheres geben, als auf einer kahlen Kuppe geradewegs in die Wolken zu galoppieren? Beim Abstieg führen wir die Tiere dann stellenweise, das Geröll ist weder ihnen noch uns ganz geheuer. Insgesamt aber erweisen sie sich als bemerkenswert trittsicher und schwindelfrei. Ein Bergsee lockt als Lagerplatz. Wir steigen jedoch noch vierhundert Höhenmeter tiefer in ein geschütztes Tal. Und tun gut daran, über Nacht zieht schweres Wetter auf. Der Himmel flackert wie von atmosphärischen Schweißarbeiten, und der Regen trommelt wie eine Stampede über die Plastikplane unseres Speisesaals.

Gegen Morgen beruhigt sich die Lage. Als wir nach einigem Schütteln und Schnattern unseren Cowboy-Kaffee trinken und dazu Spiegeleier mit Speck vertilgen, raschelt etwas im Gesträuch. Eine Familie in Regenmänteln kommt heran, unter turmhohen Rucksäcken schwankend. Seit zehn Tagen schon sind sie auf Wanderschaft. Sie bleiben die einzigen Menschen, denen wir begegnen. Dafür defilieren mehrere Hirschkühe am Lager vorbei.

Soweit die umgebenden Berge und Flüsse überhaupt Namen tragen, sprechen diese eine deutliche Sprache: Singleshot Mountain, Hungry Horse Dam, Surprise Creek, Mount Despair. Namen, so rau und prosaisch wie die ersten Weißen, die durch diese Lande zogen. Wie viel poetischer klingen da die alten indianischen Bezeichnungen. Es gibt einen Berg des schweren Läufers, einen des sich erhebenden Wolfes und einen Gipfel der falschen Heirat. Drüben im Nationalpark blieb noch der See der beiden Medizinen erhalten und das Tal, das zur Sonne führt. Und statt des banalen »Felsengebirges« titulierten die Ureinwohner die Rockies als »das Rückgrat der Welt«. Auch Mary Roberts Rinehart schimpfte über den »Vandalismus« der weißen Wichtigtuer. Sie nähmen sich diese Gipfel vor, die die Indianer seit ewigen Zeiten »als den alten Mann der Winde kennen oder als die Spitze der roten Feder, und dann nennen sie sie Mount Thompson oder Mount Morgan«. Warum, fragte sie rhetorisch, »warum um alles in der Welt, wird die denkbar poetischste Nomenklatur, die der Indianer nämlich, die die Gipfel, Seen und Flüsse einst getauft haben, ersetzt durch die Namen von obskuren Regierungsvertretern, Professoren unbedeutender Universitäten und gänzlich unwichtigen Zeitgenossen, die hinaus in den Westen ziehen, um sich auf den amtlichen Landkarten zu verewigen«?

In einem weiteren Tagesritt überqueren wir die kontinentale Wasserscheide, die der Länge nach durchs Felsengebirge verläuft. Dabei steigen wir bis auf zweitausendsiebenhundert Meter. Der letzte Sattel kostet uns mehr Schweiß als alle bisherigen Gipfel. Roberts Rinehart scheint ähnliche Erfahrungen gemacht zu haben: »Bislang glaubte ich, ein Pass sei so etwas wie eine Senke im Gebirge. Doch handelt es sich vielmehr um den höchsten Punkt zwischen zwei Gipfeln. Ein Pass ist kein Durchbruch, sondern eine Barriere. Ein Ort, der das Blut zum Gerinnen bringt, wo das Pferd auf der einen Seite wie eine Gämse hinaufklettert, um auf der anderen schleunigst hinabzurutschen, während Sie versuchen, es zu führen, wobei es Ihnen andauernd auf die Füße trampelt.«

Doch der Rundblick entschädigt für alle Mühen. Rittlings hocken wir auf dem Dachfirst Nordamerikas. Östlich von hier fließt alles Wasser in den Golf von Mexiko, westlich in den Pazifik. Unweit der kanadischen Grenze schließt sich dann noch eine weitere Scheide an: Was dort an Regen fällt, strömt am Ende ins Nordpolarmeer.

Wir weiden uns an der Szenerie und sind zugleich Teil davon. Die Tiere schlagen eine Brücke zwischen uns und der Natur. Mehrfach gehen sie in Habt-acht-Stellung, wittern wohl einen Bären im Wald. Doch umsonst zückt Lynn seine vierundvierziger Magnum (»wenn so ein Grizzly dich aufs Korn nimmt, brauchst du schon etwas, das ihn nachhaltig entmutigt«) – unsere Beschatter bleiben im Dunklen. Rein statistisch sterben mehr Wanderer durch Blitzschlag als durch Bären, doch von den Blitzen spricht kein Mensch.

Pferde und Reiter spielen sich täglich besser aufeinander ein, lernen ihre Vorzüge und Unarten wechselseitig kennen. Die Lasttiere bilden einen eigenen Schlag. Ob Melonenschalen oder Müsliriegel – was so ein Maultier nicht alles verputzt. Durch schimmernde Wälder und über schmale, schwindelerregende Pfade folgen wir dem Flathead River. Am Ufer entdeckt Tyler mehrere Biberbäume, die beunruhigenderweise in Schulterhöhe abgenagt sind. Auf einer heideartigen, von Hummeln durchbrummten Lichtung schlagen wir am Ende unser Lager auf. Hier lässt Tyson nun auch die Pferde frei grasen. Nur zwei Leittiere bindet er an, dann werden die übrigen schon in der Nähe bleiben. Am nächsten Morgen die böse Überraschung: die beiden Leittiere sind noch da, die anderen aber haben sich aus dem Staub gemacht. Sind sie womöglich dem Magnetismus der Ranch erlegen, obwohl die noch fünfzig Meilen entfernt liegt? Zähneknirschend macht Tyson sich auf die Suche. Es dauert einen halben Tag, bis er die verdammten Gäule findet. Sie standen praktisch um die Ecke, reglos zwischen den Bäumen, sodass er dreimal daran vorbeigeritten ist.

Etwas melancholisch treten wir schließlich den langen Ritt zurück an. Die Haltung schlaffer, die Gedanken ruheloser, die Gespräche spärlicher. Nun, da es zu Ende geht, macht sich Müdigkeit breit. Erschöpft bugsieren wir die Tiere in die Hänger und fahren zurück. Gleich wird uns Bill mit großem Hallo in Empfang nehmen. Das also war er, mein lang gehegter Traum. Er bedeutete mehr als nur die Erfüllung einer sentimentalen, unzeitgemäßen Fantasie: eine kathartische Erfahrung, eine Rosskur für Körper, Geist und Seele. Vielleicht sollte ich in der nächsten Telegrafenstation einen Gruß an die Kollegin Roberts Rinehart kabeln: »Durch Rockies geritten – Seele gerettet!«

DIE LETZTEN WILDEN PFERDE

Die Rückkehr der Tachi

天马行空
(Tian Ma Xing Kong)

Chinesische Redewendung,
wörtlich etwa: *Die himmlischen
Pferde durchstreifen die Lüfte.*
Ein Ausdruck der Bewunderung
für frei schweifenden Geist und
unbändige Schaffenslust.

Es hat seinen eigenen Reiz, China gewissermaßen
durch die Hintertür zu betreten, auf dem Landweg
nämlich. Zum Beispiel über die Dsungarische Pforte. Sie ist so etwas wie der Brenner von Zentralasien,
der noch am einfachsten zu passierende Übergang
zwischen Orient und Fernem Osten. Richthofen
apostrophierte sie als »die asiatischen Säulen des
Herkules«.

Von Kasachstan her kommend, muss die Eisenbahn tief in die Steppe hinein ausweichen, um das
himmelhohe Tienschan-Gebirge (Tian Shan) zu um-
fahren. Am Balchaschsee, einer salzigen Pfütze von
der fünfunddreißigfachen Fläche des Bodensees,

schwenkt sie dann nach Osten ab. Zu beiden Seiten erstrecken sich bis zum Horizont bleiche Grasbüschel auf noch bleicherem Boden, ausgedörrt von einer fahlen, weißen Sonne. Von Zeit zu Zeit gellt die satte Quinte der Dampfpfeife wie ein Schlachtruf über das Land. Irgendwo im Nirgendwo kommt schließlich der Grenzposten Druschba (»Freundschaft«, kasachisch Dostyk) in Sicht. Hier muss der Zug umgegleist werden, von der russischen Breitspur auf die auch in China gebräuchliche Normalspur. Zusammen mit den Grenzformalitäten zieht sich diese Prozedur über viele Stunden hin. Das Warten ist die geistige Entsprechung zur Steppe: gleichförmig und unausweichlich.

Lassen wir die Gedanken also etwas schweifen. Rund hundertvierzig Jahre ist es her, dass Nikolai Michailowitsch Przewalski, ein russischer Forscher und Offizier polnisch-kosakischer Herkunft, nordöstlich von hier die letzten Wildpferde der Erde entdeckte. Ihm zu Ehren wurden sie Przewalski-Pferde benannt; bisweilen firmieren sie auch unter ihrem mongolischen Namen Tachi (englisch Takhi). Es handelte sich um gedrungene, sehr kraftvolle und ausdauernde Pferde. Typisch waren das isabellfarbene, also zwischen graugelb und goldbraun variierende Fell, die Stehmähne und der schwarze Aalstrich entlang des Rückgrats. Den Einheimischen waren sie natürlich seit je vertraut, das bezeugen schon prähistorische Felsbilder im Altai und rund um die Gobi. Auf einigen machen berittene Menschen Jagd auf wilde Pferde, da war die Zähmung dann bereits vollzogen. Vereinzelt tauchen sie auch in chinesischen Annalen und in der örtlichen Literatur auf. Die älteste schriftliche Erwähnung reicht dreitausend Jahre weit zurück, als Steppenvölker dem chinesischen König Mu (Zhou Muwang) vierzig wilde Pferde als Tribut zollten. Er galt als besonders reisefreudig, sprich expansiv. Seine Streifzüge führten ihn bis in die westlichen Kunlun-Berge, die heute kurioserweise ebenfalls Przewalkis Namen tragen. Bereits im dritten Jahrhundert vor unserer Zeitrechnung unterscheidet das »Er Ya«, halb Wörterbuch, halb Kompendium, zwischen Hauspferden und Wildpferden. Im neunten Jahrhundert führt auch der tibetische Mönch Bodowa in seinen »Erzählungen von den Naturschätzen« wilde Pferde auf. Und in der »Geheimen Geschichte der Mongolen« aus dem dreizehnten Jahrhundert gerät kein Geringerer als Dschingis Khan durch eine Tachiherde zu Fall, die unvermutet seinen Weg kreuzt und seinen Rotfuchs scheuen lässt. Er stirbt schließlich an den Folgen dieses Unfalls; der Anfang vom Ende des größten Weltreichs der Geschichte, das durch Pferde erst möglich geworden war. Einerseits verehrten die Mongolen die Tachi als die Ahnen ihrer über alles geliebten Reittiere; das Wort bedeutet denn auch so viel wie »heilig«. Andererseits verfolgten sie sie bis zur

Ausrottung. Im Westen dagegen hatte man bis zu Przewalskis »Entdeckung« praktisch keine Kenntnis von ihnen. »Es ist völlig rätselhaft«, wunderte sich der ungarische Archäozoologe Sándor Bökönyi, »wie ein Säugetier von so großen Körpermaßen den europäischen Zoologen so lange unbekannt bleiben konnte.« Dabei hätte es genügt, ein chinesisches Nachschlagewerk zu Rate zu ziehen.

Przewalski hat vier große Reisen durch die Weiten Innerasiens unternommen, die damals »noch so unbekannt waren wie das Innere Afrikas«. Auf der fünften ist er am Yssyköll im heutigen Kirgistan an Typhus gestorben. Bereits auf der ersten Expedition erzählten ihm mongolische Gewährsleute 1873 von wilden Steppenpferden, die überaus schwer zu jagen seien. Ihr Hauptverbreitungsgebiet liege rund um den damals noch bestehenden Lop-Nor-See. Später zweifelt er dann zwar an diesen Berichten, doch scheinen sie durchaus plausibel. Ähnliche Zeugnisse hatten das Abendland auch früher schon erreicht. Der wohl erste Europäer der Neuzeit, der sie mit eigenen Augen gesehen hat, war Johannes Schiltberger, der 1396 als Knappe zunächst in türkische, dann in mongolische Gefangenschaft geriet. Dreißig Jahre später schrieb dieser bayerische Marco Polo nieder, was ihm widerfahren war. Dabei überliefert er als erster westlicher Reisender den Namen »Sibirien«, und er erwähnt auch die Tachi. »Der Herrscher dieses

Landes (Sibirien) schickte dem Obmann auch wilde Pferde, die man im (Altai-)Gebirge gefangen hatte. Sie haben etwa die Größe von Eseln. Es gibt noch vielerlei Tiere, die man in Deutschland nicht kennt.«

Das sollte auch noch lange so bleiben. Wobei auffällt, dass die Tachi von Beginn an den Vergleich mit Eseln evozieren; die Ähnlichkeiten sollten noch allerhand Verwirrung stiften. Auch machen die einheimischen Informanten oft keinen Unterschied zwischen wilden und verwilderten Pferden. Und selbst wenn sie ihn machen, so geht er in der vielgliedrigen Übersetzungskette (etwa Deutsch – Russisch – Kirgisisch – Chinesisch und zurück) schnell verloren.

1720 begleitet der Schotte John Bell den russischen Botschafter nach Peking, um als Arzt an der dortigen Gesandtschaft zu wirken. Sie bewältigen die gesamte Strecke hin und zurück im Sattel. Dabei berichtet Bell auch von Wildpferden am Nordrand des Altai. Anders als oft zu lesen, hat er sie selbst nicht gesehen, sondern nur in Tomsk davon gehört. »Es gibt dort zahlreiche wilde, fuchsbraune Pferde. Auch wenn sie schon als Fohlen gefangen werden, lassen sie sich nicht zähmen. Es sind die wachsamsten Wesen überhaupt. Die Kalmücken erlegen sie mit Speeren.«

1826 unternimmt Carl Anton von Meyer, der spätere Direktor des Botanischen Gartens von Sankt Petersburg, eine Forschungsreise in den chinesischen Teil der Dsungarei. Vom russischen Grenzposten

Baty aus, auf einer Insel im Irtysch gelegen, gelangt er flussaufwärts bis zum Saissan-See. Dort streift er mit Kirgisen durch die Steppe und die Vorberge des Altai. Auch er sieht die Tachi nicht mit eigenen Augen, doch seine Gastgeber schildern sie ihm plastisch: »Sie (die Kirgisen) verfolgen die wilden Pferde, die sie nach den Stellen, wo der Schnee sehr tief liegt, hintreiben und dort erlegen.« Aus eben dieser Region wird Przewalski zwei Generationen später das ominöse Fell mit nach Hause bringen, die Trophäe eines kirgisischen Jägers.

Drei Jahre nach Meyer begibt sich der damals bereits weltberühmte Alexander von Humboldt im Auftrag der russischen Regierung auf eine Erkundungsreise durch den Ural. Der Mineraloge Gustav Rose und der Biologe Christian Gottfried Ehrenberg begleiten ihn. Ihre Finanziers erhoffen sich vor allem die Entdeckung neuer Bodenschätze: Gold, Erze, Diamanten. Doch der im sechsten Lebensjahrzehnt stehende Universalgelehrte verfolgt eigene Pläne und erfüllt sich seinerseits einen Traum, »ein heißer Wunsch meiner Jugend, zugleich den Amazonen-Strom und den Irtysch gesehen zu haben«. Und so absolvieren sie den Ural im Eiltempo, um ihre Auftraggeber dann mit »einer kleinen Erweiterung unserer Reisepläne« vor vollendete Tatsachen zu stellen: Sie wollen noch gut zweitausend Kilometer weiter nach Südosten vorstoßen, bis zum Altai. »Ich kann dem Drang nicht widerstehen«, bekennt Humboldt, ganz Vollblutreisender. Der Ural ist diesem Liebhaber der Hochgebirge schlicht zu niedrig. Auch mutet er kaum anders an als heimische Gefilde: »Der arme Ehrenberg klagt noch immer über die Berlinische Vegetation, die wir nicht abstreifen können. Unter dreihundert Pflanzen kaum vierzig sibirische.« Der Altai ragt dagegen viereinhalbtausend Meter auf und bietet »für Ehrenberg eine ergiebige Quelle neuer Pflanzen«.

Die drei Forscher legen fast die gesamte Strecke von Berlin bis zur chinesischen Grenze in Kutschen zurück, wobei über zwölftausend Pferde eingespannt werden. Noch auf den entlegensten Etappen halten sie dabei erstaunlich gute Verbindung zur Welt. Die Post nach Deutschland ist nur sechs Wochen unterwegs, umgekehrt bekommen sie Berliner Zeitungen bis in die Pampa nachgeschickt (»langweilige Beschreibungen von Hoffesten, kranken Ministern«). Schließlich erreichen sie Semipalatinsk, kasachisch Semei genannt. Die befestigte Stadt dient als Drehscheibe für den Handel mit China, auch aus Taschkent kommen Karawanen, sogar aus Kaschmir. Humboldt lässt sich ihre Reiserouten so detailliert schildern, dass man noch heute nach seinen Aufzeichnungen navigieren könnte. Zur Überprüfung zieht er chinesische Atlanten heran. Er hat eine hohe Meinung von den dortigen Geografen, »die in ihren Ortsbeschreibungen stets genau sind«.

Nachdem sie schon mehrfach Saiga-Antilopen gesichtet haben, erstehen sie in Semipalatinsk das Fell eines Sibirischen Tigers und eines Schneeleoparden. Letzteres befindet sich bis heute im Berliner Museum für Naturkunde; Ehrenberg hat damals die erste wissenschaftliche Beschreibung über beide Spezies verfasst. Bis dahin hatte man in Europa nicht glauben wollen, dass Raubkatzen in derart nördlichen und kalten Gefilden vorkommen könnten. Wildpferde zählen zwar nicht zu den von ihnen beobachteten »zoologischen Merkwürdigkeiten«; dass die Vorfahren des Hauspferds aber »aus den kalten, dürren Ebenen Hochasiens stammen«, scheint Humboldt ausgemachte Sache. Sein Berliner Kollege Carl Ritter hatte schon damals prophezeit: »Wenn irgendwo, ist hier (in der dsungarischen Gobi) noch die Heimat der Kamele und Pferde in ihrem wilden Zustande.«

Anschließend ziehen sie den Irtysch aufwärts bis zu einem »chinesischen Pikett (Vorposten) in der Dsungarei«. Es ist die gleiche Grenzstation, die Meyer zuvor besucht hat. Hier, etwa auf halber Strecke zwischen Sankt Petersburg und Peking, kommt es zu einer ebenso idyllischen wie symbolträchtigen Begegnung zweier Welten. Der Befehlshaber erweist sich als gebildeter Beamter, »in Seide gekleidet, mit einer hübschen Pfauenfeder auf der Mütze«. Er lädt sie in seiner Jurte zum Tee, den die Chinesen zu Humboldts Erstaunen »ohne Milch und Zucker« trinken. Der

Kommandant ist erst vor wenigen Tagen aus Peking angekommen, nach viermonatiger Dienstreise im Sattel. Als Humboldt ihn um einige Bücher für seinen Bruder Wilhelm bittet, der sich mit der chinesischen Sprache beschäftige, bekommt er »Die Geschichte der drei Reiche« geschenkt, einen der klassischen Romane der chinesischen Literatur. Humboldt revanchiert sich mit einigen Gegengaben, unter denen der Bleistift besonders reüssiert, denn ein solches Utensil ist in China unbekannt. Damit schreibt der Statthalter auf Chinesisch und Mandschurisch eine Widmung in die Bücher.

Dann ziehen die Gäste weiter, bis sie außer Sichtweite sind. Sie wollen nicht als Spione verdächtigt werden, wenn sie die astronomische Ortsbestimmung dieses östlichsten Punktes ihrer Reise vornehmen. Befriedigt stellen sie fest, dass sie den gleichen Längengrad wie Benares erreicht haben. Wären sie etwas länger geblieben oder etwas tiefer in die Steppe hinein vorgestoßen, so hätten wohl auch sie Kunde von den Tachi nach Europa gebracht, vielleicht sogar das Fell eines solchen Tieres, und das Przewalski-Pferd hieße womöglich Humboldt-Pferd. So aber entführt der große Naturforscher nur ein Murmeltier aus dem Altai, das fortan die königliche Menagerie auf der Pfaueninsel bereichert.

Rund fünfzig Jahre später, Anfang 1876, machen sich Alfred Brehm, Otto Finsch und Karl Graf von

Waldburg-Zeil auf den Weg in den Altai. Sie folgen weitgehend der Route Humboldts, treffen gelegentlich auch auf dessen Spuren, nur dass sie von Berlin bis Nischni Nowgorod nun schon die Eisenbahn nutzen können. In Semipalatinsk begrüßt sie die Frau des Gouverneurs mit »Willkommen in der Wüste«. Aufgrund »der neuerdings vereinbarten Grenze« wurden die russischen Vorposten nach Süden vorgeschoben, sodass Brehm und seine Begleiter weiter in die Steppe hinein vordringen als Humboldt. Für einige Tage ziehen sie gar durch chinesisches Hoheitsgebiet und erreichen dann in Saissan (Zaissansk) wieder die Grenze. Der Stützpunkt unweit des gleichnamigen Sees, den schon Meyer bestaunte, ist erst vor einigen Jahren angelegt worden und umfasst rund hundertsechzig Häuser. Major Tichanoff, der Kommandant, beherbergt die drei aufs Zuvorkommendste. Brehm befragt einen kirgisischen Jäger und angesehenen Pferdedieb namens Matschafs Aldiaroff, der ihm einen ausführlichen und zutreffenden Bericht über Wildkamele in der Dsungarei gibt. Es verwundert, dass der Tiervater diesen Berichten nicht weiter nachgegangen ist. So blieb es denn Przewalski vorbehalten, im Jahr darauf mehrere Wildkamele im Tarim-Becken zu erlegen und als deren »Entdecker« in die Naturgeschichte einzugehen.

In Saissan hört Brehm auch von zwei Arten von

»Wildpferden«, und auf die eine macht er sogleich Jagd. »Es war uns heute beim Aufbruche gesagt worden, daß man sie hier regelmäßig zu sehen bekäme.« Die halbe Garnison begleitet sie; allzu viel Abwechslung bietet sich ihnen sonst nicht. Schon nach gut einer Stunde »sahen wir plötzlich vier dieser schönen und stolzen Wildpferde, drei alte mit einem jungen Füllen. Ein von Tichanoff abgegebener Schuss blieb ohne Erfolg, nicht aber eine sofort von fast allen uns begleitenden Kirgisen und Kosaken unternommene Hetzjagd.« Nach zwanzig Minuten schwinden dem Fohlen die Kräfte, sie fangen es ein. Ermattet stirbt es am nächsten Tag.

Es waren Kulane. Die heute zu den Halbeseln gerechnet werden, damals aber noch als Pferde galten. »Wenn Darwins Lehrsätze sich als richtig erweisen sollten, dürfen wir in dem Kulan vielleicht den Stammvater unserer Hauspferde sehen.« Brehm setzte aufs falsche Pferd. Hätte er gewusst, wie nahe er den echten Wildpferden war, dann hätte er vielleicht weniger der Vogeljagd gefrönt. Denn seine einheimischen Begleiter berichten noch von einem weiteren Typus: »Auch eine zweite Art von Wildpferden, Surtaka genannt, kommt dort vor. Sie ist hellgelb von Farbe, hat viele lichte Stellen und einen kürzeren Schweif als der Kulan.« Surtaka – »syr« bezeichnet auf Kirgisisch die Steppe, und »taka«, das sind die Tachi. Als ihren bevorzugten Lebensraum geben seine Gewährsleute ein Gebiet an, das etwa bei Druschba, unserem Umspurbahnhof, liegt. Hätte Brehm sich an ihre Fersen geheftet, er wäre nicht nur als begnadeter Erzähler des Tierlebens in die Geschichte eingegangen, sondern auch als bedeutender Entdecker.

Doch auch hier war dem weitsichtigeren, konsequenteren Przewalski am Ende Erfolg beschieden. Drei Jahre später besucht er auf seiner dritten Reise denselben Außenposten, Saissan, berät sich mit demselben Kommandanten, Tichanoff, und befragt denselben kirgisischen Jäger, Aldiaroff. Nur dass er ihn dann auch als Führer anheuert und zwei Herden echter Wildpferde sichtet, einmal auch »auf Schußweite herankommt«. Doch sie ergreifen die Flucht, bevor er abdrücken kann. Dafür übergibt ihm Tichanoff das Fell und den Schädel eines wilden Pferdes, das kurz zuvor erlegt worden ist. Przewalskis »Entdeckung« geschieht also ziemlich unspektakulär und obendrein bereits bei der Anreise, noch auf russischem Gebiet; er ist noch gar nicht im Expeditionsmodus. Auch rätselt er lange, was er da wohl aufgespürt hat. Er hält es für »eine Zwischenform zwischen Esel und Hauspferd«, bezeichnet es auch als »Tarpan«, analog zu den südrussischen Steppenpferden. Die Petersburger Akademie der Wissenschaften deklariert es dann 1881 als Wildpferd. Es wird seinen Namen unsterblich machen.

Bereits damals ist die Spezies rar geworden, dezimiert durch erbarmungslose Bejagung und durch die Konkurrenz mit den Haustierherden um Wasser und Weidegründe. »Alles Grasland war übermäßig beansprucht vom Vieh«, berichtet er. Skeptische Zeitgenossen halten die Thakis ohnehin noch lange für verwilderte Hauspferde. Das ganze Spektrum zwischen wilden und domestizierten Pferden und Eseln ist noch eine einzige Grauzone, um nicht zu sagen Grautierzone. Tatsächlich bilden auch die Przewalski-Pferde nicht die direkten Vorfahren des Hauspferds, obwohl dies vielfach angenommen wurde und sicher auch nähere Verwandtschaft besteht. Der wahrscheinlichste Kandidat ist der besagte Tarpan, von dem zu dieser Zeit noch letzte Bestände in Südrussland existieren. In der Spielart des Waldtarpans könnten er oder eine vergleichbare Unterart die mittelasiatischen Gebirge bewohnt und eine andere Nische besetzt haben als die Steppenpferde. Oder es gab ein unbekanntes Bindeglied zwischen Tarpan und Tachi. Es ist bedauerlich, dass man den Huftieren damals generell nicht mehr Aufmerksamkeit schenkt. Zu Brehms Zeiten ziehen auch noch einige Quaggas durch den südafrikanischen Busch und, wie erwähnt, wilde Kamele durch die Gobi und die Dsungarei. Doch scheint kaum ein Bewusstsein der Bedrohtheit zu bestehen, kein Leidensdruck, der zu Schutzbemühungen gleich welcher Art geführt hätte. Und auch keine Schuldgefühle darüber, dass die sich breitmachende Menschheit die Schöpfung immer weiter dezimiert.

Nichts hat den Tachi dann so geschadet wie ihre »Entdeckung«, weckt sie doch die Begehrlichkeit von Museen und Zoologischen Gärten der westlichen Welt, zusätzlich zur Verfolgung durch die heimischen Jäger, die den Wildpferden längst nicht mehr mit Speeren, sondern mit weittragenden Feuerwaffen nachstellen. In den nächsten Jahrzehnten lichten etliche Fangaktionen die ohnehin schon kleinen Bestände, mit enormem Aufwand, bescheidenen Ergebnissen und verheerenden Verlusten. Da sie mit damaligen Mitteln anders nicht zu fangen sind, werden, im Stil von Brehms Kulanenjagd, oft ganze Herden niedergemetzelt, um wenigstens der Fohlen habhaft werden zu können. Die wenigen Exemplare, die lebend in Europa und Nordamerika ankommen, erfüllen die in sie gesetzten kommerziellen Erwartungen jedoch nicht, sehen sie doch kaum anders aus als domestizierte Pferde, nur untersetzter, struppiger, und irgendwie asiatisch. Wer will schon Haustiere im Zoo betrachten? Jedes Zebra wirkt exotischer.

Auf chinesischem Gebiet erfolgt die letzte Beobachtung in freier Wildbahn dann 1958, nachdem der Pekinger Zoo zuvor vergeblich zwei Fangexpeditionen in die Dsungarei geschickt hat. Noch 1973 melden mongolische Biologen in einer DDR-Zeitschrift mehrere Sichtungen – »das Wildpferd ist also noch nicht ausgestorben«. Doch danach kommen keine Berichte mehr. Lediglich in zoologischen Gärten haben einzelne Exemplare überlebt, die Gebrüder Heck und der Münchner Tierpark Hellabrunn sind bei dieser Rettungszucht federführend. Die Zahl der Tiere ist freilich 1945 mit etwa dreißig bedenklich gering; sie stammen von nur zwölf Wildfängen ab, mit entsprechend hohem Risiko der Inzucht. Bis in die neunziger Jahre wächst ihre Zahl dann auf anderthalbtausend an. Nun kann man daran gehen, einzelne Tiere in ihrem ursprünglichen Lebensraum auszuwildern. Im Nationalpark Chustain Nuruu sowie der sogenannten »Gobi B« in der Mongolei, und rund um das Kalamaili-Schutzgebiet in Xinjiang, auf halber Strecke zwischen Ürümqi und der Gobi. Darüber hinaus gibt es in China einige Zuchtstationen und Großgehege für Przewalski-Pferde, etwa bei Dunhuang, einer Oasenstadt, die lange den westlichsten Außenposten des Reiches bildete. Die Chroniken berichten, dass benachbarte Völker hier schon vor zweitausendeinhundert Jahren, zu Zeiten des Kaisers Wu (Han Wudi), Jagd auf wilde Pferde machten.

Harte Winter, Bergbau und Ölförderung, aber auch etliche tödliche Verkehrsunfälle nach dem Ausbau einer Schnellstraße durch die Kalmaili-Berge haben immer wieder Rückschläge verursacht. Hinzu kommen natürliche Feinde wie die Wölfe. Dennoch liegt der Bestand in freier Wildbahn in China inzwischen bei etwa hundertfünfzig Tieren. In den letzten Jahren hat sich ein engerer Kontakt mit Fachleuten der International Takhi Group (ITG) entwickelt. Parallel soll die Zusammenarbeit mit der Mongolei intensiviert werden, in der Hoffnung auf Reaktivierung alter Wanderrouten. »Wildtiere kümmern sich nicht um staatliche Grenzen«, erklärte der Schweizer Biologe Reinhard Schnidrig, Präsident der ITG, kürzlich nach Gesprächen in Xinjiang. »Unser Traum wäre ein grenzüberschreitendes Schutzgebiet, das nicht nur die Tiere zueinander brächte, sondern auch die Menschen aus beiden Ländern verbinden würde.«

In der gleichen Region südlich des Altai-Gebirges, in noch trockeneren und abgeschiedeneren Gebieten, hat auch das zweihöckrige Trampeltier überlebt. Anders als bei den Pferden hat die Wildform hier also durchgängig überdauert, wenngleich in so geringer Zahl, dass sie heute eines der seltensten Säugetiere überhaupt darstellt. Umso dringlicher wird der Schutz des Lebensraums Steppe. Immerhin handelt es sich um die Stammformen von zwei der bedeutendsten Nutztiere der Menschheit. Vieles spricht dafür, dass sie einst rund um den Altai und das östlich sich anschließende Sajangebirge domestiziert worden sind, möglicherweise noch mit dem Rentier im Bunde. Rinder dagegen vermögen in den kargen, salzigen Steppen Innerasiens nicht zu überleben, sodass Pferde als Lieferanten für Fleisch, Haar und Häute um so wichtiger waren. Die vermutlich früheste Nutzung war die als Milchtier. Bis heute steht Stutenmilch bei den altaischen Völkern hoch im Kurs; schon Schiltberger berichtet, dass der König der Großen Tartarei jeden Morgen eine goldene Schale davon trank. Erst später dürften Pferde dann als Trag- und Zugtiere abgerichtet worden sein, und schließlich auch zum Reiten.

Welch merkwürdiger Landstrich, diese Dsungarei. Den Passagieren der Eisenbahn erscheint sie als das Ende der Welt. Pferdefreunden aber gilt sie als deren Nabel, um den sich ein verschlungenes Epos von Ursprung, Untergang und Wiederauferstehung dreht. Dass dieses Epos auch eine deutsche Vorgeschichte hatte, ist bislang ebenso wenig geläufig wie die zahlreichen chinesischen Quellen über Wildpferde in den Weiten des mongolischen Plateaus. Es gibt also noch manches zu entdecken.

Die Quinte heult auf. Alles einsteigen! Es dunkelt bereits, als der Zug wieder anrollt. Von der Grenzstation schmettert eine muntere Fanfare herüber. Hier herrscht Ordnung, signalisiert sie. Hier herrscht Optimismus. Hier herrscht China. Es geht hinein nach Xinjiang, wörtlich »neue Grenze«. Erst seit zwanzig Jahren durchquert die Eisenbahn dieses Gebiet. Zwar war der Anschluss des chinesischen Schienennetzes an die sowjetische Turksib schon in den fünfziger Jahren geplant, doch dann zerstritten sich die beiden Riesen, und statt schwüler Freundschaft herrschte fortan Permafrost. 1968 wurden entlang der Grenze Truppen zusammengezogen, und die Feindseligkeiten hätten zu einem Krieg eskalieren können, womöglich zu einem Atomkrieg. Vier Jahre zuvor hatte China in der Taklamakan seine erste Atombombe gezündet. Doch es blieb schließlich beim Kalten Krieg zwischen Nord und Süd. Die Einrichtung des Kernwaffentestgeländes im ausgetrockneten Seebecken des Lop Nor korrespondiert mit dem Verschwinden der letzten dortigen Wildpferde. In einer solch grimmigen Welt war kein Platz mehr für sie.

Am nächsten Morgen erstreckt sich zu beiden Seiten der Trasse noch immer kahle, sonnengebleichte Steppe. Als wäre der Zug im Kreis gefahren. Das Gros der Passagiere sind kasachische Studenten, die chinesische Universitäten besuchen. Sie vertreiben sich die Zeit lesend, plaudernd und kartenspielend. In China, sagen sie, liegt ihre Zukunft. Die meisten fahren bis Ürümqi, manche auch bis Lanzhou. Wo sie im Provinzialmuseum von Gansu das berühmte Standbild des Fliegenden Pferdes bestaunen können. Eine rund zweitausend Jahre alte Bronzefigur, deren Entdeckung sich ausgerechnet der Krise mit der Sowjetunion verdankt. Damals wurden die Bewohner der Stadt Wuwei angewiesen, Unterstände für den Luftschutz auszuheben. Dabei stießen sie auf zweihundert Bronzefiguren in einem Grab, darunter das besagte Pferd. Der Schriftsteller und Archäologe Guo Muruo wurde hinzugezogen und erkannte sofort seine herausragende künstlerische Qualität wie auch seine Symbolkraft als eine Art chinesischer Pegasus. Das Pferd scheint der Schwerkraft enthoben, touchiert die Erde allein mit dem rechten Hinterhuf. Doch was heißt Erde – eigentlich schwebt es gänzlich in der Luft, genauer auf einem Vogel, der mal als Schwalbe, mal als Falke angesehen wird.

Diese ungemein kraftvolle und stilistisch ganz eigenständige Tierplastik verkörpert Freiheit und kreatürliche Energie in Reinform. Bis heute bringt sie die Bewunderung zum Ausdruck, die die Chinesen, die vor zwei Jahrtausenden in dieser unruhigen Grenzregion lebten, für die Steppenpferde hegten. Seit den achtziger Jahren verwendet das staatliche Amt für Tourismus die Statuette als Emblem. Die bekanntesten Reiseziele des Landes dürfen sich damit schmücken. So ist das Fliegende Pferd zum Botschafter einer ganzen Kulturnation geworden.

DIE MACHT DER BILDER

Die Pferde von Lascaux

So wurde der Mensch, beim Durch-
gang durch die Höhle, das träumende
Tier.
HANS BLUMENBERG,
Höhlenausgänge

Pferde! Pferde mit Fohlen! Ein roter Steinbock, ein
schwarzer Steinbock! Pssst, Kinder, nicht so laut!
Und wie viele Kühe seht ihr? Drei – sechs – acht!
Oder sind das Stiere? Da, schau! Schau nur!

Hat schon jemand den wutschnaubenden Bison
erspäht? Ein ganzer Wald aus Armen meldet sich,
die Hälfte davon dunkelhäutig. Am dritten Tag ihrer
Klassenfahrt durchs Périgord sind die Schüler aus
der Pariser Vorstadt bereits zu Experten für prähistorische Kunst herangereift. Bebend vor Begeisterung drängen sie sich in der tunnelartigen Verlänge-
rung des großen Saales von Lascaux IV, der neuen,
virtuosen Nachbildung der berühmten Höhle. Die
Decke ist über und über mit Tierfiguren bedeckt. Je
länger man emporschaut, um so mehr davon werden im Dämmerdunkel erkennbar; ein steinernes

Firmament, an dem die Tierkreiszeichen aufgehen. Allein ihre Dichte und Fülle erweckt den Eindruck kraftvoller Bewegung. In wogendem Reigen prescht die wilde Jagd rund um die Kuppel, man glaubt sie schnauben, brüllen, galoppieren zu hören, meint Moschus und Pferdeäpfel zu riechen.

Oben tritt die nächste Gruppe in die Halle ein. Eine Busladung Braunschweiger Senioren. Während der Führer seine Erläuterungen abspult – das größte Felsbild der Welt ... rund siebzehntausend Jahre alt ... vierhundertfünfzig Figuren allein in der Apsis, allesamt Tiere, bis auf den Mann mit dem Vogelkopf ... –, sehen sie sich mit hermetisch verriegelten Gesichtern um. Wirken mehr mit ihren Ängsten als mit den Bildern beschäftigt, von der Klaustrophobie der Kriegsgeneration bis zum verbissenen Widerstand dagegen, dass etwas von dieser archaischen Welt in ihnen fortwirken könnte.

Die Besuchszeit ist auf eine halbe Stunde beschränkt; es warten so viele. Während die Lehrerinnen die Kinder kaum vom Bann der Bilder losreißen können, schieben die Alten einander am Ende vorzeitig dem Licht der Welt und der Kaffeepause entgegen. Mit einem hastig ausgehändigten Trinkgeld kaufen sie sich schließlich von der verstörenden Begegnung frei.

Die Hügelkuppe von Lascaux erhebt sich am Eingang zu einem Engpass. Von Norden kommend, scheuerte die Vézère sich hier durch ein Massiv aus Sandstein und schuf ein Labyrinth mit Siphonkurven, Steilufern und schroffen Höhen. Entlang dieses dreißig Kilometer langen Abschnitts finden sich etwa sechzig prähistorische Stätten. Ein eiszeitlicher Themenpark, ein Ballungsraum der Vorgeschichte, dessen strategisch günstige Jagd- und Lagerplätze von der Zeit der Neandertaler bis hinein ins Mittelalter durchgehend genutzt wurden. Dies mag den stolzen Titel rechtfertigen, den die Region sich gab: das Tal des Menschen.

Auch wenn Pferde für die steinzeitlichen Jäger und Sammler ein begehrtes Wild darstellten, so sind sie doch auf den Felsbildern überproportional häufig vertreten. Hirsche und Rentiere wurden zum Beispiel weit öfter erlegt, da sie etwas langsamer und, nun ja, auch etwas unbedarfter sind, auch weniger wehrhaft. Doch als Motiv tauchen sie nur ganz verstreut auf, während Pferde obsessiv gemalt wurden. Mit rund dreihundertfünfzig Exemplaren handelt es sich um das mit Abstand populärste Tier in Lascaux, es steht für sechzig Prozent aller Darstellungen. Dieser Anteil dürfte sich quer durch die Kunstgeschichte kaum verändert haben; man geht wohl nicht fehl in der Annahme, dass drei von fünf jemals gemalten Tieren Pferde waren und sind.

In Lascaux kommen sie in zahlreichen Varianten vor. Als Ponyparade auf einem Sims, als fallendes

Pferd in einem engen Durchschlupf, als dreifarbiges Pferd, als quirlige Herde, mal lebensgroß, mal als Fragment. Sowie als »chinesische Pferde«, wie der Abbé Henri Breuil sie taufte, der Lascaux als Erster wissenschaftlich untersuchte und beschrieb. Sie erinnerten ihn an Zeichnungen, die er in China gesehen hatte. Vor allem aber ähnelten sie frappierend jenen Wildpferden, die Przewalski in der chinesischen Dsungarei entdeckt hatte: die ockergelbe Färbung, die Stehmähne, der schwarze Aalstrich auf dem Rücken, der robuste, etwas bullige Körperbau (siehe S. 249ff.).

Jeder Pferdefreund und jede Pferdefreundin sieht in diesen Darstellungen Urbilder seiner oder ihrer Leidenschaft. So auch Jean-Louis Gouraud, der den Diskurs über Pferde in Frankreich geprägt hat wie kein zweiter, als Autor wie als Reiter. »Es fragt sich, ob man in diesem Fall schon von Künstlern reden sollte«, meint er, »denn ihre eigentlichen Intentionen kennen wir nicht. Die haben Kunst gemacht, ohne es zu wissen, ganz wie Jourdain aus Molières ›Bürger als Edelmann‹, der seit vierzig Jahren Prosa spricht, ohne sich dessen bewusst zu sein. Aber wir sehen deutlich, dass das Pferd in ihrem Denken eine Sonderstellung einnahm. Dass der Mensch dieses Tier von Anfang an bewundert hat.«

Er habe sich oft gefragt, sinniert Gouraud, woher diese Faszination rühre. »Möglicherweise daher, dass

Pferde sowohl maskuline als auch feminine Eigenschaften auf sich vereinen. Dass sie Kraft und Überlegenheit ebenso ausstrahlen wie Grazie und Sensibilität.« Diese beiden komplementären Seiten machten sie für uns unentbehrlich: »Erst recht heute, wo wir weit entfernt von der Natur und vom eigentlichen Leben sind. Die Pferde führen uns zu unseren Instinkten zurück.«

Was ihn jedoch an den Bildern beunruhige, gesteht er, sei deren Konstanz über Jahrzehntausende hinweg. »Warum ist niemand darauf verfallen, sich mal draufzusetzen?« Die ältesten Pferdedarstellungen der Welt, zugleich mit die ältesten Kunstwerke überhaupt, sind ungefähr sechsunddreißigtausend Jahre alt. So etwa das elegante Pferdchen aus der Vogelherdhöhle in der Schwäbischen Alb oder die Zeichnungen in der Chauvet-Höhle. »Die frühesten Hinweise auf eine Domestikation aber finden sich allenfalls vor sechstausend Jahren. Warum hat das eine halbe Ewigkeit gedauert?«

Im Grunde stellte die Höhlenkunst bereits einen ersten, noch imaginären Akt der Domestikation dar, den Versuch, die Beute dem menschlichen Willen zu unterwerfen. Für den Kulturphilosophen Georges Bataille wurde sie zur Kronzeugin seiner zwischen Eros und Tod beheimateten Anthropologie. In Jagd und Kunst sah er religiöse Mechanismen vorgeformt. Den Schöpfern von Lascaux bescheinigte er einen

»Trieb zum Wunderbaren« und widmete der Höhle in den fünfziger Jahren eine begeisterte Monografie.

Die Fundstätten an der Vézère liegen am Fuß gewaltiger Felsüberhänge, die seit Urzeiten Schatten und Unterschlupf gewähren, zudem reiche Vorkommen von Feuerstein. Nach Zufallsfunden in verschlafenen Dörfern wurden ganze Jahrzehntausende benannt, so das Magdalénien und das Moustérien. Die fünf Skelette, die 1868 in der Felsnische von Cro-Magnon ans Licht kamen, gaben gar einem ganzen Menschentyp den Namen, dem ersten mit rundum moderner Anatomie. Einige der frühesten Immigranten Frankreichs, tauchten sie hier vor knapp vierzigtausend Jahren auf. Der Name könnte treffender nicht sein: Cro-Magnon heißt in der hiesigen Mundart schlicht »großes Loch«. Ein leerer Ursprung, ein nutzloses Geheimnis. Der Schoß der Zeit, dem wir entsprungen sind.

Im September 1940 durchstöberten vier Jugendliche den Hangwald von Lascaux. Natürlich suchten sie einen Schatz – Urform allen archäologischen Drangs ins Verborgene. Bezeichnenderweise war die Entdeckung selbst das Ergebnis einer Jagd: Ihr Begleiter, ein Hund mit dem possierlichen Namen »Robot«, verfolgte ein Kaninchen, das in einer Erdspalte verschwand. Sie erwies sich als der verschüttete Eingang zu einer Höhle; die vier Helden zwängten sich hindurch. Unten öffnete sich ein ovaler Saal mit dem Volumen einer Dorfkirche, von dem schmale Gänge abzweigten. Im Licht ihrer Ölfunzel dämmerten immer mehr Tiergestalten hervor und mit ihnen die Ahnung, etwas ganz Besonderes entdeckt zu haben.

Sie schworen einander, das Geheimnis auf ewig zu bewahren. Nach drei Tagen wusste es das ganze Tal. Der Priester Henri Breuil, der seit Jahrzehnten mit fanatischem Eifer die Urgeschichte erforschte, kam unverzüglich nach Lascaux. Bald entwickelte sich der Fund zur Touristenattraktion. Doch so ehrfürchtig sich die Besucher auch betrugen, veränderten sie doch die Atmosphäre der Höhle. Was siebzehntausend Jahre im Tiefschlaf unbeschadet überstanden hatte, zeigte zwanzig Jahre nach der Erweckung bedenkliche Spuren von Verfall. Algen und Pilze kolonisierten die Wände, Kalkausfällungen drohten die Fresken zu zerstören. 1963 wurde die Kunstkrypta schließlich für die Öffentlichkeit geschlossen.

Damit war der Menschheit ein singulärer Schatz entzogen und den Besitzern, erst den Grundeigentümern, dann dem Departement Dordogne, eine singuläre Einnahmequelle. Man sann auf Abhilfe. 1983 entstand unweit des Originals eine getreue Nachbildung, Lascaux II. Später kam noch eine Wanderausstellung hinzu, die als Lascaux III weltweit die Runde macht. Doch mittlerweile ist am Nordrand der Provence eine Rivalin aufgetaucht. Die Malereien der

Chauvet-Höhle mögen nicht ganz so formvollendet wirken – dafür sind sie doppelt so alt. Unpassenderweise wurde dieses Wunderwerk nach einem der drei Höhlenkundler benannt, die es 1994 entdeckt haben. Auch diese Stätte ist für die Öffentlichkeit gesperrt, doch 2015 eröffnete daneben eine detailgetreue Nachbildung, die seither jährlich rund sechshunderttausend Besucher verzeichnet. Das Périgord wollte nachziehen. Mit einem spektakulären Faksimile, das zugleich hypermodern und archaisch anmutet: Lascaux IV. Entworfen wurde es von dem norwegischen Architektenbüro Snøhetta, das auch die Oper in Oslo gestaltet hat. Wie die Originalhöhle, so ist auch ihr Ebenbild als Kultstätte konzipiert. Mit pharaonisch schrägen Wänden, mit viel Beton, dem Fels der Moderne, und mit allen Attributen eines geeigneten Lagerplatzes: Rückendeckung durch den Hang, Schutz vor Wind und Wetter, weite Sicht, dazu ein paar Springbrunnen als sprudelnde Quellen. Die gezackte Silhouette erinnert an eine Fieberkurve; ein horizontaler Zeitblitz, der in die Gegenwart einschlägt.

Die neue Kopie wurde Ende 2016 eröffnet, im Beisein des letzten noch lebenden Entdeckers, der damals »Robot« hinterhergestiegen war. Das Gehäuse schmiegt sich an den Hang, wurde aber weitgehend ebenerdig errichtet und nur leicht ins Souterrain abgesenkt. Dennoch glaubt man innen unwillkürlich, im Bauch der Erde angelangt zu sein. Die rund tausend Quadratmeter große Kunstharzschale imitiert den Fels erstaunlich überzeugend, und auch hier herrschen konstant dreizehn Grad. Vor allem aber machen die Wandgemälde alles andere vergessen. Hierfür wurde die Höhle derart millimetergenau vermessen, dass die Scanner sogar einige Ritzungen erfassten, die bislang übersehen worden waren. Dann übertrug ein Team von Spezialisten zwei Jahre lang ein Felsbild nach dem anderen.

Von der Kunsthöhle gelangen die Besucher anschließend ins sogenannte Atelier, eine große Halle, in der verschiedene Abschnitte nochmals rekonstruiert wurden, diesmal aber im offenen Querschnitt und näher am Betrachter. Mittels Schwarzlicht, Fluoreszenz und anderer Effekte werden einzelne Figuren hervorgehoben und ihre Konturen nachgezeichnet. Audioguides erläutern die vorgestellten Szenen, ein 3-D-Kino beschwört die Welt der Urzeit herauf, und die »Galerie des Imaginären« lädt zu einer virtuellen Expedition durch die Kunstgeschichte. Anima, Animal, Animation. Die Medien von heute vervielfältigen das Material von Lascaux I bis ins Unendliche.

Vor zwanzig Jahren hatte ich das Glück, auch das Original besuchen zu können. Wie schon zu Urzeiten besitzt der Einstieg dort den Charakter einer Initiation. Zunächst das Vorgespräch im Waldhäuschen, bei dem der Höhlenwärter gedanklich in die

Unterwelt einführt, um drinnen nur mehr das Nötigste reden zu müssen. Dann die paar Schritte bis an die Pforte, hinter der es siebzehntausend Jahre in die Tiefe geht. Der mit schweren Steinquadern eingefasste und mit einer blaugrünen Stahltür versiegelte Eingang betont den sakralen Charakter des Ortes. Eine Schleppe breiter Stufen führt hinab wie in ein archaisches Heiligtum. Mehrere Schleusen sollen Licht und Außenluft fernhalten. Die Schuhsohlen werden in einem Formalinbad desinfiziert, eine chemische Läuterung. Das Pizzicato Aberhunderter von Wassertropfen hängt als Klangvorhang vor der letzten Tür, dahinter herrscht modrige Kühle und Finsternis. Wie im Kino glimmt eine Notbeleuchtung an den Wänden. Vorsichtig setzt man auf dem unebenen Boden ein paar Schritte weiter in die Dunkelheit hinein.

All diese sinnlichen Qualitäten fehlen den Attrappen zwangsläufig, so wie dort auch keine Temperaturfühler, Absperrbänder, Leitern herumstehen. Auch die Stille und die prägnante Akustik, die selbst ein schlichtes »Vorsicht, Stufe« wie den Anfang eines Gebets klingen lassen, gehen ihr ab. Ich hatte mir vorgenommen, einen kühlen Kopf zu behalten und, falls gar Enttäuschung aufkeimen würde, sie auch zuzulassen. Umsonst – die Wirkung war ungeheuerlich, war derart stürmisch und absolut, dass die Bilderzentrifuge bis heute in der Erinnerung rotiert. Hier führten Profis die Regie, die Höhle wurde schon damals auf größtmögliche Wirkung hin inszeniert. Bei aller Rauschhaftigkeit wirken sowohl die Komposition des Ganzen als auch seine Elemente von souveräner Überlegung geprägt. Als Gesamtkunstwerk funktioniert Lascaux noch wie am ersten Tag, wie auch die Farben, das Rot, das Schwarz, das Ocker, an den feuchten Wänden leuchten, als wären die Maler nur mal eben rausgegangen, um frische Luft zu schnappen.

Jede Eigenart des Untergrunds wurde ins Design miteinbezogen. Eine Wölbung im Fels geriet zur Wamme eines Auerochsen, ein Grat zum Widerrist eines Pferdes, ein Loch zum Kuhauge. Das Fleisch war immer schon im Fels verborgen, die Maler befreiten es nur. In diesem Ausgehen von der Materialität drückt sich eine frappierend moderne Kunstauffassung aus. Ebenso im Nebeneinander verschiedener Maßstäbe und Perspektiven, von figurativer Bestimmtheit und äußerster Abstraktion, in der Stilisierung fast bis zum Logo, im Einsetzen des Kunstwerks in die Natur und in der aktiven Teilnahme der Betrachter. Man könnte die Schöpfer von Lascaux unbesorgt zur Biennale einladen.

Auch im Original bleibt der Besuch auf eine halbe Stunde begrenzt. Die letzte Phase der Initiation bildet die Wiedergeburt, die Rückkehr in die Wirklichkeit. Die linde Luft, das Grün, das Licht, all das nimmt man wie in Trance wahr, schwer atmend und in gesteigerter Intensität. Doch zugleich wirkt alles hier draußen denkbar unerheblich, oberflächlich eben. Und mit einem Mal so sterblich.

Als die Malereien entstanden, herrschte in Südfrankreich ein Klima wie heute in Lappland. Zwischen den Gletschern der Alpen und der Pyrenäen erstreckte sich eine weitläufige Kältesteppe mit allenfalls schütterem Baumbestand, aber mit einem Tierleben wie in der Serengeti. Ein paar Kilometer flussabwärts versucht der Wildpark von Le Thot, die damalige Megafauna in Fleisch und Blut zu präsentieren, darunter Przewalski-Pferde, Tarpane, Wisente, Auerochsen und Steinböcke. Seit der Eröffnung von Lascaux IV haben sich auch hier die Besucherzahlen verdoppelt, was die Einrichtung eines Wolfsgeheges ermöglichte. Mammuts, Höhlenlöwen und Wollnashörner freilich muss die Fantasie ergänzen.

Mehrere Tage lang streife ich danach durchs Tal. Folge der von Pappeln gesäumten Vézère und wandere über die von Bächen und Schluchten durchfurchten Plateaus. Ein kleinteiliges Relief, tausendfältig wie ein Gehirn. Verwunschene Dörfer kuscheln sich in die Täler, hie und da krönt ein schmuckes Schlösschen oder eine trutzige Abtei eine Anhöhe. Das Périgord würde zu den abgeschiedensten Landstrichen Europas zählen, wäre es nicht in zwei Disziplinen Weltspitze: in der Prähistorie und der Gastronomie.

Zwischen beiden besteht durchaus Verbindung, gibt doch klassische Jäger- und Sammlerbeute der Küche Kolorit: Nieder- und Federwild, Trüffel, Pilze, Nüsse und Waldfrüchte. Auch Pferde werden hier vielfach noch verschmaust, gleichberechtigt mit Rindern und Schweinen. Als Steak, Tartar oder Wurst finden sie sich auf den Speisekarten, auch Herz und Hirn werden angeboten. Einige Reitbetriebe sind gar dazu übergegangen, jene Tiere, die eingeschläfert oder geschlachtet werden müssen, am Ende selbst zu essen, bevor die Tierverwerter nur Schuhcreme, Kleister und Hundefutter daraus machen. So haben sie Teil am Kreislauf von Werden und Vergehen. In Ländern wie Frankreich, Italien oder Island, die Hippophagie betreiben, in denen also Pferdefleisch verzehrt wird, ist der einstige Charakter als Wildbret noch erkennbar. Und damit der Ursprung unserer Faszination: Pferde waren nicht Freunde, sondern Beute. Wir hatten sie zum Fressen gern.

In den Wiesen blühen Orchideen wie anderswo Unkraut, Schmetterlinge taumeln um sie her. Verstohlen kampiere ich in der Nähe vorgeschichtlicher Plätze, zum einen, um den wilden Mann zu spielen, vor allem aber, weil sie regelmäßig an den schönsten, lauschigsten Ecken liegen. Mit einer schützenden Felswand im Rücken, freiem Blick nach vorne, einer Wasserstelle nahebei und einem leichten Lüftchen, das die Fliegen fernhält. Dazu nicht weit von einer

Furt, durch die das Wild ziehen musste. Denn meist wird eines der Ufer von Klippen eingefasst. Diese von Frost und Wasser modellierten Abris bilden das Markenzeichen der Region, bestimmen ihre prähistorische Skyline.

Neben einer Handvoll prominenter Fundstätten gibt es Dutzende kleiner Schlupfwinkel, an denen etwa Kindergräber, Venusfiguren oder das Relief eines Lachses zutage kamen. Die meisten befinden sich in privater Hand und liegen weitab der Hauptstraße, was ihrem Besuch zusätzlichen Charme verleiht. Am Hof von Le Ruth zum Beispiel empfängt mich Camille Pages, eine drahtige Dame mit silbernen Augen und schlohweißem Haar. Umsprungen von ihren Hündchen, steigen wir durch den Wald. Ihr Vater, erzählt sie, habe sich derart leidenschaftlich als Hobbyarchäologe betätigt, dass er darüber beinah die Landwirtschaft vergaß. Sein Kabinett birgt ganze Arsenale eigenhändig geernteter Klingen, Schaber, Keile und Pfeilspitzen. Seelenruhig spricht die alte Dame von »unseren Jagdzügen«, »unserer Feuersteinindustrie« und dekliniert die Eis- und Warmzeiten durch, als sei sie selbst dabeigewesen. Im Tal des Menschen ist jeder Aristokrat. In einem Schuhkarton beherbergt die Sammlung auch Gebeine. Die seien freilich, bemerkt Madame obenhin, »nur merowingisch«.

Auch Cap Blanc gehörte lange einer Familie aus

der Nachbarschaft, die sich liebevoll um das Prachtstück kümmerte. Mittlerweile hat der Staat es übernommen, prompt geht es merklich spröder zu. Der Faszination tut dies keinen Abbruch. In einem mannshohen horizontalen Spalt prangt ein fast vierzehn Meter langer Fries mit Pferden, die lebensgroß und mitsamt Augen, Zähnen, Nüstern, Mähnen und Schweifen aus dem Kalkstein herausgemeißelt wurden. Der Raum davor diente als Basislager und war wohl mit Fellen als Paravents abgeschirmt. Was uns der röhrende Hirsch im Wohnzimmer, war diesen Leuten die Pferdeherde an der Rückwand ihres Biwaks. Man kann sich unschwer vorstellen, dass die sich überlagernden Figuren im Feuerschein zu tanzen begannen, dass die Steinwand zur Leinwand wurde. Als das nach einem Erdrutsch verschüttete Werk 1909 freigelegt wurde, war es die erste prähistorische Großskulptur überhaupt. Eine solche Meisterschaft wollte man den Urmenschen mit ihren primitiven Feuersteinwerkzeugen anfangs gar nicht zutrauen. Anders als bei Felsbildern, die sich rasch auftragen lassen, mussten die Urheber auch viel Zeit darauf verwendet haben: etwa zehn Stunden für einen Pferdekopf, zwei Monate für den kompletten Fries.

Die Kaverne von Rouffignac wird noch privat geführt, wenn auch merklich kommerzieller. Mit ihren kilometerlangen Gängen erinnert sie an ein Bergwerk, Fledermäuse huschen geisterhaft hindurch.

Eine Schmalspurbahn karrt die Besucher in Richtung Mittelpunkt der Erde. Tief drinnen prangen hundertfünfzig Mammuts und haarige Rhinozerosse an den Gewölben. Ende des neunzehnten Jahrhunderts nahm man die ersten dieser Phantombilder höchst ungläubig zur Kenntnis. Wer die vorsintflutlichen Ungetüme so genau gezeichnet hatte, der musste sie auch noch erlebt haben!

Was hatten unsere Artgenossen achthundert Meter tief im Berg verloren? Was hat sie geritten, dass sie überall Abdrücke ihrer Hände hinterließen? Oder im hintersten Winkel, im nur mehr kriechend zu erreichenden Blinddarm von Lascaux, sechs rote Punkte an die Wand tupften – ::: ? Statt Antworten bringt jeder Fund nur neue Fragen, erhärtet seine eigene Unwahrscheinlichkeit. Entstanden die Bilder mit darbenden oder vollgeschlagenen Bäuchen, sind sie Symptome einer Krise oder Zeichen des Wohllebens? Bitte oder Dank, Vision oder Dokumentation? Waren die Höhlen Kultstätten oder Hobbykeller? Oder dienten sie mit ihrer irdenen Kühle und dem sauren Milieu einfach als Speisekammern?

Eine aparte Kuriosität stellen die blauen Pferde in der Höhle von Villars dar. Sie wurden nicht etwa mit blauer Farbe gemalt, sondern sind hauchdünn von Kalkspat-Ausfällungen überzogen, sodass man glauben könnte, Yves Klein habe seine Hand im Spiel gehabt. Ganz in der Nähe betreibt Laurence Perceval eine Araberzucht, die sich auf besonders »reine« Beduinenlinien gründet. Darüber hinaus nutzt sie die Tiere für die therapeutische Arbeit. Zum »Equicoaching« lädt sie renommierte Pferdefrauen wie Elsa Sinclair oder Marie Ebling ein. »Schon C. G. Jung wusste: Pferde bringen uns ins Hier und Jetzt. Zugleich spiegeln sie uns. Unsere Emotionen, unsere Blockaden, unsere Ängste. Die Begegnung mit ihnen kann sehr wirkungsvoll sein. Pferde gestatten uns, zu besseren Menschen zu werden.«

Zu ihrem Rüstzeug gehören opulente Bildbände über prähistorische Kunst. Damit beginnt sie regelmäßig ihre Workshops, in denen auch die spirituellen Qualitäten der Pferde zur Sprache kommen. »Die Felsbilder zeigen, dass diese frühen Menschen nicht nur mit dem Überleben beschäftigt waren, sondern dass sie auch geträumt haben. Pferde hatten etwas Fesselndes, ja Weihevolles für sie. Auch dann, wenn sie sie gegessen haben.« Sie ist davon überzeugt, dass die Menschen damals anders mit Tieren kommuniziert haben, dass dieses Vermögen heute aber weitgehend verkümmert ist. Das Pferd als Menschenflüsterer: »Tiere können direkte Botschaften an unser Gehirn senden. Etwas Ähnliches haben die Urmenschen vielleicht mit ihren Bildern versucht.«

Kulturgeschichtlich dienten Pferde zunächst als Beute- und dann als Arbeitstiere. »Wir suchen hier nach einem dritten Weg, nach einem intelligenteren und weniger gewaltsamen Umgang. Dazu gehört, dass wir uns ihren Bedürfnissen anpassen, nicht umgekehrt.« Auf der einsamen Hochfläche steht ihr genügend Grund zur Verfügung, um ihrer Herde weitläufige Koppeln und Offenställe zu bieten. Bis heute ist die Region Pferdeland geblieben. Die kargen Böden lassen sich nur schwer bewirtschaften, doch als Weideland eignen sie sich gut. Schafherden in Hutewäldern sind ein geläufiger Anblick, in den besseren Lagen stehen dann auch Pferde. Die Departements Corrèze, Dordogne und Lot bilden zudem ein Eldorado für Wanderreiter (siehe S. 80ff). Allein Lot verfügt über tausend Kilometer Reitwege. Von seinem Pferdehof bei Pech Merle aus bietet etwa Pascal Gaudebert Ritte durch die alte Landschaft von Quercy an. Durch lichten Eichen- und Pinienwald, vorbei an dramatischen Klippen, durch stille Dörfer und wildromantische Wallfahrtsorte wie Rocamadour. Auch ein Zweig des Jakobswegs durchquert die Region; immer wieder prangt die Jakobsmuschel auf Häusern, Brücken und Wegen. Wobei Pascals Hof selbst an einer Art Wallfahrtsziel liegt, der Höhle von Pech Merle. Einer Pilgerstätte für jeden Pferdefreund, birgt sie doch die berühmten »Tigerpferde«, die auf den ersten Blick wie Apfelschimmel wirken, oder wie die gescheckten Reittiere der Nez-Percé-Indianer, die Appaloosas. Gab es etwa noch andere Spielarten des Urpferds?

Die Höhle gibt die Antwort. Pascals Großvater hat sie 1922 entdeckt. Ähnlich wie in Lascaux waren es auch hier junge Leute, die den Eingang zu einer verschütteten Grotte fanden, nur dass sie in höherem Auftrag handelten. Amédée Lemozi, der Landpfarrer von Cabrerets, war ein passionierter Prähistoriker. Jede Woche, wenn er die Kinder den Katechismus lehrte, erklärte er ihnen hinterher noch seine Sammlungen. Und gab ihnen eine Mission besonderer Art mit auf den Weg: »Wenn ihr in der Gegend etwas Derartiges findet, Speerspitzen, Faustkeile, Perlenschmuck, das interessiert mich. Und wenn ihr Felsbilder seht, interessiert mich das auch.« Und so durchstreiften sie als seine Agenten die umliegenden Schluchten. Durch ein schmales Schlupfloch drangen sie schließlich in die Unterwelt vor ihrer Haustür ein, bewehrt mit drei Taschenlampen, einer kleinen Grubenlampe und einem zehn Meter langen Seil. Es war eine richtige Expedition, auf der sie gleich doppeltes Glück hatten. Sie kamen lebend wieder ans Tageslicht, und sie entdeckten eine der prächtigsten Tropfsteinhöhlen weit und breit, die seit zehntausend Jahren niemand mehr betreten hatte. Zwischen den Gesteinstürmen prangten überall Malereien an der Wand wie in einer unterirdischen Galerie.

Lemozi fertigte die erste Gesamtstudie über ihre achthundert Motive an, und seine Sammlung bildete dann auch den Grundstock für das kleine Museum, in dem die Besucher vorab in die Geheimnisse von Pech Merle eingeführt werden. Auf einer Landkarte dort sind die Fundorte prähistorischer Felsbilder durch einen roten Punkt markiert. Es sieht aus, als hätte das Quercy die Masern. Die Vitrinen versammeln allerhand Werkzeuge der Cro-Magnon-Menschen aus Stein, Hörnern und Geweihen. Darunter Nähnadeln aus Rentier- und Pferdeknochen, die man noch heute bestens benutzen könnte. Ein Instrument, das sich seit der Urzeit nicht gewandelt hat.

Über metallische Stufen geht es dann vierzig Meter in die Tiefe. Der Anblick des ersten großen Saales ist buchstäblich traumhaft – eine in den Boden hineinversenkte Kathedrale, die über und über mit Tropfsteinen behangen und bestanden ist, die sich über mehrere Ebenen erstreckt und auf beiden Seiten in weiteren Hallen fortsetzt. Auch ohne Felskunst wäre dieses Märchenreich eine Sehenswürdigkeit ersten Ranges. Doch so fantastisch die Tropfsteine auch geformt sein mögen, sie sind und bleiben tote Materie. Die geringste Spur menschlicher Anwesenheit aber verwandelt alles. Dafür genügen schon ein paar Felsritzungen; Tiergestalten wirken dann erst recht elektrisierend. Nicht zu reden von dem zufällig erhalten gebliebenen Fußabdruck, Schuhgröße vierunddreißig, ein Kind wohl, das durch eine Schlammpfütze stapfte. Und schon gar nicht von den sehr bewusst hinterlassenen Zeichen, für die ihre Schöpfer jeweils eine Hand an den Fels legten und dann Farbpulver mit einem Strohhalm oder Knochen darüberpusteten, oder einfach mit dem Mund. Der Handabdruck blieb als Negativ erhalten. Der Größe und den Proportionen nach zu urteilen, dürften es Frauenhände gewesen sein. Ähnlich entstanden auch die zahlreichen »Punktierungen«, bei denen sie die Farbe direkt auf den Fels gespuckt haben.

Mehrfach führt der Rundgang an breiten Kuhlen vorbei, den Winterschlafplätzen von Höhlenbären. Heute erhellen Scheinwerfer die Räume, damals aber standen nur Fettlampen, Fackeln und Lagerfeuer zur Verfügung. Manche Bilder finden sich an Stellen, zu denen man auf allen Vieren schlüpfen oder gar bäuchlings unter einem Felsen hindurchkriechen muss. Motivisch präsentiert Pech Merle ein ähnliches Bestiarium wie Lascaux. Auch ein Bär ist darunter, dazu ein paar Löwen sowie Mammute, die eigentümlich schemenhaft bleiben, weniger gekonnt und realistisch gezeichnet sind als die Huftiere. Deren Anblick brennt sich dagegen regelrecht ein. Zugleich unwirklich und überwirklich, besitzen diese Bilder eine halluzinative Qualität. Als ereignete sich ein Kurzschluss von der Urzeit ins Heute, ein Sprung mit der Zeitmaschine von Pech Merle.

In den fünfziger Jahren sorgte André Breton während einer Führung für einen Eklat, als er mit dem

Daumen an einem Mammutrüssel rubbelte, angeblich, weil er die Echtheit der Malereien bezweifelte, in jedem Fall aber, um sich wichtig zu machen. Wegen Beschädigung eines Kulturdenkmals wurde er zu einer hohen Geldstrafe verurteilt, dann aber begnadigt. Es entbehrt nicht der Ironie, dass ausgerechnet der Begründer des Surrealismus handgreiflich wurde, als er sich mit diesen meisterhaften Manifestationen des kollektiven Unbewussten konfrontiert sah.

Den Schlussakkord des Rundgangs bildet der Pferdefries, den man schon früh von Weitem sehen kann. Aus der Nähe wirkt er noch unbegreiflicher. Auch hier haben die Maler oder wohl eher Malerinnen den Untergrund geschickt miteinbezogen. Die Ausbuchtung des Felsens oben rechts hat schon in natura die Form eines Pferdekopfs. Der Stein suggeriert das Tier. Mit neunundzwanzigtausend Jahren bilden diese Pferde das älteste Motiv in Pech Merle, bis auf den darunterliegenden, kaum mehr erkennbaren roten Fisch. Ob er ihnen aber drei Tage vorausging oder dreitausend Jahre, vermag niemand zu sagen, da sich die Pigmente in diesem Fall nicht datieren lassen. Bei den vermeintlichen Tigertupfen handelt es sich wiederum um Punktierungen. Sie finden sich auf dem Fell der Pferde, doch auch rundherum. Eingefasst wird die Szene von drei linken und drei rechten Händen. Fast das gesamte Bild ist gepustet worden, auch die Konturen, indem die

Fläche mit beiden Händen abgedeckt wurde und nur die Linie frei blieb. Die beiden Tiere stehen leicht versetzt im Nichts und blicken in die entgegengesetzte Richtung. Ein Doppelpferd wie beim Unlinger Reiter, nur dass es sich um Wildpferde handelt, stolz, schön und frei. Und doch scheinen die Hände sie berühren oder zumindest lenken zu wollen. Gebieterisch setzen sie der Natur ihren Willen entgegen. Benutzten diese Jäger Magie als Geheimwaffe, wollten sie die Tiere behexen? Oder doch eher die Menschen? Haben wir es also mit einer Frühform von Propaganda zu tun?

Die Szene wirkt, als wären die Pferde nicht die eigentliche Botschaft, aber deren Träger, deren Bevollmächtigte. Direkter sprechen die Hände, die sie in Schach halten, und die einen inständigen Wunsch auszudrücken scheinen. Schwer zu sagen, ob sie Abwehr oder Zugriff sind, Gruß oder Warnung, Pointe oder Signatur.

Diese Bilder infizieren ihre Betrachter. Schon Pascals Großvater berichtete, dass er in der ersten Nacht lebhaft von den Tieren der Höhle geträumt habe. Vielen späteren Besuchern erging es ebenso; selbst bei nüchternen Wissenschaftlern kam das Unbewusste auf Touren. Auch bei mir wirkten die Pferde nächtens nach, als hätte ich eine bewusstseinsverändernde Substanz eingenommen. Offenkundig haben die eiszeitlichen Schamanen einen Zauber gefunden, der auch nach Jahrzehntausenden noch fortwirkt. Meinte Laurence Perceval diese Macht der Bilder, als sie sich auf telepathische Kräfte bezog?

Über zwanzigtausend Jahre hindurch, und quer über einen ganzen Kontinent hinweg, von den Pyrenäen bis zum Ural, sprechen diese Bilder die gleiche Sprache. André Leroi-Gourhan nannte es »den figurativen Kanon«. Pferde bilden dabei ein bevorzugtes Sujet. Die Künstler der Eiszeit waren die ersten, die sich der Herausforderung Pferd stellten. Einer Herausforderung, die bis heute anhält und weltweit angenommen wird, wo immer Menschen aus der Begegnung mit diesen Tieren ästhetischen Gefallen und seelische Erhebung schöpfen. Wo sie sich bezaubern lassen von ihrer Schönheit. Ihrer Neugier. Ihrer Schüchternheit. Ihrem Elan. Ihrer Ruhe. Ihrer Stärke. Ihrer Verletzlichkeit. Ihrer Anmut. Ihrer Hoheit.

Wie ein Sendbote erscheint das Pferd am Anfang der Kultur und damit der Selbstdomestikation des Homo sapiens. Seither begleitet es uns, wie auch im Falle des Unlinger Reiters, beim Übergang in andere Welten oder Zeiten. Bereits die prähistorischen Tierikonen bekunden fühlbar Nostalgie. Sie zeugen von einem Unbehagen in der Natur, der ihre Schöpfer nicht länger gänzlich angehörten. Der Weg zum Menschen gelangte mit diesen bewusst und ein für allemal gesetzten Zeichen in eine neue Ära: zu sich selbst. Der Mensch von Lascaux, schrieb Georges

Bataille, »schuf aus dem Nichts die Welt der Kunst, mit welcher der Geist beginnt, sich mitzuteilen«. Die Souveränität, mit der dies geschah, wird die Menschheit bis ans Ende der Zeiten in Verwunderung versetzen. »Es scheint«, staunte John Berger, »als wäre die Kunst auf die Welt gekommen wie ein Fohlen, das von Geburt an auf eigenen Beinen stehen kann.«

REITEN, REITEN, REITEN

Nachwort in eigener Sache

Pferde, schrieb Horst Stern einmal, dienten weniger zum Reiten als vielmehr zum Reisen. Sie sind nicht Zweck, sondern Mittel, Fortbewegungsmittel vor allem. Und so habe ich es denn mit dem Reiten versucht, um eine gesteigerte Form des Reisen zu erleben.

Die vielen Geschichten in diesem Band könnten den Eindruck erwecken, dass der Verfasser sich mit Pferden auskennen und wohl auch ein passabler Reiter sein dürfte. Doch meine reiterlichen Fähigkeiten wären auch bei wohlwollender Beurteilung nur zwischen lausig und leidlich einzustufen. Und was die Kennerschaft angeht, so habe ich immer wieder festgestellt, dass gerade echte Fachleute rundheraus bestreiten, es könne überhaupt echte Fachleute geben. Benedikt Líndal etwa versicherte mir, dass auch zweihundert Lebensjahre nicht ausreichen würden, um Pferde wirklich zu verstehen. Nun ist Líndal einer von nur vier Reitmeistern auf Island, zählt also zur Crème de la Crème auf einer Insel, auf der sich jeder, oder doch zumindest jeder zweite, mit Fug und Recht als Pferdekenner betrachten dürfte. Und im gleichen abwiegelnden Tonfall beteuerte Jean-Louis Gouraud, der das Zeug gehabt hatte, von Paris nach Moskau zu reiten, dass dies im Vergleich zu den Unternehmungen früherer Zeiten ja doch nur eine bessere Landpartie gewesen sei.

Ich hingegen wollte lediglich das kleine Einmaleins des Reitens lernen, um dann im Gelände bestehen zu können. Wer wenig Erfahrung hat, muss umso mehr Leidensfähigkeit aufbringen. Der Volksmund glaubt zu wissen, was auf dem Rücken der Pferde liegt. Doch er verliert kein Wort darüber, was einen dort oben noch alles erwartet: Strapazen, Frustration, Zweifel, Ungeduld, in kritischen Situationen auch mal Angst. Aber das Glück stellt sich ein. Zumindest für Momente, manchmal auch für länger andauernde Hochphasen, manchmal gar als euphorische Grundschwingung. Und gleichgültig, wie kurz oder lang diese Zustände währen, sie bleiben einem unauslöschlich im Gedächtnis. Pein und Mühsal haben dagegen eine ungleich kürzere Halbwertszeit. Der Unlinger Reiter kann als ein früher Kronzeuge solcher Glücksmomente dienen.

Viele Gründe wirken dabei zusammen: der warme Leib, die geliehene Kraft, die wechselseitige Fürsorge, der angenehme Geruch, die erhabene Position, die holde Herdengemeinschaft. Ein weiteres wichtiges Stimulans ist der Rhythmus. Das Andante des

Schritts lässt sich noch vermeintlich behäbig an, früher nannte man ihn auch »Stapf«. Doch schon da vermag ein Fußgänger kaum mehr mitzuhalten. Der Trab kommt dann bereits als beschwingtes Allegretto daher, und der Dreitakt des Galopps schließlich als feuriges Presto. Schon Normalsterbliche erfahren zu Pferd einen Beat, den sie als Zweibeiner nie zu spüren bekommen, und Odin dürfte auf dem achtbeinigen Sleipnir ein wahres Trommelfeuer genossen haben. Die Rhythmen der Gangarten überlagern sich im Gelände noch mit den Langstreckenrhythmen des Ritts. In einer der berühmtesten Reiterszenen der Literatur hat Rilke diese großräumige Motorik in denkbar konzentrierte Form gebracht. »Reiten, reiten, reiten, durch den Tag, durch die Nacht, durch den Tag. Reiten, reiten, reiten.« Die mantraartige Wiederholung verweist auf jenen eigentümlichen Bewusstseinszustand, der sich auf längeren Ritten einstellt, halb überwach, halb somnambul. Während dieser kentaurischen Symbiose synchronisieren sich nicht nur die Körper, sondern auch die Lebensweisen von Mensch und Tier. Die sich ihrerseits einfügen in die noch langwelligeren Zyklen der Natur: Tag und Nacht, Sommer und Winter, Leben und Tod.

Wohin reitet er übrigens, der Cornet Christoph Rilke? Nach Ungarn natürlich.

Meine ersten Sporen habe ich in der Reitschule Tegel, nun, sagen wir erstrebt. Sie wurde von zwei

Schwestern mit den sehr berlinischen Namen Vivien und Desiree Müller geführt. Zwei gestandenen Pferdefrauen, denen die knifflige und bisweilen frustrierende Aufgabe zukam, einer städtischen Klientel, die sonst keinen Kontakt mehr zu Nutztieren und ländlichem Leben hatte, einen angemessenen Umgang mit Pferden beizubringen. Es war eine bodenständige Angelegenheit ohne viel Brimborium. Es ging ums Reiten, nicht um gesellschaftliche Distinktion. Obwohl die Örtlichkeit selbst durchaus feudal war, denn die Schwestern hatten die Stallungen des Humboldt-Schlösschens gepachtet. In diesem von Karl-Friedrich Schinkel neu gestalteten Palais hatten die Gebrüder Humboldt einst ihre Kindheit verbracht. Und hier liegen sie auch begraben, inmitten einer preußisch-arkadischen Landschaft am See.

Es wäre unlauter, zu behaupten, dass dieser illustre Schauplatz meine reiterlichen Bemühungen in irgendeiner Weise vorangebracht hätte. Aber meine Fantasie hat er natürlich beflügelt. Legte doch Alexander im Falle der Andenexpedition den Landweg überwiegend zu Pferd und Maultier zurück oder, im Falle der großen Russlandreise, überwiegend in Kaleschen. Gut zwölftausend Pferde kutschierten ihn und seine Gefährten damals von Berlin bis an die chinesische Grenze und zurück – ein Beweis für die Leistungsfähigkeit des russischen Transportwesens jener Zeit, das sich auf viele Hunderte von Relaisstationen gründete, auf die verlässliche Zuarbeit von Hilfskräften, vor allem aber auf den uralten Sachverstand der Steppenvölker Südrusslands und Innerasiens, die das Erbe der Skythen angetreten hatten.

Ich mühte mich also nach Kräften, die Anfänge dieser schwierigen Kunst zu erlernen. Und irgendwann durfte ich mich einem Ausritt durch den Tegeler Forst anschließen. Die erste Etappe war geschafft.

Noch zu Beginn meiner reiterlichen Laufbahn hatte ich Gelegenheit zu einer Schnupperstunde bei Erich Philipp, dem langjährigen Obersattelmeister des Landgestüts von Warendorf. Sie ging ziemlich daneben, weil die edlen Warendorfer Pferde mit einem Greenhorn wie mir nicht viel anzufangen wussten, und umgekehrt leider auch nicht. Trotzdem schätze ich mich glücklich, diese Gelegenheit gehabt zu haben. Denn Herr Philipp kam aus Trakehnen. Jahrgang 1914, hatte er das Metier dort von der Pike auf gelernt. In seiner Kindheit waren Pferde noch allgegenwärtig gewesen, beim Dreschen, beim Pflügen, vor dem Karren und zur Fortbewegung. Auch für den Krieg waren sie unentbehrlich. »Unsere Pferde wurden noch für den Kampf erzogen. Sie mussten im Ernstfall als Kugelfang dienen, sie mussten sich auf Kommando hinlegen, sie mussten Attacken reiten und schussfromm sein. Ich selbst habe noch sechsspännig Geschütze gefahren, Pferd an Pferd.«

In Philipps Vokabular hatten Eigenschaftswörter wie »robust« und »diszipliniert« die Oberhand. Auch die leichte Reitweise im Entlastungssitz war damals noch verpönt gewesen. »Heute wird ja mehr geschmust als geritten. Die spielen doch bloß herum«, befand er kopfschüttelnd. Sicher, auch er hätte seine Schützlinge nach besonderen Leistungen gelobt und auch mal extra Klee für sie gemäht. Doch Liebe wäre ein zu großes Wort dafür. Vielleicht Freundschaft; auf jeden Fall Kameradschaft.

Mit seinen Schülern pflegte Herr Philipp einen nicht minder robusten Umgang. Als sattelfest galt, wer ihm im Galopp an der Longe aus der Zeitung vorlesen konnte. Oder wer über die ganze Reitstunde hinweg zwei Geldstücke zwischen Knie und Sattel zu halten vermochte. Doch auch mit sich selbst verfuhr er streng, indem er sich Tag für Tag in einer schwierigen Disziplin übte: »Hab Geduld mit Pferd und Reiter!«

Auf meinem weiteren Weg begegnete ich zwei Menschen, denen ich besondere Inspiration verdanke. Zum einen Herbert Fischer, dem Nestor des Wanderreitens in Deutschland. Ob beim kleinen Ausritt durch den heimischen Westerwald oder beim dreizehnwöchigen Langstreckenritt direkt ab Hof bis in die Camargue – stets folgt er seiner Philosophie des »Lustwandelns zu Pferd«. Sie deckte sich mit dem, was mir vorschwebte, nur dass er sich ihre

Verwirklichung zur Lebensaufgabe gemacht hatte. »Wanderreiten ist eine Komposition aus Natur und Landschaft, Kultur und Historie, angenehmer Gesellschaft, kulinarischem Genießen und einem Hauch von Abenteuer«, lautet sein Credo. Wobei Letzteres nichts mit Draufgängertum zu tun hat, würden doch sonst die anderen Elemente der Komposition ins Hintertreffen geraten. »Die Abenteuer kommen von selbst, man muss sie nur wahrnehmen. Im Sommer habe ich meine Tochter einmal zu Pferd abgeholt, und wir sind im Dunkeln nach Hause geritten. Da leuchtete das ganze Tal voller Glühwürmchen – das war ein Abenteuer!«

Typen wie Fischer gibt es heutzutage kaum mehr: ein barocker Saft- und Kraftmensch, achtzig Jahre jung, sinnesfroh und wohlbeleibt, ein begnadeter Geschichtenerzähler und bekennender Romantiker, aber eben auch und vor allem ein versierter Pferdemann, der dreißigtausend Stunden im Sattel verbracht hat. Mit der Deutschen Wanderreiter-Akademie hat er eine ganze Generation von erfahrenen Schülern und Schülerinnen aufs Reisen hoch zu Ross eingeschworen. Auch wenn ich mit dem Altmeister keine langen Trecks unternommen habe, hatte ich doch einige Male Gelegenheit, mit ihm zu Pferd ein anderes, intimes und ein klein wenig verzaubertes Deutschland zu erleben. Stets folgten wir dabei dem Lauf des Wassers. Erst dem Gelbach, der sich behäbig durch den Westerwald schlängelt, bis er schließlich in die Lahn einmündet, die sich ihrerseits in weiten Schleifen durchs Schiefergebirge zwängt, bevor sie sich unweit von Koblenz dem Rhein überantwortet. »Natürlich könnten wir schneller ins Rheintal kommen«, meint Fischer. »Doch wozu? Der schönste Umweg ist das Ziel.«

Bei seinen Ritten dienen Burgen, Klöster, Mühlen und Gutshöfe als Etappenziele. »An solch alten Stätten kann sich die Fantasie am besten entzünden.« Von Anfang an hatte er sich die Blaue Blume der Romantik als Motto gewählt, »die zum Horizont gerichtete Sehnsucht. Das Pferd dient dieser Sehnsucht als Vehikel. Verglichen damit erscheint eine Flugreise geradezu degoutant.« Dabei bezog er viel Inspiration aus Frankreich, von Pferdeleuten wie Bruno Rouan und Stéphane Fournier. »Dort hat die Bewegung eine breitere Basis, findet auch eine bessere Infrastruktur vor. Überhaupt zeigen die Franzosen mehr Sinn für sanfte Abenteuer. Das Wort stammt ja von der mittelalterlichen Aventiure.«

Ein weiterer wichtiger Anreger war Rudi Hoffmann. Was das Wanderreiten für Herbert Fischer, sind ihm Trekkingtouren mit Tieren. Die in Tunesien verdanke ich ihm; die in Albanien dem Deutschen Alpenverein. Schon rein körperlich wären diese Wanderungen ohne vierbeinige Lastenträger nur mit größter Mühe möglich gewesen. Zudem hätten sie uns als Kontaktanbahner gefehlt. Egal wo auf der Welt, über Tiere kommt man mit den Einheimischen immer ins Gespräch. Im Auto bleibt man abgekapselt und wird als Eindringling gesehen. Kamen wir dagegen mit Tieren des Wegs, so hieß es oft genug: »Chapeau!«

»In jedem Menschen steckt ein Nomade«, weiß Hoffmann. »Pferde und Kamele erinnern uns daran. Ihnen auch nur zuzusehen, ist schon gut für den Blutdruck.« Darüber hinaus spielt auch bei ihm die kulturgeschichtliche Perspektive eine wichtige Rolle. »Trekkingtouren bilden die ursprünglichste, traditionellste und umweltfreundlichste Form des Reisens.« Die örtlichen Viehzüchter, Ausrüster und Begleiter profitieren direkt davon, »den einheimischen Begleitmannschaften ermöglicht es einen guten Zuerwerb.« Die traditionelle Infrastruktur aus Wegen, Weiden, Wasserstellen, Karawansereien oder Pferdehöfen wird in Schuss gehalten, das jahrhundertealte Knowhow zumindest hie und da bewahrt. Urlaub als Wiederbelebung einer vom Aussterben bedrohten Reisekultur, als angewandter Verkehrsdenkmalschutz.

Wie sangen die Beatles so schön, unterlegt mit einem prasselnden Galopp: Get back to where you once belonged. Pferde rufen das nomadische Erbe in uns wach. Und beglücken uns dabei als Naturtalente des Freiseins.

Danksagung

Allen Reit- und Reisegefährten danke ich für ihren Zuspruch, ihre Kollegialität und ihre unerschütterliche Geduld. Insbesondere natürlich den jeweiligen Rittführern und Rittführerinnen, die in den einzelnen Geschichten näher vorgestellt werden.

Zahlreichen weiteren Menschen bin ich für ihren Beistand und ihre vielfältigen Anregungen verbunden: Jürgen Blume, Mimoun ben Bouazza, Christiane Breustedt, Lisa Eder-Held, Herbert Fritz und Ulla Schickling, Susanne Geipert, Jean-Louis Gouraud, Alice Grünfelder, Þórður Halldórsson, Thomas Hartwig, Friðþjófur Helgason, Florian Jaenicke, Dietmar Kamper, Edith Kresta, Martha und Ralf Kreuels, Daniel Kufner, Benni Líndal, Claudia List, Martin Meister, Mikos Meininger, Madeleine Napetschnig, Edda und Michael Neumann, Kerstin Niemann, Christoph Otto, Lydia Roeber, Roza Rupa, Silke Schauder, Josef Schrallhammer, Jochen Schumacher und dem Reitzentrum Reken, Ajit Singh, Raghuvendra Singh, Frank Sorge, Hedwig Spätling, Wiggo Wehner von Pferd & Reiter, Wu Hui, Sabine Zuckmantel. Dank auch an Atout France, Turismo de Portugal und den Summit Club des Deutschen Alpenvereins für die Unterstützung.

Lob und Preis an Demi, Emilie, Filou, Hexi, Ika, Sunna, Zulu, und wie sie alle hießen.

Die meisten hier erzählten Geschichten fußen auf Reportagen, die in der Zeit, der taz und der Frankfurter Rundschau erschienen sind, in Geo und Geo Saison sowie in Country und in St. Georg. Herzlichen Dank an alle Beteiligten.

Pferdebücher zehren immer auch von anderen Pferdebüchern. Zumindest drei davon möchte ich abschließend empfehlen:

Miklós Jankovich, *Pferde, Reiter, Völkerstürme*. Eine meisterhafte Studie über die Ursprünge der nomadischen Zucht und die geschichtsbildende Rolle des Pferdes. Abkömmlinge eines alten Reitervolkes, haben die Ungarn seit je besonderen Sachverstand gezeigt und einen bedeutenden Beitrag zur Kulturgeschichte von Mensch und Pferd geleistet. Die Kette reicht von Andreas Alföldi bis Sándor Bökönyi; auch Jankovich kam sichtlich aus dieser Schule.

Ulrich Raulff, *Das letzte Jahrhundert der Pferde*. Mit dem geschärften Instrumentarium der Kulturwissenschaften erzählt Raulff aus der Endphase des equestrischen Zeitalters. Dabei gelingt ihm ein paradoxes Unterfangen: das Schreiben einer kurzweiligen Enzyklopädie. Noch seine Fußnoten sind ergiebiger als anderswo der Haupttext. Ein epischer Ritt durch die Zeit.

Jean-Louis Gouraud, *Petite géographie amoureuse du cheval*. Voll Neugier und unentwegter Energie erkundet der Altmeister noch einmal den Planet der Pferde. Hochdekoriert als Reiter wie als Autor, präsentiert er einen Querschnitt durch sein Lebenswerk. Ein Literat im Sattel, leidenschaftlich, geistreich, amüsant.

Leonardo da Vinci *Der Esel auf dem Eis*
Die Fabeln des Leonardo da Vinci kommen einfach daher, sind
aber kunstvoll und überraschend. Hier sprechen die Tiere, die
Pflanzen zu uns. Die ganze Natur meldet sich zu Wort: Der
Stein, der Nusskern, das Feuer, das Wasser. Sie erzählen vom
Unscheinbaren, das durch Klugheit obsiegt. Leonardos Fabeln
lassen uns lächeln und machen am Ende klüger.

Felix Salten *Bambi*
Heiß geliebt und unvergessen: Bambi, das Original – jugend-
frisch für alle Generationen. Der Roman von Felix Salten ist ein
Meisterwerk. Er erzählt unsentimental, ohne Verniedlichung
und voller Bezüge auf die Grundfragen des Lebens.

Tschingis Aitmatow *Abschied von Gülsary*
Der alte Tanabai ist mit seinem Hengst Gülsary auf dem nächtlichen Heimweg in die kirgisischen Berge. Nach einem stür-
mischen Leben wird dies ihr letzter Gang. Beide sind müde geworden. Wie an Stationen eines Kreuzwegs brechen die Bilder
der Vergangenheit hervor.

Juri Rytchëu *Wenn die Wale fortziehen*
Nau ist die Urmutter des Menschengeschlechts. Aus Liebe zu
ihr wird Rëu, der Wal, zum Menschen und zeugt mit ihr Wal-
junge und Menschenkinder. Diese poetische Schöpfungslegen-
de der Tschuktschen von der ursprünglichen Gemeinschaft von
Mensch und Wal, von der Einheit von Mensch und Natur, ist
zugleich eine Vorahnung unserer Zeit.

Mehr über alle Bücher und Autoren auf *www.unionsverlag.com*